の棺　笹川良一伝　目次

悪《あく》名《みょう》の棺　笹川良一伝

［凡例］

一、引用文についてはできるだけ参考文献の原文表記に従ったが、読みやすさを考慮し難解と思われる漢字には新仮名遣いによる振り仮名を付けた。

二、文語体の引用文は読みやすさを考慮し部分的に簡略化するなどして、句読点や濁音符などを付け、仮名遣いを改めた箇所がある。

三、引用文で明らかな誤記と思われる箇所については適宜これを改めた。

プロローグ

その人物を見たのは、もう三十年も昔のことだった。

バンクーバーにあるホテルのパーティー会場で、金屏風《きんびょうぶ》を背にして立っていた。小柄で髪には白いものが交じっていたが、眼光は鋭かった。傍らには夫人とおぼしき女性が金砂子《すなご》を散らした派手な訪問着をまとって寄り添っている。その指には百円玉ほどの大きさのダイヤモンドが燦然《さんぜん》と輝く。

会場は大勢の人でごった返しており、誰もがその人物を遠巻きにして見ていた。私もまた、彼の近くに寄って話しかけるには、どこか気圧《けお》されるような気配を感じた。

その前日に、バンクーバーの総領事館の人が口にした「笹川良一《ささかわりょういち》に来られても、どう対応してよいか、困ってしまいます。ああいう経歴の人ですからね」という言葉が耳の底に残っていたからだ。

確かに笹川良一は実力者だが、怖い部分もあるという認識が日本人の間には広まっていた。

当時カナダに住んでいた私も、ただ漠然と闇の社会の人というイメージを抱いていた。

笹川を歓迎するパーティーを誰が催したのかも今では忘れた。じっと金屏風の前で、背筋を伸ばして、周囲を見ていた老人は、その夜のパーティーに出席した、ほとんどの在留邦人にとって、話しかけてはいけないような存在だった。なんとなく、私たちは彼を戦後の日本を仕切ってきた〝黒幕〟とでもとらえていたのだろう。

その後、ある日本人の教授が「笹川良一からの奨学金で研究ができたんだけど、あんなバクチの胴元のような人から金を貰《もら》ったって本に書くわけにはいかないから困っているんだよ」とこぼすのを聞いた。そんなに笹川良一なる人物は危ない組織に関わっているのかと驚いた。

多少ともマスコミと接触を持つようになった私の耳には、これでもかというほど多くの笹川に関する伝説が流れ込んできた。ほとんどは、いかに彼がフィクサーとして日本の政界や経済界に君臨したかという噂であり、怖い人、危ない人といった評価ばかりだった。私も正直なところただ漠然とそのイメージにとらわれていた。

その認識が変わったのは、最近のことだった。笹川良一は晩年に、福祉事業に大きな貢献をした。図らずもモンゴルの奥地で私はその事実を目の当たりにもした。彼の尽力によって学校が建てられたと現地の人が教えてくれたのだ。最初は思いがけない場所で、あの眼光鋭い老人の名前が出てきたのに当惑した。やがて笹川は私財を投じて世界中の貧しい子供や病人の救済活動をしていたと知った。

彼がさかんにテレビ・コマーシャルに出ていた時代、私は日本にいなかったので、「人類みな兄弟」のキャッチフレーズさえも耳にしたことがなかった。

私の三十代は世界各地を放浪して歩くような日々だった。やがてその途上で何度か笹川の名前を聞くようになった。いずれも世界の僻地《へきち》にまで救済の手を差し延べた功績を讃《たた》えるものだった。

それだけ慈善活動に打ち込んだ人が、なぜこれほどの酷評に晒《さら》されたのか。笹川が日本の社会では、まるで戦後の悪の象徴のようにマスメディアから呼ばれた理由はどこにあるのか。日本と外国での笹川に対する評価の落差の大きさが不思議だった。

果たして笹川は、東京裁判を含めて、戦前、戦後に何か罪を犯したのだろうか。疑問は次々と湧き起こってきた。

そして、ふと、いま一度、丁寧に彼の歩んだ道のりをたどることで、その謎が解けるかもしれないと思った。それはまた、先の大戦へと突き進み、惨めな敗北を喫し、さらに復興を遂げるという日本の現代史をなぞる作業でもあった。

日本という国に、これだけの濃度で密着して生き抜いた人物は、珍しいと思った。彼の体内には炎のような生命力が溢《あふ》れ、それが流れる血であり、その身体を支える骨肉であった。

だからこそ日本の社会において笹川はあれほどの誹謗《ひぼう》中傷に晒されたともいえる。

あまりにも激しく己の意思を貫き通した上に、理想を実現するツールを手にしていた。ツールとは彼が産み出した巨万の富だった。常人の能力をはるかに超える財力を身につける天賦の才があった。

その笹川の九十六年にわたる長い長い道程を予見なしに検証してみたいと思った。今もなお部厚い悪評の層に覆われた笹川良一像の真の姿を掘り起こしてみたかった。

棺の蓋《ふた》を開けるときが、今まさに、来ている。

なぜなら歴史とは常に塗り替えられる運命にあり、誰かがその作業に着手しなければならないからだ。

第一章　西国街道

——家郷を越えて

竹馬の友

かつての摂津国《せっつのくに》、今では箕面《みのお》市から茨木《いばらき》市にまたがる在所に一本の旧道が走っている。忘れ去られたようなか細い道だが、往時は西国街道と呼ばれ、引きも切らぬ旅人の往き交いでにぎわっていた。

京都から西宮、山陽路を結ぶ要路である。

時代の変化とともにさま変わりした光景の中で、なまこ壁をめぐらせた旧家が左右に点在し、わずかに過ぎし日のにぎわいを思い起こさせる。

遠く丹波に連なる北摂の山々が、家並みの背後に飛礫《つぶて》のように迫っていた。南を望めば竹林に覆われる千里の丘陵だ。

それは今も昔も変わらぬ、小野原一帯の風情である。

その日は一刻のうちに陽が落ち、たちまち夕闇が迫る晩秋の宵であった。

十歳ほどであろうか、二人の少年の背をいま中空に昇りかけた半月が白く照らし出している。

「もうええやろ。ここからひとりで帰れや」

声をかけられた少年は、暗い野道をとぼとぼとうつむき加減に歩き始めたが、また立ち止まった。細い影が春日神社の森の中で揺れている。

薄い肩をしたその少年は振り向くと、

「なあ、もうちょっと送ってや」

半べそをかくような声で微《かす》かにそう言った。

「ひとりでは、よう歩けんのか。足元に気いつけて、はよ帰りや」

ここまで送ってきた少年の方は、小柄ながらずんぐりしていた。裾の短い紺絣《こんがすり》の筒っぽに草履をひっかけた素足を返すと、もと来た道を戻り始めた。

帰りかけながら振り返ると、闇の先からシクシク泣く声が聞こえる。鬱蒼《うっそう》とした木々のかたまりを風が鳴らしていた。その枝の音に混じって、消え入りそうな泣き声が確かに届く。

「怖いことなんかありゃせんがな。しょうがないなあ。もう学校が見えるとこまで来たんやから、家まですぐやんか」

そう言うと、しゃがみこんで泣いている友の兵児帯《へこおび》を摑んで起こした。

二人はまた歩き始めた。

実際には泣いている少年の家まで、まだ半里（約二キロ）はある。松や杉の古木に覆われた春日神社の石段下を通るのは、大人でさえ勇気が要った。

千年を超える昔、清和天皇（第五十六代）が上皇となってこの地に立ち寄り、一夜月を愛《め》でた。見れば清冽《せいれつ》な湧き水があり、これを所望したところから「月の清水」と言い伝えられる祠《ほこら》があった。

その由緒ある神社が、子供にとっては難所だった。

明治四十一（一九〇八）年十月末、大阪府三島郡豊川村、二人の少年がまだ尋常高等小学校三年生だったときのことだ。

線の細い少年はやがて日本文学を代表する作家となった川端康成である。いうまでもないが、ノーベル文学賞を受賞した。

暗夜、友を送って行った少年は後年、日本の首領《ドン》とも政財界の黒幕とも呼ばれ、特に戦後のマスコミ各界からは極端にタブー視された笹川良一である。

良一の家は豊川村の西、小野原にあり、康成の家は村の東、宿久庄《しゆくのしよう》という集落にあった。

両家の距離は約一里で、ほぼ中間に小学校があるという位置関係だ。

その豊川村は現在では箕面市と茨木市に分村合併され、笹川の生家は箕面市小野原西二丁目と表示されている。

笹川家は墓碑銘や過去帳によれば、延享《えんきょう》四（一七四七）年から二百数十年以上も続いている家柄で、苗字、帯刀を許された庄屋であった。

関西方面では庄屋と呼称する場合が多く、関東では名主《なぬし》ということが多い。いずれも村落の管理を任された有力者である。

延享とは享保《きょうほう》の改革で名を残した徳川家八代将軍吉宗の時代が終わったころだ。

当初は「笹河」と書いていたという。初代当主は市良兵衛《いちろべえ》といい、本家から分家して一家を構えた。

以来、当主は同じ市良兵衛を名乗ってきたが、良一の父（第十代）から名乗っていない。

天明六（一七八六）年丙午《ひのえうま》十月、「笹河市良兵衛」が亡くなり建立したと、苔《こけ》むした石の裏に彫ってある。二代目が建てたこの墓石が、現笹川家最初の墓である。

江戸中期以来、西国街道の一帯は酒造りで栄えた。

現在の伊丹、池田、箕面、茨木の各地に造り酒屋が並び、その中の一軒が笹川家であった。いつごろから笹川家が酒造業を始めたのかは明らかではないが、村の有力者であった事実から考えて、一帯の繁栄に遅れることはなかったものと思われる。

近隣の農家からは良質の酒造米が産出された。

さらに、西国街道を抜け京へ上る大名行列のために、豊川村に本陣が置かれていた。「椿の御本陣」と呼ばれるほど見事な椿が庭にある本陣が郡山《こおりやま》宿にあり、街道に並ぶ宿場が栄えたものだ。

このような背景が、村の隆盛に大きく寄与したことは疑いない。

江戸末期になればそうした大名行列も回数が減るが、代わりに志士の往来がせわしなくなった。

「茨木地方における維新直前のあわただしさは、まず、西国街道の人の流れに見出された」と『茨木市史』にある。

笹川良一はそうした比較的裕福な造り酒屋の長男として、父・鶴吉（文久三〈一八六三〉年十月十八日生まれ）、母・テル（旧姓坂本、明治九〈一八七六〉年十一月一日生まれ）の間に明治三十二（一八九九）年五月四日生まれた。

そのときから鼻梁《びりょう》がきりりと通り、耳朶《みみたぶ》が大きい顔の特徴は両親に生き写しであった。やがて両の目が開くようになると、その目が特に大きい。村の古老たちから早くも「異相の子やな」と言われたゆえんである。

当時の戸籍簿によれば、「明治三十二年五月四日、大阪府三島郡豊川村大字小野原一三九六番地出生」とある。

鶴吉とテルの結婚については明治三十一（一八九八）年六月八日入籍、と記録が残っている。

鶴吉三十四歳、テル二十一歳の祝言であった。当時としては鶴吉の結婚はやや遅いといえるだろうが、四人の子を生《な》した。

良一誕生の二年後（明治三十四年）に弟・春二《しゅんじ》が生まれ、十二年後（明治四十四年）に妹のヨシコ、その四年後（大正四年）に下の弟・了平が生まれている。

最後の出産がテル三十九歳、鶴吉五十二歳というのも遅い子持ちといっていい。

その笹川家で長男・良一が呱々《ここ》の声を上げた二年後の四月二十九日、明治天皇に初の皇孫殿下が誕生し、国じゅうから歓声が沸き上がった。

のちの昭和天皇となる迪宮裕仁《みちのみやひろひと》親王である。

若宮春日大明神の秋祭りの一夕だった。

この春日神社は村一番の守護神であり、村はずれにある「月の清水」の春日神社よりはるかに大きな社《やしろ》がそびえて建つ。

良一の父・鶴吉はかねてよりの碁敵《ごがたき》川端三八郎（天保十二〈一八四一〉年四月十日生ま

れ）を招き、碁盤を挟んで睨《にら》み合っていた。三八郎の孫が康成である。

早くに両親と死別した康成は祖父に引き取られ、豊川村のはずれにある宿久庄に繁華な大阪市内から移ってきた。康成三歳の春だ。

川端家も代々庄屋で、集落の年貢米を集計して届けるような資産家だったが、三八郎の代で身代を潰し没落していた。

万邦と号し、書画を著すほどの教養が邪魔をしたのか、維新以来事業の失敗を重ねて家業の落魄《らくはく》をみたのだ。家業とは、茶の生産や寒天の製造出荷、売薬だった。

その家の傾きが、孫の康成の表情に暗い翳《かげ》りを与えていたことは否めない。

同じ歳、同じ小学校に通う良一と康成は大人が碁に興じている間、酒蔵で遊び、絵本を与えられて時間を過ごしていた。

碁打ちというものは、交互に家を往復して打つのも愉しみのうちと思えるが、夜になると川端の家の行灯《あんどん》は暗くて碁盤も見えないほどだったので、自然と笹川の家で対局することが多かった。

この時期、まだ電灯は点《とも》っていない。

だが、笹川の家の石油ランプは芯を長く伸ばし、奥座敷を明るく照らしていた。

鎮守の祭りも終わろうかという時刻になっても、碁の決着がつかない。

「良一、川端はんのぼんを送っていっておやり」

母のテルに言われ、半月の宵、良一は心細げな様子を見せる康成を送って出たのだった。

三歳までに両親と死別していた川端は、この豊川村へ来て祖母も失い、次第に体力の衰えをみせる祖父との二人暮らしとなっていた。

川端は豊川尋常高等小学校を卒業すると、成績優秀であったため茨木中等学校（現大阪府立茨木高等学校）へ進むが、中学三年、十四歳で祖父の最期を看取る。

祖父・三八郎の晩年は全盲であったと、川端自身の作品に紹介されている。

ある掌編から三八郎と康成の日常光景をうかがってみよう。

「二親が死んでから、私は祖父と二人きりで十年近く田舎の家に暮していた。祖父は盲目であった。祖父は何年も同じ部屋の同じ場所に長火鉢を前にして、東を向いて坐《すわ》っていた。そして時々首を振り動かしては、南を向いた。顔を北にむけることは決してなかった。（略）南は日向だ。南だけが盲目にも微《かす》かに明るく感じられるのだと、私は思ってみた」

（『日向』）

小指の先で押しても倒れそうな康成が、盲《めし》いて碁も打てなくなった三八郎の手を引く姿を、良一は日ごろから目にしていたであろう。

良一のその記憶の糸は、成長してからも終生変わることはなかった。

二人の別れは十五、六歳のころ訪れた。

川端は第一高等学校から東京帝国大学文学部へと進む傍ら、若くして文学者の道を歩みだす。

良一は進学を許されず、近くの寺に住み込みの修行に出され、やがてさまざまな事業を立ち上げる。

違う道を歩んだ二人が再会するのは、晩年になってからだ。

二人が五十七歳のとき、雑誌の企画でグラビアに登場している。笹川良一の手になるその写真のキャプションである。


「私達は少年時代を同じ村で過した。家同士も親しくしていたのでよく往き来したが、当時の私は村でも有名な餓鬼大将で、両親や先生に叱られてばかりいた。

その時必ず引合いに出されるのが川端氏で、同氏はその頃から既に秀才のほまれ高く、私としては子供心に大いに迷惑したものである」

（『文藝』昭和三十一年十二月号）

幾星霜を重ねた末の対面であった。

ときに川端康成は、第四代日本ペンクラブ会長として国際ペンクラブ大会の招聘《しょうへい》などに奔走し、資金調達には大いに腐心していた。

そんな折、竹馬の友は進んで資金援助を申し出ている。

「君のように学問のある者は学問をもって世の中に奉仕する、多少でも金のある者は金で奉仕する、それが私の主義だから」

相変わらずの薄い肩を叩いて、笹川は幼かったあの日と少しも変わらず、川端を励ました。

自らが語るように、良一は生まれ故郷豊川村でも有名なガキ大将だった。

良一が山野を駆け巡って暴れていた時代は明治末期、村は日露戦争勝利の祝い酒に沸いていた。

異相のゴン太

十月下旬、春日神社の秋祭りのころになると、どこの酒蔵でも酒仕込みの準備が始まった。京の伏見、あるいは丹波篠山《ささやま》から杜氏《とうじ》がやってきて、その年の総入れ込みが開始される。

笹川家の仕込み場にも、重なり合うようにして大きな酒樽が並んだ。

どの樽にも檜皮《ひわだ》のような濃い飴色が面《おもて》に浮き出ていた。長い年月の間に、諸味《もろみ》が発酵して浮き出た色合いであろうか。

近隣の酒造家に比べて決して大きな酒蔵とはいえないが、それでも代々商い上手を受け継いで暖簾《のれん》を守ってきた。

鶴吉が杜氏とともに神棚に向かって拍手《かしわで》を打ち、型どおりの祝詞《のりと》を捧げ終わると、仕込み場は急に熱気を帯びてくる。

本格的な寒気がくる前に米を蒸す、「甑《そう》始め」の作業が始まった。

諸肌脱ぎの男衆《おとこし》たちが、立ち込める湯気の中で汗を流している姿が石油ランプの炎に映し出される。

酒の元が仕込まれてゆく様子をじっと見つめる良一の耳に、村人たち一団の歌声が聞こえていた。

座卓の上には早生《わせ》のミカンがひと山のっていた。黙々とミカンの皮を剝いては口に運んでいた良一は、たちまちそのミカンを平らげてゆく。

それがまた早い。二十個、三十個はあっという間だ。

良一のミカン好きは終生変わらなかった。

「猿もびっくりやわ、ぎょうさん食べはるなあ」

思い出を語る者は誰もがそう言い、

「贅沢《ぜいたく》なものはほとんど口にしなかったが、ミカンとスイカだけはね――」

と証言する。豊川村一帯は果樹も豊潤な実りを誇っていた。

春日神社の大石段を降りて、西国街道へ向かってくるのだろう、歌声は次第に大きくなってきた。

「天に代わりて不義を討つ　忠勇無双の我が兵は
歓呼の声に送られて　今ぞ出で立つ父母の国――」
（明治三十七年、大和田建樹作詞『日本陸軍』）

今宵は秋祭りと日露戦争勝利一周年を祝う提灯行列が、同時に催されていた。

神社には昼のうちにまるで競うようにして、それぞれの酒蔵から祝いの四斗樽《しとだる》が奉納された。

樽酒を振舞われた提灯行列は、戦勝祝いと、豊作祝いにほろ酔い機嫌で流れてきた。

村人が通る道端には中小の寺社にとどまらず、野仏や地蔵が随所に立ち並んでいる。

悠久の年月を経た神仏を大切にする、信仰心の厚い村であった。

村人たちは手に手に一升徳利を提げ、石仏とも祝い酒を分かち合う。酒だけを愉しみに働いているかのような村人からの振舞い酒だった。

少年時代の良一の腕白ぶりは、並外れたものだったといわれている。手がつけられない腕白小僧、という意味から「ゴン太」と村中から呼ばれていた。家から持ち出した酒かすや、おもちゃ類を仲間に気前よくくれてやったので、いつでも総大将になれた。腕力もあった。

空の酒樽や、桶のたが、米俵などをふんだんに持ち出して遊び道具に使えた。洟《はな》垂れ坊主を何人も引き連れ、山野を駆け巡る。ときには度を越した悪さも働いた。両親はそのたびにきつい仕置きをしたが、あまり効果はない。縛り上げられ、奥の土蔵に閉じ込められたことも再三ではきかない。

ある日、唱歌の時間が嫌で仲間を誘って学校をサボり、山遊びに一日費やし、何食わぬ顔で帰宅した。

学校を抜け出して遊び呆けていたのは、これが初めてではない。村人の目というものもある。

腹が減れば農家の軒に吊り下がっている干し柿を失敬したり、山羊の乳を搾って飲んだりするくらいのいたずらは平気だった。

逃げ足も背丈に比べて驚くほど速い。

他の授業は苦手でも、体操だけは得意だった。とりわけ脚力が強いので、徒競走や長距離走になると誰にも負けない。

笹川良一は最晩年になってもビルの非常階段を十階くらいまでは平気で駆け上がっていた。随行する職員はかなわない。

「エレベーターがありますから、どうぞ」

と言いたいところだが、言えない。

「よしッ、行くぞ」

八十歳を超えた老人が階段を駆け上がりだしたら、関係者も後を追わないわけにはいかないのだ。

あるとき、十五階から非常階段で下へ降りると言い出した。

「わしは日本防火協会もやっているんだ。安全確認もできるし、体にもいい」

笹川についてとことこと降り、一階までたどり着いた秘書はドアにかかっている鍵を見て天を仰いだ。

笹川は何食わぬ顔で、再び非常階段を昇っていったのである。

豊川村の少年時代にすでにその萌芽はあった。健脚はこの山野で培われたのである。

両の眼《まなこ》をかっと見開き、子供ながらに強い意志をぐっと表した面で棒切れを振り回していた良一が、村内《むらうち》で目立たないわけがない。

それは、誰の目にも異相と見えた。

「また笹川はんとこのワルぼんや。もうほんま堪忍ならんわ」

追いかけても逃げられる。おとなしい村人も、たまりかねて家に苦情を入れた。

「すいませんな、ほんま、うちのアホぼんはゴン太でいうこときかへんで」

案の定、仁王立ちして待ち構えていた父親に着物の首根っこを摑まれ、引きずられて土蔵に押し込められた。

ころを見計らって母親が蔵の外から声を掛ける。

「良一、お父さんに謝りや」

だが、強情な良一は暗くなってもついに謝らない。


「なにも悪いことなんかしていない、絶対に頭なんか下げるものかと、私は返事もしなかった。するとややあって蔵の中に父が入ってきて今度は私の両手をうしろ手に縛り上げ、無言で抵抗している私を二階のはりに吊し上げてしまった。それでも私は謝ろうとはしなかった」

（『私の提言――肉体年齢七十七歳、精神年齢自由自在』）

両親は長男には厳しかったが、なぜか他の子供たちには優しかった。家督を継がせる男児には、とりわけ厳しい躾《しつけ》をしたということだろう。

そうしたエピソードをもう一件紹介しておこう。

良一が六歳、四月になったら小学校に上がるという正月の朝の出来事である。

鶴吉が蔵人たちを呼んで、火鉢を囲んで暖をとっていた。

そこへ良一が何気なく手を差し込んで火鉢にあたった。

すると、いきなり鶴吉の手がぴしゃりと良一のほほに飛んだ。ビンタを喰らったのだ。

「大人は火の子、子供は風の子だ、勘違いしよってからに。テル、良一をはよ裸にして水をぶっ掛けや」

鶴吉に言われたテルも迷わず応じた。

すぐに良一を井戸場へ連れて行くと、素裸にして何杯となく水を掛けた。

酒造りに欠かせない井戸が、屋内の土間に掘ってある。床が石畳だったから、寒さは大抵ではなかったであろう。

この朝の出来事については、長い間生家を保存してきた笹川良一の妹・ヨシコの女婿・沖津嘉昭（現岩井コスモホールディングス社長）が詳しく聞き及んでいる。ヨシコの一人娘・

喜世江の夫である。

「今申しましたように、私の家内の母親が先代良一会長の妹です。義母《はは》はこの朝のことを兄から何度も聞かされたのでしょう、よく言っておりました。

『つるべで汲み上げた水を桶に入れて、何杯も何杯も頭から掛けられた。あの冷たい水があるから今の俺があるんだ、って』

それにしても真冬の石畳の上ですからね、さぞこたえたでしょう。そのときは相当に両親を恨んだと聞いています」

沖津嘉昭の義母・ヨシコは十二歳違いの良一を「兄さん、兄さん」と呼んで最期まで親しんでいたという。

「水を掛けられたことで、親のことを鬼ジジイ、鬼ババアと思ったと、兄さんは何度も繰り返し怒ってはったわな、年取ってからはかえって感謝した言うてましたけど。優しい兄さんでなあ。あんたらな、この家は兄さんの遺言でな、めったなことで手え入れたらあかんで」

そう言い残して平成十四年十月三十一日、ヨシコは行年九十一歳の大往生を遂げた。

高等教育不要

明治四十五年三月二十六日、良一は豊川尋常高等小学校尋常科を卒業し四月に高等科（高等小学校）へ進む。

同級生の川端康成は、名門といわれた茨木中等学校へ進学した。五月生まれの笹川良一と六月生まれの川端康成は同じ十三歳の春、こうしてそれぞれの人生の岐路に立つことになった。

当時の義務教育は小学校の六年生までであり、尋常高等小学校の高等科へさえ全員が進んだわけではない。

まして川端のように中等学校以上の上級学校へ進学する児童は極めて限られていた。向学心があり、家庭が裕福でなければなかなか果たせなかったであろう。

学費がなくても、学力と体力のある男子には陸軍幼年学校（中等学校一年修了程度より受験可）から士官学校、または海軍兵学校（中等学校四年一学期修了程度より受験可）へ進む道があった。

川端に軍人はしょせん無理であったろうが、良一にしても中等学校へ進まなければ、どうあれ陸海軍士官への道は開けない。

良一は中等学校ではなく、尋常高等小学校高等科を選んだ。

川端は家族の崩壊から、学費に窮していた。だが、優秀な成績と向学心から、母方の親族の援助を得て最高学府を目指したのだ。

自宅からなんと片道一里半（約六キロ）を徒歩で通学した結果、すっかり健脚になったという。

川端が東京へ出て第一高等学校から東京帝国大学へ進んだ時代の話である。故郷の豊川村宿久庄の墓を守る者は誰もいなくなっていた。

そんなとき、川端家代々の墓に野の花を活け、水をやったのは良一であった。誰に頼まれたわけでもない。

川端家の墓は村民の共同墓地とは別に、独立して少し離れたところにある。

かつては庄屋らしい格式もあっただろう、古い墓石の側面にその誇りが刻まれている。その前で良一はしばし手を合わせた。

目が不自由になった三八郎の老いた姿が思い浮かび、東京で勉強しているという康成の健康を祈るのが常であった。

良一が長い間留守をしているときは、テルが黙って代参した。

「あのな、お前がおらんさかい、川端はんの墓参りさせてもろたで」

川端康成が代々の墓を住まいのある鎌倉に移設したのは、昭和四十七（一九七二）年四月十六日に逗子マリーナで彼が自裁を遂げる少し前のことだった。

それまでのおよそ五十年近い歳月、笹川良一は年一回の墓参を欠かすことはなかった。

良一は尋常科のうちは手のつけられない暴れん坊だった、というのが通説だが反面、素行優良で表彰もされている。

ワルぶった面と、躾どおりの品行を見せる両面を併せ持っていた。

明治四十一年三月二十八日付の表彰状が残っており、それにはこう書かれている。

「第二学年　笹川良一
品行方正ニ付本賞状ヲ授与ス
大阪府三島郡豊川尋常高等小学校長
澤田永太郎」

高等科に上がると勉強も熱心になり、ゴン太ぶりもだいぶ落ち着いた。

その間には級長（賞状には「児童長」とある）を命じられた年もある。

負けず嫌いの気の強さと同時に、多くの級友を束ね面倒をみる胆力がすでに備わっていたのだろう。

成績が良くなり、親に財産もあったのに良一はなぜ中等学校へ進まなかったのか。進学に迷いがあったともとれるのは、高等科を卒業した大正三年、高等小学校に付設されている農業補習学校甲部に一年間学び、修了している点だ。農業補習学校が無意味だった、というのではないにしても、どうも良一らしからぬ中途半端な選択に思えてならない。

これが良一の最終学歴である。中等学校への進学断念が自分の意思なのか、あるいは誰か周囲の大人の決断によるものなのか、判断は難しい。

ちなみに良一より五歳年長の松下幸之助は、家庭の事情から尋常小学校を四年で中退し、丁稚《でっち》奉公に出された。

同じく家産が崩壊した田中角栄（大正七年生まれ）は、二田高等小学校（現柏崎市）卒という学歴（上京後、中央工学校という専門学校に籍を置いた経験がある）にとどまった。いずれも貧困が理由であり、学校教育より実社会での体験を糧に上り詰めた人物といえよう。

だが、良一の場合は事情が違う。笹川家は村有数の資産家である。高等教育を断念した理由には二説ある。

父・鶴吉が豊川尋常高等小学校の澤田永太郎校長に相談にやってきて、校長が進学に首を捻ったという説が第一だ。

卒業にあたって相談にやってきた父親に対して、澤田校長は次のように言った。

「あの子は正義感が強いから、へたに学歴をつけると、アカ（共産主義者）になるおそれがある。頭がよすぎる。むしろ世の中に出して、着実に社会を学ばせたほうがよい」

だが、『破天荒　人間笹川良一』を著した山岡荘八は、同書の中で次のような疑問を呈している。第二の説である。

「これはどうも牽強付会《けんきょうふかい》（引用者注・こじつけの意）の趣がないでもない。笹川の子供時代の遊び友だちで、彼と最も親しかった七歳下の子分、魚島幸作の話によると、父鶴吉ははしきりと進学をすすめたが、笹川少年は、

『勉強はもっと大きくなってから、勝手にやるわい。学校で勉強するより、世の中に出て、いろんな生きた勉強をするほうが、ずっとおもしろいわ』

と、いっていたそうである」

「アカになる」おそれは、もう少し後の時代ならともかく、良一が高等科を卒業した大正三

年には、まだロシア革命が成立（大正六年＝一九一七年）しておらず、それほどの心配がこの一地方に生まれていたとはにわかには信じがたい。

むしろ良一がこの年ごろから、勉強は学校でするものじゃない、と自分自身で確信し始めていたと考えるほうがうなずけそうだ。

彼は後年、三人の息子たちに対し同様の説教を試みている。

三男の笹川陽平《ようへい》（日本財団会長）は自著に父親の言葉を次のように書き留めている。

「――父は大きな目でギロリと睨《にら》み、無造作に言ったものです。『学問などしなくていい。社会勉強は俺が教えてやる』（中略）

父が私たち兄弟に対してこうした教育法を採ったのは、自らの体験によるものです。学問をするより、仕事の中で何かを身につけたほうがずっとふかいところまで到達できると確信していたからです」

（『知恵ある者は知恵で躓《つまず》く』）

正念寺の修行

校長から言われた上級学校進学への疑問を説のひとつとして消せないのは、「アカになる」以外にも理由があったと思われるからだ。

笹川陽平は、先の書でもう一件の理由を付け加えている。

校長が父親・鶴吉に言った言葉である。

「この子にこれ以上学問をつけたら、きっと社会主義の洗礼を受けて国に刃向かうような人間になるか、都会の生活に染まって自堕落な人間になる。どちらにしても笹川家の名を傷つける。将来を考えるなら、身近なところへ置き、徳を積むことを教えたほうがええ」

その説明を聞いた鶴吉夫婦は、宗派も同じ浄土宗であり、和尚が厳格で有名な正念寺を訪ねることにした。

「和尚はん、良一をどうか厳しゅうに躾けてもらえまへんやろか」

住職の原田順亮は、しばらく良一を見つめていたが、やがてこう言った。

「それは殺してもええ言いはるのやな」

テルが即座に気丈な返事をした。

「そうでおます。この子はわてらの子や思うてはいまへん。どうぞ、世のため人のためになるような子に遠慮のう躾けておくんなはれ。

殺して死ぬような子なら、神様、仏様の授かりもんあらしまへん。どうぞあんじょうよろしゅうに頼みます」

鶴吉とテルは、そう言ってさっそく正念寺の原田順亮和尚に良一を預けた。

この選択に良一が大きな抵抗を示したという形跡はない。

厳しい鍛錬の道を選んだのは、おそらく両親と良一本人の共通の覚悟だったのだ。

大正三年、良一十五歳の春であった。

良一は、高等小学校を卒業して農業補習学校に通うのとほぼ時を同じくして、この寺に住み込むようになった。

学校へは寺から通った。農業補習学校は一年間、寺での修行は二年間であった。

生家からほど近い西国街道沿いに、今もその寺跡はある。

寺跡と断ったのは、「浄土宗正念寺」と書かれた寺門はあるものの、中をのぞいても住職がいて寺を継いでいる風情は見当たらないからだ。時代の変化が、本堂を駐車場に変えさせたようだ。

五分も歩けば良一が生まれ育った生家がある。だが、翌日から両親が寺へ寄り付くことはなかった。

古くから造り酒屋として栄えた生家は、同じ場所にほぼそのまま保存されていた。家の前に立てば見越しの老松が二本、左右に大きく枝を伸ばし軒を覆わんばかりだ。向かって右の古い方の松は、鶴吉がこの家を建てたときに植えたもので、左の松は良一が後年植えたものという。

家を建てた年は正確には伝わっていない。鶴吉が妻のテルを迎えるにあたって、建て替えたものであろうか。

時間とともに変貌した周辺の環境の中で、この家だけが往時の姿を留めたままひっそりと佇《たたず》んでいた。

幾層にも重なった漆喰の壁が高くそびえ、構えの大きさを偲ばせる。

かつてはあたりを睥睨《へいげい》したであろう土蔵や屋根瓦も、今日では小さく思え、人気《ひとけ》のない古家は侘《わび》しささえ漂う。

さらに現代の建築とは寸法が違う。

庇《ひさし》の低さは、いかにも今昔の感がある。

だが良一は、この家を昔のまま保存すること、手を加えないことを家人に生涯懇望し続けてきた。

自分が育ったときのままの状態、家郷に帰れば子供時代の光景がいつでも思い出せるように、との願いからだった。

家に残ったテルと、妹のヨシコにいつもそう頼んでおいた。

最晩年まで笹川は関西に来るたびに、伊丹空港から車で自宅へ直行した。その姿は多くの地元関係者が記憶している。

いつもと変わらぬ玄関先の光景を認めるや、にこりと安心した顔を見せる。顔はもう子供のときのそれに戻った。どこか幼時の面影をそのまま残していると、皆が思う。

その後が早い。

玄関の土間に立つと、靴も脱がずに妹・ヨシコと交わす会話も変わらない。

「おい、いくつになった」

「兄さん、私だってもう七十二歳やわ」

「ナニを言うか、六十引いて十二歳だと思え。俺はな、いつも六十引いた歳を自分の歳だと思っておる」

と言い終わると、足早に次へ移動する。

生家に寄って、保存されているのを確認すればもう用はないのだ。

ごくまれに、子供の時分お仕置きで冷水を掛けられた井戸場に立ち寄り、井戸をさすって懐かしそうにするときもある。

その後は笹川家の墓に詣でて手を合わせ、小学校を懐かしんだ後、川端の生家と墓にも顔を出す。

よく遊んだ春日神社、菩提寺（篠河山福壽院理照寺）、最後に正念寺へ挨拶して参拝する。それが生家訪問コースである。

ひと巡りすれば気が済んだように手をポンと叩き、さっと引き上げる。三、四十分もあればよかった。


預けられた正念寺では、朝早くから手もしびれるような冷たい水で雑巾がけをさせられた。長い廊下の雑巾がけが終わると、板の間で坐禅を組まされる。禅寺ではなかったが修錬のために座らせたのだろう。長時間である。

その合間に和尚は独自の授業を開始した。


「どうだ漢籍を教えてやろうかといって、『菜根譚《さいこんたん》』などの講義をしてくれた。このおかげで漢詩が好きになり、のちに巣鴨の獄中にいたときには、漢詩を作って孤独を慰めることができた」（『人類みな兄弟』）と笹川は自著で述懐している。

漢籍と雑巾がけは、家郷への思慕とともに笹川良一の骨格を形成する重要な素因となってゆく。

のちに笹川はこの体験を息子たち、とりわけ年少だった三男・陽平に叩き込む。

羽振りが良くなった笹川良一は、東京都文京区小石川林町（現千石）にある大きな屋敷を購入して住んでいた。林町小学校の向かいにあたる。

陽平が明治大学に入りたての時分、昭和三十三年ごろの話である。

学生仲間の間でアイススケートがはやり、陽平も一緒に遊びたかったが、小遣いが足らない。

めったなことでは生活必需品以外の物をねだったことなどない。たまにはいいだろうと考えての頼みであった。正座して父の前に出るのはいつもの慣《なら》いどおり。

「ちょっとスケートに行きたいんですが、小遣いを少しいただけませんか」

父には正座して、敬語を使うように躾けられていた。父はギョロ目を剝いてこう言ったものだ。

「なに、お前そんな寒いところへ行って何になるんだ」

「いや、その、スケートといって、氷の上を滑るんですが――」

「滑って、それでナニになるんだ、えっ。そんなことするより家の廊下を雑巾がけせんかい。廊下はきれいになるし、体力もつく。わざわざ寒いところなんか行かんでいい。そんな暇があったら、これでも読んでおけ」

と言って、差し出したのが『菜根譚』であった。

ひどい親父だなあ、とそのときはむっとしたと陽平は笑いながら今は話す。

あの眼力で言われたら、とても反抗はできなかった、とも言う。

『菜根譚』とは、儒教思想を根幹におきつつ、禅学や老子、荘子の思想を混交した哲学書である。

仕官保身の道を説く一方で、致仕後（退官後）の閑居の愉しみ方も説く書だといわれる。仕官の道は分かるとしても、老後の隠居の愉しみ方は笹川良一には無縁の世界に思える。

だが、本人は世界を駆け足で巡るのが生きがいだった。

プラグマチズムとは少し違うかもしれない。儒学に根付いた実利主義というのが当を得ているだろう。

曲乗り飛行

寺での二年の修行が終わると、良一は自宅へ戻った。大正五年春である。

さしあたっては総領息子だから家業を継ぐ心構えを身につけなければならない。

酒造りはまだ無理なので、できるのは店番である。

一升徳利を提げて酒を買いにくる客に、量り売りをするのだが、根っからのじっとしてはいられない性分だ。どうも馴染《なじ》めない。

ある日、彼の目が新聞に釘付けになるような記事が載っていた。

和歌山県出身の西出清《にしできよし》という飛行家が、アメリカから飛行機を買って持ち帰ってきたが、金がないので税関から引き取れず困っている、という内容だ。

良一の飛行機への関心は、十二、三歳のころすでにその兆候がみられた。

自宅から障子を外して持ち出し、屋根に這い上がった。翼に見立てた障子を背中に担ぐや、

「空中飛行するでえ。よう見とけや」

と叫んだ。遊び仲間を集めておいたのだ。

「ぼん、危《あぶ》のうおまっせ、止《や》めときなはれ」

下で叫ぶ番頭たちを尻目に屋根から飛び降りた。

だが、良一は飛行機乗りの快感を味わう前に墜落して、したたかに腰の骨を打った。一番に走り寄ってきて介抱してくれた可愛い女の子の顔はいつまでも忘れない。

ちょうどこの時代、飛行機の発明や初飛行が世間をにぎわせており、その快挙に少年の夢が膨らんでいたのだ。

ライト兄弟が人類初の動力飛行に成功したというニュースが流れてきたのが明治三十六年

暮れである。そのとき良一はまだ幼かったが、大人たちの興奮する姿が脳裏に焼きついていた。

彼がちょうど家業を手伝い始めたころ、今度は、アメリカ人のスミスという飛行家が来日した。噂では夜間の宙返り飛行を披露する大きな催しがあるという。

しかも自宅からさほど遠くない鳴尾飛行場（現西宮市）で飛ぶというので、親にせがんで見物に行ってきたばかりだった。

そのアメリカ帰りの西出という飛行家を気の毒に思ったのか、良一は手紙を書いた。

「あなたを尊敬しています。援助できるかもしれません」

考えてみればずいぶん無茶な話だった。

良一は父から資金を引き出してその飛行家を援助し、見返りに操縦を教わる秘策を前もって練っていた。

手紙を受け取った西出はさっそく豊川村を訪ねてきた。だが、相手が子供と分かって驚いた。

西出にしてみれば、藁《わら》にもすがる思いだったのだろう、子供に懇願した。

「せっかく持ってきたのに、飛行機が横浜の倉庫に眠っているんですよ。何とか助けてもらえんでしょうか」

結局良一は渋る父を説得して、資金を出させた、と書き残している（『人類みな兄弟』）。飛行機乗りになりたくていても立ってもいられない良一は、西出のところで修業する、と言ったまま家を出た。

無鉄砲な要求だと両親には思えたであろう。

だが、許しを貰った良一は、柳行李《やなぎごうり》ひとつで生家を後にした。

それから約二年間、飛行機の修理や操縦術を学んで意気揚々、豊川村へ帰ってきた。この間に単身上京し、津田沼飛行場で操縦見習いの体験も積んでいる。

鶴吉もテルもあきれたに違いないが、「学問は社会に出てやれ」という教育方針に反したわけではない。

師匠であった西出清はその後、大阪練兵場で飛行訓練中、墜落死してしまった。

この年（大正七年）、良一は地元で徴兵検査を受けて合格し、翌八年各務原《かかみがはら》（岐阜県）航空第二大隊に陸軍工兵二等兵として配属される。

徴兵検査時の身長五尺四寸（約百六十二センチ）、体重十六貫八百匁《もんめ》（六十三キロ）は、加齢したのちに腹が出たものの、終生あまり変化がない。数字より見た目には恰幅がよく見えるのは、骨格が太いせいだろう。

貴重な航空技術をすでに身につけていた上に、視力が良かった彼が航空隊に配属されたのは当然だった。

徴兵検査は、四月から七月の間に実施され、翌年の正月明けの入営が基本だ。

また、当時の兵役義務年齢は満二十歳であるから（昭和十九年から満十九歳）、大正七年春の徴兵検査という記録からすると、良一は十九歳で受けたことになる。

一日も早く飛行機乗りになりたい一心から、入隊志願をしたのであろう。

佐藤誠三郎（東京大学教授、政治学）著『笹川良一研究』によれば、

「笹川は、入隊した翌年には発動機工術について卒業証を与えられ、さらにその半年後には、発動機製造取扱法についての修得証を得ている」

とある。

大正十年十一月二十六日付で、

「工兵科下士適任ノ者ト認定ス」

という陸軍航空第二大隊長名の証書が残っている。

すでに工兵上等兵になっていた笹川青年は、下士官となるに十分な資格ありと認定されたことが分かる。

実際、航空隊勤務時代に彼が使用したテキストや、書き綴った自筆ノート六十四冊が現在

でも日本財団資料室に保存されていた。

几帳面な文字や数字、構造図などがびっしりと書き込まれたノートからは並々ならぬ熱意がみて取れる。

ところがこの直後に、プロペラの誤作動によって右肩の付け根を骨折するという事故にあう。

本人は自著で、

「私は回りだしたプロペラの先を避け損ねたわけである。骨折した右腕に軟骨ができたため、手術して、金具で骨を固定したが、その後、右腕の不自由を感じたことはない」(『人類みな兄弟』)としている。

だが、敢えて実情を隠したきらいもある。

「航空機技術に優れた笹川良一にたいして不快感を持っていた上官のいじわるもあり、あやまってプロペラによって右腕のつけ根を骨折し、除隊して故郷に帰ることになった。

右手が少し短くなり、また寒いときには右肩が痛むという状態が、後年まで続いた」(『笹川良一研究』)と、佐藤誠三郎は述べている。

大正十年が暮れようとしていたころ良一は除隊した。右肩をかばいながら、航空技術を習得したノートの山を鞄に詰め、故郷へ戻った。

父の死

良一、春二、ヨシコ、了平の四人の子供の成長を楽しみにしていた鶴吉が病に倒れ、急逝したのは大正十一年一月十八日であった。

良一、二十二歳の正月明けである。

急なことでテルも子供たちも動揺は隠せなかったが、テルの気性からして表情はいっそう引き締まっていた。夫の遺訓を受け止め、厳しい躾に徹する心の用意が整っていた。

その春、良一は笹川家の総領として、遺産の相続を済ませた。

国債、株券、田畑、家作、酒造業の権利などに現金を加え、当時の金で約十万円あったといわれている。

当時の給料取りの月給はどうだったか。

資料によれば、大正十一年の銀行員の初任給が五十円。大正十五年の公務員の初任給が七十五円とある（『続・値段の風俗史』『続続・値段の風俗史』）。

仮に月給を六十円、米十キロ三円二十銭として、時価換算すればおよそ一億二千五百万円から三億円の財産相続をしたことになろうか（現在の米価を十キロ四千円、大卒初任給十八万円として換算）。現在の物価への換算比率は対象によって一様ではないが、二千倍ないし三千倍と考えられる。

大正十四（一九二五）年四月、良一は多くの推薦を受けて豊川村の村会議員に当選した。間もなく二十六歳になるときから一期四年。だが、それで身を引いた。

村内の仕事だけで、良一が満足できるはずもなかった。

背景には、相続した多額の財産があったからとも考えられる。財産の高《たか》からいえば億万長者はほかにもいたであろう。ただ、良一はその運用術に並々ならぬ才覚を若くして発揮したのである。

それは主に商品取引、いわゆる先物取引だった。

大阪堂島の米相場に大枚を張り、二度にわたって大金を手に入れたという。

周囲の者は必死で止めたが、度胸が据わっていたためか一気に勝負をかけた。

米相場というものは、株とは違ってめったなことで素人が手を出すものではなかった。

専門家が「売り」だといえば「買い」に出る。今は「買い」だと聞けば「売り」に走る、といった逆の戦法だった。

リスクの大きさは計り知れないが、勘と度胸としかいいようがない。

結局、二十代後半に米相場で資産を増やし続けた良一は、それを足がかりに株取引にも関心を広げ成功を収める。

良一は母に告げて家を出て、大阪で本格的に勝負する決心をした。

「ちゃちな金で世のために働けるのは知れとるさかい、思いっきり勝負しとうおますわ」

聞いたテルは動じなかった。

もとより「金は生かして使え」と諭していた鶴吉の言葉が身に沁《し》みているテルであってみれば、腹は良一より据わっていた。

堂島の相場師

「雉《きじ》が撃たれまいとして鳴かないのは、卑怯なことだす。お父さんが亡くなった以上、お前はいっそう心して世のため人のために働くよう心がけなあきまへん。ええな」

普通の母親なら、体に気をつけろとか、しっかり勉強して出世せよ、などと言うのが常だろう。

だが、テルは違った。

「雉が撃たれまいとして鳴かないのは、卑怯なこと」と家を出る息子に教えた。

この教えは長く良一の胸に留まって、消えることはない。

鶴吉が死んだ大正十一年という年は、モスクワを軸としたコミンテルンの活動が広まり、わが国でも各地で労働運動が活発化していた。

スターリンがソヴィエト連邦共産党中央委員会書記長に就任したのもこの年の四月である。日本経済に深刻な打撃を与えた関東大震災が起きるのは、翌年の九月一日だ。

そうした社会的な背景は、経済の流動化を促した。すなわち、乱高下する相場は投機家にとっては腕ひとつでまたとない好機ともなったのだ。

大正十四年、二十六歳の村会議員良一は莫大な遺産を手に相場に打って出た。

大阪へ出て米相場や商品先物取引を開始した良一が、この間に儲けた金は百万円にも達したといわれている。

先に試みた時価換算に従えば三十億近い巨万の富を二十代後半で築いたことになる。

この時代、交通機関はまだ人力車が主力である。大阪では自動車がようやく姿を現し始めていたが、自家用車を持っていたのは数十人という。

良一はその中の一人であり、もっとも若かった。

テルを自動車に乗せたくて、彼は豊川村へも自家用車で帰った。村ではまだ見たこともない者がほとんどだったので、人だかりがしたものだ。

豊川村には人力車の帳場（駐車場）があって、茨木駅（京都・大阪間の鉄道は明治九年開通）前には二、三台の人力車が常駐していた。乗合自動車が出現する昭和初めまで、人力車は今日のタクシーのように村民の貴重な足であった、と『茨木市史』は書き記している。

そんな時代に自家用車で帰った息子をテルは誇らしく思うどころか、かえって戒めたものだ。

「ほんまに幾つになってもゴン太やなあ。足で歩かんと、そんなもん乗りよって。人のためにならんことは、あきまへんで」

「何も心配することないがな。自動車は世のため人のために使おう思うておます」

そう言って母を安心させるとまた堂島へ取って返し、リスクの大きい相場に賭けるのだった。

小豆相場や鉱山への投資である。莫大な資金を元にして、さらに大きな賭けに出ては財産を増やしていった。

そのたびに、思い出すのは亡き鶴吉の言葉である。

「知恵と力は精を出すほど出てくるもんや。金は生かして使わなあかん。死んだら一銭も持っていけへん」

確かに良一は鶴吉の教えのとおり「死んで湯灌《ゆかん》せらるるときに落とされる垢《あか》のごとき財は、一物たりとも残さぬ」と常々腹に決めていた。そして、ほぼそのような結果になるのだ。

だがもうひとつうがった見方をすれば、西国街道に面して生まれ育ったという環境こそが、得がたい情報を耳にする恰好の場を与えてくれたのではないかともいえる。

行き交う旅人や商人から年若くして得た勘や知識という財は、見逃すことができない。

これは戦後の話だが、笹川が小豆相場や黒砂糖相場で買いに走り、「はい、持ってらっしゃい、買いますから」と次々に買ったため、遂に黒砂糖相場がストップしたことがあった。売り手はいわゆる空売りを繰り返して利ザヤを稼いでいたのだが、最後には決まった期日が来てモノがなくなった。マーケットは閉めざるを得なくなる。そこを突いて、どんどん買う。

市場ストップである。

ところが、奇妙に思えるが賭けごとは元来好みではなかった。

幼い時分に父が碁の勝負に金銭を賭けていたのを側《そば》で見て育ったに違いない。

おそらく一目《もく》いくら、という賭け碁を川端康成の祖父などとやっていたのだろう。

だから何番も打って、夜遅くまで長引いたのだと想像される。

その金銭のやり取りの博打性が、幼い良一には見苦しい、汚れたものに思えたのだ。

だから、成長しても博打には一切手を出さなかった。

博打道具といえば、せいぜい自宅で遊び半分にめくるトランプ占い程度であった。

つまり、世間や人の役に立たないものは嫌いなのだ。

笹川良一は、金儲けが目的で金儲けを始めたのではなかった。金儲けはあくまでも手段であり、ツールだった。

大正十二（一九二三）年九月一日の関東大震災で、多くの避難民が関西方面にも逃れてきた。聞けば火災が死者と焼失家屋を増大させたという。

良一が、「これからは消防力を充実させねばだめだ」と考えるようになったのはこの大震災の情報がきっかけであった。

最初の結婚

大正天皇はかねてよりご不例重篤が伝えられていたが、十五年十二月二十五日崩御となった。

笹川良一は朝刊を手に取ると、思わず歎息《たんそく》した。当日の「大阪朝日新聞」である。

「天皇崩御
天皇陛下には今二十五日午前一時二十五分葉山御用邸において崩御あらせられる」

という大見出しと、「大行天皇御尊影」として写真が掲げられていた。大行《たいこう》とは先帝の意である。

新聞によれば深夜、直ちに摂政宮裕仁親王が践祚《せんそ》し、元号が昭和と改まったと報じている。あわただしく読み終わった笹川は、昭和の御代が自分より二歳若い天皇によって始まった感動を覚えた。

笹川が摂政宮践祚の記事を読んでいたのは奈良市にある一軒の古家の座敷だった。大正十五年秋、笹川は所帯を持つために大阪から奈良へ本拠を移していた。最初の結婚生活は古都奈良で始まった。

豊川村に閑居する母・テルは十一月で五十歳を迎える。その誕生祝いを前に、笹川は新しい伴侶を連れて故郷へ挨拶に帰った。

相手の女性は国友菊重《きくえ》というが、芸者をしていたという以上の詳しいいきさつは不明である。

戸籍簿によれば、
「大正十五年九月二十九日、笹川良一より婚姻届出、同年十月二日入籍」
となっている。

菊重は神戸市の国友智吉・阿い夫婦の四女で、新郎・良一より二歳若かった。富と新しい家庭は笹川に新鮮な活力を与えたに違いない。それが笹川の昭和の幕開けでもあった。

だが、この結婚は八年ほどで破綻する。

昭和九年七月、二人は協議離婚、菊重だけが奈良に残った。

ただこのとき、菊重の実家が何らかの理由で廃家となったため、奈良市油阪町で笹川菊重を名乗ったまま戸籍上「一家創立」という手続きがとられている。

この結婚が短いものに終わった原因は、笹川の活動がまさに東奔西走そのものだったため、夫婦間に亀裂が生じたせいだった。

八面六臂《ろっぴ》とはこういうことかと思われる日々が続く。昭和初期、三十代前半の笹川の航跡を追わなければならない。

金融恐慌

大正時代後半の日本経済は、第一次世界大戦直後の好況から一転して不況を迎えていた。最大の原因は関東大震災によるさまざまな災禍である。

未曾有《みぞう》の震災に直面し、決済不能となった多くの手形については高橋是清蔵相の指揮によりモラトリアム（支払期限の延長）が実施された。

すなわち、日本銀行が期日超過手形を再割引する目印にスタンプを捺《お》して識別して「震災手形」を優遇したのだ。

ところが混乱に乗じてここに不良債権が多数混入するモラルハザードが発生した。この過程で生じた不良債権が莫大なものとなり、財政破綻をもたらしたのだ。

恐慌のピークは昭和二年三月である。

東京渡辺銀行、台湾銀行などが大きな被害をこうむって休業となった。

関西経済にも飛び火し、多くの銀行が倒産に追い込まれた。中井銀行、左右田《そうだ》銀行、八十四銀行、中沢銀行、村井銀行といった中堅市中銀行の休業が相次ぐのを笹川も目のあたりにしていた。

震災手形の焦げつき、緊急輸入の膨れ上がりによる在庫の滞留など関西経済の混乱は目を覆うばかりとなった。

彼は銀行を助けるためというよりも、預金者の救済を第一に考えた。なにも弱者の味方などというきれいごとからではない。俗に言う「損して得とる」実利主義を発揮したに過ぎないのだ。一例を挙げておこう。

大恐慌が一段落したかにみえたある日だった。大阪にある愛国貯金銀行が倒産し、相場師で顔を見知っていた頭取が駆け込んできた。

「笹川はん、お願いがおます。何とかならへんやろか、お客さんに顔向けでけへん、助けておくれやす」

話を聞いた笹川は、頭取が所有していた韓国にある高級住宅地約八万坪を担保に、資金援助を受け入れた。即刻、五十万円の小切手を切り、無利子で救済の手を差し延べたのである。

この金融恐慌の最中、笹川は銀行救済以外にも二つの事業に手を貸している。

一つは国防社という団体が発行していた月刊誌『国防』が、財政的に行き詰まっていたのを引き受けることだった。

この雑誌のタイトルから推して当時勢いのよかった国防意識を前面に出したものと判断して間違いないだろう。

社長を委嘱されたのは、大正十五年ごろであったとされる。もちろんこの事業は一銭の利益にもならない。

持ち出しだが、それだけ国防への啓発が彼を突き動かしたのだ。

のちにこの国防社を母体として、より大きな組織「国粋大衆党」を立ち上げることになるが、その間数年、笹川は金融恐慌への対処と経済危機への身の処し方についての学習を積んだものと思われる。

金融恐慌のただ中、若手人気俳優市川右太衛門《うたえもん》のプロダクションが倒産寸前となった。

乞われて、二つ目の社長就任である。

新元号昭和になって半年が過ぎたころ、昭和二年六月のことだ。

大手五社（マキノ、東亜、帝国キネマ、松竹、日活）のマキノを飛び出して独立を図った市川右太衛門は五社協定に縛られ、五社の俳優は使えず、製作しても上映できず、という危機に瀕していた。プロダクションが風前の灯となったのだ。

勝手に池を飛び出した鯉がどういう運命をたどるか、身に沁みた右太衛門は笹川に泣きついた。

「よしっ、心配せんでもええ、早《はよ》うにわしが立て直してやるわ」

市川右太衛門がまだ二十歳、笹川二十八歳の時分である。

奈良に住まいがあった関係もあろう、笹川は奈良市郊外の生駒山「あやめ池」に撮影所を建設し、自ら社長に就任した。

笹川良一の造った大きな池で、右太衛門は難を逃れたのだ。

その次男が俳優北大路欣也であることはよく知られている。

銀行を救い、国防社の経営に乗り出し、芸能活動にまで手を広げた笹川の活動がさらに過熱するのは、昭和四（一九二九）年からであった。

日本の金融恐慌は一段落したものの、世界規模の大恐慌が広まったのがこの年である。

昭和四年十月二十四日木曜日、ニューヨーク証券取引所で株価が大暴落したのをきっかけに、世界大恐慌が起きた。

「暗黒の木曜日」として知られる悲劇の始まりである。

日本国内では各地で労働運動が激化し、共産党は激しい地下運動を展開し始めていた。

大阪の生糸価格は暴落し、大山郁夫が立ち上げた新労農党（労働農民党）の運動や、朝鮮における光州学生の暴動事件、無産政党の発足などが市場の不安感を加速した感があった。

先物市場も株式市場も、世界恐慌には極めて敏感な反応を示し、投資家側のリスクは予測もつかない事態となった。

さすがの笹川も恐慌に対する有効打は見つからない。ここは隠忍自重、根本対策を練り直すしかない。ロシア革命の影響が遂にここまできたのだ、そう考える以外結論は見出せなかった。

危機管理を突きつけられた緊張感が、逆に腹をくくらせた。

笹川は自分の向かうべき方向、国家のあり方について新たな決意を固めたのである。

国粋大衆党

在阪の一相場師のままでいては、この共産主義の攻勢や不況には太刀打ちできないと考えた。

金儲けは従来より目的ではなく、単なる手段であった。ならば、その資金を元に政治運動に進むしか道は拓《ひら》けないと思われたのだ。

その土台には、これまで手を貸してきた国防社が母体となればいい。さっそく大阪から東京まで走り回って、同志を募った。

二年後の昭和六年三月十日、大阪天王寺公会堂は四千五百人からの聴衆で埋まっていた。「国粋大衆党」と命名した政治団体の結党式である。愛国・国粋主義を標榜する結社の設立であった。

あと二ヵ月で三十二歳の誕生日という若さだった。

本部を相場の本拠地北浜の一角に置いた。後年笹川がこの周辺の土地の権利を獲得してゆく橋頭堡《きょうとうほ》が築かれたのはこのときであろう。

現在大阪証券取引所の巨大ビルが建つ一等地も、かつて彼が地上権を有していた一帯だといわれている。

にぎにぎしい結党式の壇上で、笹川は新しい紋付、羽織、袴の三つ揃えで威儀を正していた。

その羽織の紋がこの日から一新されていたことに気づいたのは、ごく近親者だけであった。長い年月、笹川家の家紋は剣酢漿草《けんかたばみ》だった。墓碑に彫られた先祖代々の紋を見れば、丸にハート形のカタバミの葉がくっきりと浮いている。カタバミは古来より繁殖力が旺盛な上に、優美で可憐な花が咲くことから親しまれてきたものだ。

それを笹川はこの機に変えた。

羽織の袖にあるのは、菊の紋章を横に半分に切り、上半分を残してその下に「一」を添えた「菊一」の紋であった。

皇室の象徴とされる「菊の御紋」には当時は十六弁の八重表菊（十六葉八重表菊）が使われていた。

笹川は畏《おそ》れ多いので上半分だけ菊花を使い、自分の名から「一」を取って据えた。

十日も家を空けて帰ったある晩のことだ。結党式の挨拶回りやら宴会続きもあったろうが、脂粉の匂いが体から消えていない。

妻の口からすれば、皮肉のひとつも言いたくなる。

「お帰りやす、わての名前から一字取ってご家紋にしてくれはったお羽織もすっかり白粉《おしろい》焼けして、もったいないのうおますなあ」

「ナニぬかすか。お前の名前から取ったわけじゃないわ。南朝方総帥大楠公《だいなんこう》を敬っての菊や」

照れ隠しに楠木正成《まさしげ》を持ち出した笹川だったが、まんざら嘘でもない。確かに楠木正成の家紋は「菊水」といい、菊花を半分に切った点では似ている。

南北朝時代、楠木正成は兵を率い西国街道を幾度となく往き来していた。その歴史上のエピソードについては、地元の豊川尋常高等小学校や正念寺の和尚から幾度となく聞き及んでいた。

後年、笹川は楠木正成生誕の地とされる南河内の金剛山麓に私費を投じ、「楠公誕生地」と揮毫《きごう》した石碑を建てている。ゆかりの地であったことには間違いない。

いずれにせよ、「臣良一」としての強い意識がこの家紋改変に走らせた。

菊一の紋を背負って、笹川の昭和はいよいよ意気軒昂《けんこう》となる。

第二章　国粋の旗幟

——憂国の情やみがたし

愛国運動の勃興

新婚生活の夢を思い描いていた菊重にとっては、予想外の日々が続いていた。いきなり家紋を変えたかと思えば、それまで付き合っていた相場関係者とも違う壮士風の男たちが出入りするようになっていたからだ。

菊一の紋を付けてからそうなった。

「飯、風呂、出かけるぞ」だけ。そして、出かければ連絡もなしに何日も帰ってこない。いきなり帰ってきたかと思えば、大勢の客を連れて来る。

その客たちがまた風体も胡散《うさん》臭い男ばかりだった。そういう筋に馴染みもない菊重には、さっぱりあしらい方が分からない。

笹川自身は地味な羽織に紋付、袴といったなりで風格さえ漂い始めていたが、党員を名乗る浪人風の男たちは違った。

笹川は口では規律をうるさく言い、暴力的な振舞いはきつく戒めていたが、目がいき届かないこともある。

口では天下国家を論じるものの、衣食の資金を企業からもぎ取ったり、羽二重の豪奢な羽織をまとって大道を闊歩するなど、眉をひそめさせる狼藉ぶりも耳に入る。

これまで見たこともない荒ぶれた仕種や身なりで出入りする男たちは、菊重の心を少なからず狼狽させた。

家にいるときの笹川は優しく接してくれたが、家計にはいたって無関心である。

粗衣粗食を旨とするのもいいが、大勢で押しかける客人の飲食代には閉口する。

おとなしい菊重の口から、愚痴が出た。

「天下国家も結構でおますけど、米びつのことも考えておくれやす」

「阿呆《あほ》ぬかせ、米くらい何ぼでも買《こ》うたるわい」

そうは言っても、米相場で儲けた莫大な資金は家計には回らず、すべて国粋大衆党の活動に費やされていた。

祝日ともなれば日章旗を華々しく玄関前に立てる。それはいい。だが、玄関を一歩入れば雨漏りさえしているというのに一向に気にしない。

新進右翼としての地歩固めに没頭するあまり、家庭をほとんどかえりみない日々が続いた。

これでは結婚生活に破綻が起きないほうが不思議である。

彼をそこまで急《せ》かせていたものとは何だったのか。昭和初期の笹川の活動を検証しておこう。

国粋大衆党（昭和十七年に国粋同盟と党名変更）の結党スローガンは、この時代に数え切れないほど結成された右翼結社のそれと大差ない。

主な主張はおおむね次のようなものである。

三井財閥のドル買い批判、満州国即時承認、暴支膺懲《ようちょう》（横暴な中国を懲らしめる意）、国際連盟脱退、国体明徴《めいちょう》・天皇機関説批判、親独伊政策、汪兆銘《おうちょうめい》（汪精衛）南京政府承認、南洋進出――。

国粋大衆党が結成された経緯については諸説あるが、党機関紙による「国粋大衆党の略歴」を引いておこう。

この履歴では当初笹川は顧問として参加し、半年後に総裁に推されたとなっている。

「昭和六年三月、畠山義男、竹越卯一、高田忠志、岡田大三郎、藤吉男によりて結党せらる。（中略）当時余に顧問就任の交渉あり、その主義綱領の内に財閥打倒と共産主義絶対反対の二項目あり（中略）顧問に就任し資金の援助を喜んでした。八、九月右の五名が予に総裁就任を懇請したので承諾した」（『国防と航空』）

結党時の組織は機関紙の創刊号によれば次のとおりで、笹川総裁のほか、幹部には先のメンバーに加えすぐ下の弟・春二の名が並んでいる。

国粋大衆党（部分引用）

総裁　　　　　　笹川良一
顧問　　　　　　栗山球外
同　　　　　　　江藤源九郎
相談役　　　　　笹川春二
総務　党務部長　高田忠志
同　　遊説部長　藤　吉男
同　　事業部長　竹越卯一
同　　調査部長　岡田大三郎
同　　企画部長　板倉弥三郎

（『国粋大衆』第一号、昭和七年十月十日。『国防と航空』）

関西本部・国防社は本部事務所を大阪市東区北浜一丁目に置き（昭和六年二月二十一日

付）、笹川良一自身が統括する陣容を整えた。

やや遅れて実働部隊である関東本部を東京に設置し（昭和八年二月十日付）、笹川春二、藤吉男らが責任者に就いた。

少し下って昭和十六年時点での組織図（内務省警保局編『社会運動の状況』）になると児玉誉士夫《よしお》という名前が東亜部門の責任者として登場してくる。

笹川の生涯とこのような形で児玉の名前が初めて交差するのは昭和十六年一月のことだ。結党から十年もの時間が経っていたことを思えば、二人の邂逅は決して早くはない。だが、開戦の年明けに用意されたこの席こそ、児玉のために用意された回転椅子でもあった。

また関西本部の中心人物には将来を見込んで弟・了平を据えている。年が十六歳も違う了平は、良一からみれば親子ほどにも感じられたであろう。

良一が尋常高等小学校高等科以上の学校教育を受けなかったいきさつは先に述べたとおりだが、下の弟妹たちは少々違った。

すぐ下の弟・春二は良一同様高等科修了だが、ヨシコ、了平は長男良一の判断で上級学校への進学が決まった。

下の二人の進学時、父・鶴吉はいない。

鶴吉が大正十一年に亡くなってからは、総領息子が家長として進学を勧めた。ヨシコは大阪曾根崎にある正和高等女学校を卒業している。当時このあたりから高等女学校に通う娘は極めてまれであった。

そのヨシコが最期まで兄を慕っていたのは、生家を守り続けたことからもうかがえよう。

了平は関西大学にまで進んだ。

だが、兄のひと言「社会勉強は俺が教えてやる」で中退し、関西本部に通うようになったようだ。

笹川は自分の息子たちが最高学府まで進むことに反対はしなかった。

三人とも希望どおり大学進学を許されたが、道理としての「勉強は社会でいい」という本音に変化はみられなかった。

戦後の教育制度の激変や社会風潮からみて、いつまでも独自の原理主義を貫いてはいられなかったとも、現実主義者らしい判断だったとも考えられる。

国粋大衆党は人事の構築や資金面からみて笹川個人の強力な指揮下にあったといえる。

関東本部は当初東京丸の内に置かれたが、のちに東京市本郷区駒込蓬莱《ほうらい》町六十六番に移され（その後麹町区赤坂へ移動）、大阪は「大阪本部事務所」とされた。

昭和七年十月に党の機関紙『国粋大衆』と『国防』（タブロイド判月刊）が発行され、宣伝、広報、党員拡充などを図ったことは注目に値しよう。春二が一面にコラムを書いているのも目を引く。

笹川の筆頭秘書格ともいうべき席に納まったのが藤吉男だった。

藤吉男について少し触れておこう。

藤は明治三十九年生まれで、笹川より七歳下である。福岡市郊外の馬喰《ばくろう》の息子として生まれた藤は、大阪で荷役人夫を経験しながら政友会や民政党の院外団として頭角を現す。柔道五段とも、喧嘩六段ともいわれていた。

院外団という名の関西浪人組織に属したが、これはいわば政界用心棒である。コトの解決に暴力や恐喝をもって生業《なりわい》とする集団のボスに藤は就いていた。

藤と笹川の出会いには裏話がある。

先年、市川右太衛門のために建てたあやめ池スタジオへ徒党を組んだ浪人くずれが、金銭をせびりに押しかけてくるという事件があった。

藤はその連中の頭目だった。要するに右翼を名乗る暴力団との揉めごとが起きたのだ。

騒動は仲介者があって和解となったのだが、その席上で藤は一転、笹川の信奉者になってしまった。

柔道家としても鳴らしていた一方、任俠肌と武闘派気質が混在するような藤の気性を、笹川が使えると判断した。

「どうだ、わしを助けてはくれまいか」

言われた藤に不服はない。

逆に結党への道筋は藤のほうから持ちかけた、とする説もある。いずれにせよ、意気投合、気合が合致したことに相違はない。

見立てどおり藤は国粋大衆党の結党準備に奔走し、人集めにひと役買った。その結果、関東本部を任されるまでに信頼を勝ち得る。

だが気性は荒く、結党後も暴力事件や割腹未遂事件などを起こし、物議をかもすこと再三であった。

そのたびに笹川は相手を誘い込むような優しい瞳を凝らし、乾ききった藤の心に疎水を引き込むようにして使いこなしてきた。

政治ゴロに身を持ち崩していた生活が一新し、藤吉男はひとかどの右翼幹部になってゆく。

「どや、見てみい。人間いうもんはな、誉めて使わなあかん」

目を輝かせ、笹川は嬉しそうに笑った。その藤は後年、笹川が立ち上げた日本モーターボート競走会を支える陰の主役となる。

国粋大衆党は結党以来、またたく間に関西を中心に組織が拡充され、全国に二十三の支部を数えるに至った。最盛期には党員一万人を数えるほどであった。

世界大恐慌（暗黒の木曜日）が二年ほど前に発生し、株が大暴落したことは先に述べた。三井財閥などが率先してドル買いに走り、国内の右翼団体はこぞってこれに警告を発していた。

満州事変

笹川の国粋大衆党も例外ではない。

結党して半年が過ぎた昭和六年九月十八日、柳条湖で満鉄（南満州鉄道株式会社）線路爆破事件が発生した。いわゆる満州事変の勃発である。

満州は早くから西欧先進各国にとっては貴重な権益確保の地であったため、当然軋轢《あつれき》が生じた。日本も権益が保護されなければならなかったのは当然である。

何のために日露戦争で多くの血が流されて朝鮮半島の保護権を獲得し、満鉄が敷設されたのか。

だが、かつて日英同盟を締結していたイギリスとの関係はまだいいとしても、アメリカの太平洋政策との衝突は避けがたかった。

この小さな亀裂が、十年後に干戈《かんか》を交えるきっかけとなる。

日英同盟に楔《くさび》を打ち込んできたアメリカのしたたかな外交戦略に追いつめられたという外因と、資源を外に求めねばならないわが国自衛上の内因との相克があった。

満州事変はそうした事情を反映した突破口として発生したものだと、笹川は理解していた。

満州事変勃発三ヵ月後の十二月十七日、笹川総裁は上京し、時の首相犬養毅《つよし》に会見して建白書を提出している。

内容は先に財閥によるドル買いを批判した趣旨と似ている。満州の利権が、一部財閥のほしいままにならぬよう慎重に対処されたい、というものだ。

だが、事態は井上準之助前蔵相暗殺（七年二月九日）、団琢磨《だんたくま》三井合名会社理事長暗殺（七年三月五日）へと発展する。

いずれも「一人一殺《いちにんいっさつ》」を唱える井上日召《にっしょう》主導によるテロで、血盟団事件として知られる。

一方でこうした社会情勢は無産階級の運動にも衝撃を与え、労働組合、農村青年運動などが活発化した。

学生やいわゆる文化人などの間に社会主義やアナーキズム運動が一挙に拡大したのもこの時期特有の現象である。

将来の革命を夢見て、ダイナマイトなどを用意する武装蜂起計画が都市部にも農村部にも発生し、組織化が進んでいた。

左翼運動の勃興に対抗して、さまざまな国粋主義の結社運動に拍車がかかったのもこの時代の特徴だった。

大正末期から左右両派の活動が熾烈《しれつ》になった背景には、関東大震災という国難がさまざまな形で影響した事実は見逃せない。

無産運動に対峙して大正末期から昭和六、七年にかけ、全国では相当数の国粋主義を標榜する愛国団体が結成されている。いずれも政党政治の腐敗と堕落の改革を叫んでいた。

その代表的な組織と指導者を拾っておけば次のとおりである。

国本社（平沼騏一郎、鈴木喜三郎、山川健次郎、宇垣一成《かずしげ》、池田成彬《しげあき》ほか）
神武会（猶存社《ゆうぞんしゃ》、行地社を率いていた大川周明が松延繁次ほかと新たに結成）
日本国民党（八幡博堂、鈴木善一、西田税《みつぎ》ほか）
愛国勤労党（天野辰夫、中谷武世ほか）
急進愛国党（津久井竜雄ほか）
黒竜会（玄洋社の頭山《とうやま》満に加え、内田良平、武田範之、清藤幸七郎ほか）
大日本生産党（黒竜会、日本国民党、急進愛国党などが合併し大組織となる）
愛国政治同盟（赤松克麿、小池四郎ほか）

新日本国民同盟（下中弥三郎、佐々井一晁《かずあき》ほか）
皇道会（陸軍少将黒沢主一郎ほか）
明倫会（石原広一郎《こういちろう》、予備役陸軍大将田中国重ほか）
国民協会（赤松克麿、津久井竜雄、倉田百三ほか）
建国会（上杉慎吉、赤尾敏ほか）

このほかにも全国に多くの国家主義団体が短期間に続々と誕生したが、いずれも離合集散を重ね流動的であった。

内務省による調査によれば、昭和二年から十二年までの十年間に結成された結社は六百三十四団体、加盟人数は約十二万二千人とされている（『現代史資料第4巻』）。

幾多の政治結社の動きは、やがて若手将校の新しい胎動とも微妙に結びついてゆく。

そうした軍部と国粋主義運動の間で活動する人物が次々に輩出した時代でもあった。

笹川良一も確かにその一人だが、児玉誉士夫という笹川よりひと回り若い人物にも触れておかなければならない。

笹川良一と児玉誉士夫は、とかく同じ土俵に立つ者同士のように思われがちだ。だが、二人には年齢差以外にも、決定的な相違点があった事実を正確に把握しておく必要がある。

まず、児玉の出自と家庭環境をざっとみておこう。

児玉誉士夫

明治四十四年二月十八日、福島県安達郡本宮町で児玉誉士夫は生まれた。

生家は代々二本松藩士だったが、戊辰《ぼしん》の役以来没落し一家は辛酸をなめている。

「薩長の中央政府から東北は差別されてきた。この貧窮から国を救うのはお前たちの仕事だ」

と児玉は父親から諭された。

大正八年九月、八歳で母親と死別。生活に窮していた父親は、児玉と幼い弟を連れて朝鮮に渡る。

京城には長女（誉士夫にとっては腹違い）がすでに嫁いでおり、それを頼って関釜《かんぷ》連絡船に乗ったのであった。

だが、子沢山だった姉の家に長居はできず、父と弟は間もなく故郷へ舞い戻ったものの、児玉だけは朝鮮で養子に出された。だがその家にも居にくくなり飛び出してしまう。

十歳にして一人で釜山港から船に乗って、二本松の山郷《やまざと》まで帰ったという。

故郷二本松での暮らしは、一度捨てたくらいだから楽なはずがない。生活費は田んぼでの泥鰌《どじょう》すくいでまかなった。

「夏の泥鰌、秋の泥鰌、この泥鰌がどれくらい自分と父の生活を助けてくれただろうか、泥鰌は自分にとって一生忘れられぬものであり、また悲しい想い出である」

（『われかく戦えり』）

その後の児玉は、東京亀戸での紡績工、再び朝鮮へ渡って仁川《インチョン》で鉄工所の下働き、書生をしながら京城商業専門学校卒業、東京へ戻って向島の鉄工所での単純労働など、十代を漂泊の旅に過ごしたのだった。

この時期の児玉をみれば、文字どおり苦学力行をものともせず、糊口を凌ぐために刻苦勉励といった生活が浮かんでくる。

昭和四年春、十八歳になっていた児玉は工場現場で初めての労働争議を体験する。

その日の生活にも窮していた児玉は悩んだ。

「弱いものの惨めさ、労働者の貧しさ、それをだれよりも自分は強く味わってきている。持つ者の横暴にたいする反感もまただれにも増してはげしく感じていた。

しかし彼《か》の赤い旗の色と、祖国ソビエトと呼ぶ言葉の馬鹿馬鹿しさは、自分を労働運動に飛び込ませずにむしろ反対の方向へ追い込んでしまった」

（前掲書）

この時代の日本は、青年を左翼か右翼のいずれかへ追い込まなければならないような状況にあったともいえよう。

片や、モダンな都会の哀愁を歌った流行歌も、若者の心を揺さぶらずにはおかなかった。

「——ジャズで踊って　リキュルで更けて
明けりゃダンサーの　涙雨
——シネマ見ましょか　お茶のみましょか
いっそ小田急で　逃げましょか」

（昭和四年、西条八十作詞『東京行進曲』）

その分岐点で児玉の目に映ったのは、上杉慎吉（東京帝大教授、憲法学者）を会長として組織された建国会であった。赤尾敏との付合いはこのときに始まる。

これ以後の児玉は、急進愛国党、独立青年社をはじめいくつもの右翼団体を転々とする。

その間、重臣襲撃計画、大蔵大臣直訴事件などの直接行動で逮捕されては下獄、出獄を繰り返す生活が続く。さらに別の事件で懲役三年六ヵ月の有罪判決を受け、豊玉刑務所を経て昭和十年四月から十二年四月まで府中刑務所にあった。長い刑務所生活である。

その後、満州や中国各地への視察旅行を繰り返すが、やがて国粋大衆党の幹部に名を連ねるべく笹川の前に現れた。

ずんぐりした体軀に絣《かすり》を着流した児玉が、頭に乗せた鳥打帽を脱いで笹川に挨拶をした。大きな坊主頭が印象的な男だった。

それは昭和十六年一月である、と児玉は終戦後A級戦犯（正しくは「a項戦犯」）容疑者として逮捕された巣鴨拘置所内で、自らの経歴について語っている。

日本語の履歴が残されているが、おそらく通訳が書き記したものであろう。

「昭和十六年一月、友人藤吉男ノ紹介ニ依リ笹川良一ヲ知リ国粋大衆党ノ名誉幹部ニナル」

（『国際検察局［IPS］尋問調書』25巻）

笹川と児玉の最初の出会いは、大阪北浜にある国防社本部だった。

考えてみれば、児玉は笹川とは正反対の人生をここまで歩んできたといっていい。

先に紹介したとおり児玉は貧苦にあえぎ、荒涼とした少年期を過ごしてきた。

富裕な家庭に育ち、両親や周囲からの厳しくとも豊潤な愛情と躾によって育まれた笹川とは雲泥の差があった。金銭に対する感覚の相違は、両者に顕れた埋めがたい溝ともいえた。その結果であろうか、児玉の中には笹川に対する名状しがたい屈折した感情が膨らんでいったように思われる。

笹川との対比の中で児玉誉士夫という人物の骨格については、この後次第に鮮明になる。

異端右翼

国粋大衆党の結成以来、笹川は治安当局の判断からすれば危険分子とみなされ、世間的にいっても右翼であることに相違はなかった。

だが、それでもなお笹川は他の多くの右翼とは違っていた。

やや強引な分類をすれば、異端右翼といっていい。

「世間ではな、ひと口に右翼というて同一視しておるが、みな違うのだ。わしの見たところでは四つに分類できる。『浪人右翼』『ノリト右翼』『暴力右翼』そして『大衆右翼』だ」

そう言って笹川はしばしば右翼の分類をしてみせた。

その説によれば、四つの右翼の特徴はおおむね次のようになる。笹川自身の言葉から概略を拾ってまとめてみよう。

なお、以下に引用する笹川の文言は、『笹川良一の見た！巣鴨の表情』という著作によるが、これは笹川の口述を国粋大衆党幹部の吉松正勝が桜洋一郎という筆名でまとめたものとされている。

「『浪人右翼』とは、何々党、何々会といかめしい名刺の肩書は持つてゐるが、其の実態は一人一党、天下国家を吾一人で担つて起つと言はんばかりの大言壮語はするものの、政治的社会的影響力は全然ゼロ。軍人、官僚、政治家、資本家の門を叩いて、いくらかの小遣銭をせしむることが本来の目的で、主義も定見もない」

「ノリト右翼」は、古事記、日本書紀を金科玉条と為し、政治も経済も文化も悉《ことごと》くを此の中に求めようとする——いやしくも古事記、日本書紀に科学的批判でも加へようものなら、直に国体反逆の不《ふ》逞《てい》漢《かん》だと獅子の如く荒れ狂はんとする一種の狂信者で、零下何十度の寒中、水に入つてノリトを唱へ、是をミソギと称して得意がつてゐた連中である。

「暴力右翼」は、思想はノリト組と全く同一で、真向から議会政治を否定し、大衆運動を否定し、昭和維新を暴力的革命の方法に依つて実現せんと企図してゐた、陸海軍青年将校が起した五・一五事件、二・二六事件等の行きかたを継承せんとするもので、概ね塾を開いて青年を養ひ暴力的訓練を行つてゐた。

以上三つは甚だ多くの共通点を持つてをり従つてなかなか判別がむつかしく、総称して現代流の表現に依れば「超国家主義者」となるのであらう。


「是に対して最後の大衆右翼なる者前三者とは根本的に性格を異にして天と地、白と黒程の相違を持つてゐた。

大衆右翼は人道主義的理想主義を旗印と為し、進歩的政治感覚に富み、行動の基盤を現実政治の上に置き、大衆の総意に立脚して国政の革新を行はんとする主張に立つてゐた。

――決して世に謂《い》はれる『前三者』右翼の中には入らないのであるが、世人が是を混同してをる結果、強いて右翼の一部とすれば即ち大衆右翼は合法右翼と呼ぶことになるのである。僕が総裁となつてゐた国粋大衆党、後の国粋同盟は右の分類からすると大衆右翼の中に入るべき性格のものであつた」

（『笹川良一の見た！巣鴨の表情』）


これが書かれたのは昭和二十四年の時点なので、彼が党総裁として東奔西走していた時期の内容とは、いささかの齟齬《そご》がみられる。

正確にいえば、国粋大衆党の党員の中にも「ノリト右翼」や「暴力右翼」の色彩が濃い人物はかなりいたからだ。

党幹部だった藤吉男などは武闘派の筆頭格で、かなり強引なやり口があった。

皇居前での断食座り込み、首相官邸での割腹自殺（未遂）事件、天皇機関説に反対するあまり居合い刀を持って一木《いちき》喜徳郎《きとくろう》枢密院議長宅を襲撃して逮捕され、懲役刑に処せられたりしている。

多少我田引水の部分がみえる点は差し引いておく必要があろうが、旗幟《きし》を鮮明にしたい、という意気込みはうかがえよう。

そして、笹川自身が暴力反対の立場を崩したことは一度もない。

大阪防空飛行場

笹川良一が他の多くの右翼とひときわ異っていたのはとりわけその経済力であった。

国粋大衆党はいってみれば個人経営であり、笹川はオーナー総裁である。

財閥の世話にならないのはもとより、政界、財界、官僚の誰一人からも援助を受ける必要がないのだから遠慮も要らない。

自由で異端の右翼でいいのだ。

さらに笹川の特徴は一切の公的役職、つまり権力の座に座らないことだった。

後年、昭和十七年の翼賛選挙に出て衆議院議員になるのだが、それとても非推薦候補だったために東条内閣から一銭の費用も貰わなかった。

翼賛選挙に関しては後述するが、生涯で公職に就いたのは、このとき一介の代議士を経験した期間と、豊川村の村会議員を務めた二十六歳からの四年間のみである。

もう一つ笹川の異端ぶりを示す特徴を挙げれば、科学技術、とりわけ航空機への強い関心であろう。

当時続々と誕生した右翼も左翼も財力とは無縁だから、自家用機を持ち、自らその操縦や整備技術を学んだ者など皆無である。

少年のある日を起点として、戦前戦後を通じ空を飛ぶことに強い興味を持ち続けた唯一の右翼といっていい。

航空機への関心は昭和七年五月二十日、民間パイロットの育成を目的とした国粋義勇飛行隊結成へと進む。もちろん笹川本人が隊長で、自前の飛行機を二十機持った。

国粋義勇飛行隊結成にあたって用意された「趣意書」（笹川了平編・刊『国粋義勇隊』）は次のように述べる。

「（航空機は）一朝有事に際しては、他の幾多の文化機関と同じく動員せられ、速やかに国防の第一線に就かねばならぬのである。

――いかに優秀なる精神気力旺盛にして、勇猛果敢なる戦士と雖《いえど》も、近代的軍事装備の前には一たまりもないことは、最近の幾多の戦争が明証している」


先に笹川があげたノリト右翼との決定的相違がよく表れている内容である。

一見、精神主義にみえるかもしれないが、竹槍でB29の爆撃に立ち向かおうとするような非科学的な面は微塵も持ち合わせていなかった。笹川は科学を重んじた点で、並の右翼とは一線を画していた。

二年前の昭和五年、ロンドン海軍軍縮会議で英・米・日の補助艦総保有量がほぼ10：10：7と決定された。対米七割弱という条件を受け入れた日本は、賛否両論で世論が割れていた。

そこで笹川が考えたのが飛行機による国防だった。

そのあたりの先行する時代認識が、やがて山本五十六と親交を深める共通点だったと思われる。

国粋義勇飛行隊の企画は、民間航空界のためにも、国防意識や国際関係発展のためにも文句の付けようのない話だった。だが、問題がひとつあった。

いくら立派な国粋義勇飛行隊を結成しても、自前の飛行場がなければ隊員育成ができないのだ。

当時大阪にはまともな飛行場がなかった。

そこで笹川はさっそく大阪近郊で、専用飛行場の場所探しを部下に命じた。

さらに関西財界屈指の実業家でもある勝本忠兵衛を訪ねて相談し、助力を仰いだ。

「ええ話やなあ、河内あたりにええ土地があるやろ。お国のためや、わいも手伝わせてもらうわ」

鉄鋼業で財を成し、「大正日日新聞」の創業にも大金を出資していた勝本忠兵衛は、そう言って協力を約束した。

財界や世論への影響力を無視すれば破談になりかねない。笹川の進め方はそうした点を重視した上のことだった。

ようやく大阪府中河内郡盾津《たてつ》村（現河内市）に約十万坪の土地が見つかった。

もちろん多くの地主が所有する複雑な土地だから、個別に買い取り交渉をしなければならない。

実業家、篤志家からの寄付と笹川自身の私財を投じて土地買収が進んだ。

当時の盾津村は一面に田畑が広がり、地主と小作人が入り組んで、それぞれ農業を営みながら暮らしていた。

現在の東大阪市でいえば新庄、本庄地区と盾津中学校がある一帯だ。

今でも中学校の東門の脇に「盾津飛行場跡地」と書かれた記念碑がある。

「民間の寄付によって作られたもので、大阪の防空と民間パイロットの養成を目的としていた」と記されている。

飛行場設計の全貌は、生駒山に向かって延びる滑走路が七百四十四メートル、格納庫三棟、発動機工場、木工所などのほか、教育隊舎、隊員（四十名あまり）収容の寄宿舎、隊長宿舎、講堂兼道場、食堂、浴場などの施設が整い、その規模は目を見張るものがあった。

用地買収と寄付金を集め終わった段階で笹川と勝本が発起人となり、「財団法人大阪防空飛行場」が立ち上げられた。

稲刈りが終わるのを待って、厳かに地鎮祭が催されたのは、昭和八年十一月八日である。式場には紅白の幔幕《まんまく》がめぐらされ大勢の名士や関係者が参列、中空には晴れやかな祝砲が轟いた。

神主による祝詞奏上などの儀式が済むと、笹川が地主や小作人とともに玉串を奉納し、酒樽の鏡が開かれた。

鍬入れ式が済み、十二月からはいよいよ工事開始である。

その年も押し迫った二十三日のことであった。

早朝からの現場視察を終え、党本部に戻った笹川の耳にラジオのニュースが響いた。

「宮内省発表によりますと、皇后陛下におかせられましては本二十三日午前六時三十九分、御分娩、親王ご誕生あらせられました」

翌朝の各新聞には「皇太子殿下御誕生」の大見出しが躍り、国を挙げて歓呼の声が沸きたっている様子が伝えられた。

年が明け、飛行場建設が順調に進み始めたころ、笹川の口から周囲が仰天するような発言が飛び出した。

「地主、小作人の諸氏が、営利を度外視してこの挙に加わりはったことは、感謝にたえへん。完成の暁には、義勇飛行隊自ら阪神の空の自警をもって任ずるつもりや。

ところで勝本はん、自分はいろいろ考えたんやがどないでっしゃろ、飛行場を整備し終えたら国家に献納しよう思うんだが」

勝本は耳を疑って聞き返した。

「献納するって笹川はん、あんさんとこの飛行隊で使いはるんやなかったんか」

「もちろん義勇飛行隊も利用できるような条件にしますけど、ご異存なければすべてを軍に献納してお国のために役立てとう思います」

結局笹川は、せっかくつぎ込んだ建設費も度外視して、大阪城内にある第四師団司令部へ出向き献納を申し入れた。

飛行場は予定どおり昭和九年六月に開場式が行われたが、そのときまでには、飛行場施設のすべてと所有する練習機二十機の献納が内定していた。

九月七日、陸軍に献納された際、第四師団長寺内寿一中将は、

「笹川さん、これは近年まれな篤志ですな。勲章ものだよ」

陸軍としては大阪付近に適当な飛行場がなく、思案していた矢先の話であったから渡りに船と寺内は叙勲にまで触れた。

「勲章なんてものは要りません。それじゃこの件は流します。後で勲章欲しさに笹川は軍に取り入ったなどと言われては迷惑ですしな」

寺内も苦笑いしながら、笹川の言うとおり、黙って献納を受理した。

それから七年も経った昭和十六年三月三日、東条英機陸相から感謝状を受けることになる。和服姿の笹川が後ろに党幹部の藤吉男らを従えて陸相の前に立つ写真が残されている。これ

が東条との初めての顔合わせでもあった。

ところが飛行場献納に関連して後日思わぬ方面から厄介な問題が発生し、笹川の怒りが爆発する出来事に発展する。その詳細については後述したい。

大阪刑務所

昭和十年八月七日、笹川総裁以下十数名の国粋大衆党幹部・党員が一斉に逮捕されるという事件が起きた。身柄は大阪府警の留置場から大阪刑務所に移された。

容疑内容は国粋大衆党が、笹川の指示の下で髙島屋、東京イリドスミン鉱業、大鉄（現近鉄）、阪急電鉄などに対して乗っ取り、恐喝などを働き総額三十五万円あまりを脅し取った、というものだった。

そのほかにも、飛行場建設用地買収にからんだ恐喝の事実がなかったか、検察は躍起になって証拠を集めようとした。

だが、検察にすれば恐喝などという瑣末な事犯での逮捕はあくまでも別件だった。

当局の真の狙いは、勢いを増す国体明徴運動（貴族院議員美濃部達吉が主張する天皇機関説を排撃する運動）の抑え込みにあったとみたほうがよさそうだ。

笹川たちが逮捕される直前の八月三日、岡田内閣による「国体明徴声明」が大々的に発表された。これにより、美濃部達吉博士による天皇機関説に終止符が打たれた恰好になった。一方からみれば、激化する右翼団体に対して治安当局がバランスをとる配慮をしたものとも考えられる。

すなわち、喧嘩両成敗である。美濃部達吉の見解も退け、右翼活動の弾圧も同時に行う、ということだ。その矢面に、このところ何かと動きが目立つ国粋大衆党が立たされたというわけである。

この十年春以来活発化した天皇機関説排撃運動が、当局の警戒心を募らせていたのは事実で、治安当局の情報収集活動も旺盛だった

司法省刑事局がまとめた資料の中には要注意右翼団体が列挙されており、笹川たちがマークされていたことが確認できる。

国粋大衆党関東本部の名は、大日本生産党、新日本国民同盟、国民協会、愛国政治同盟、明倫会、皇道会、黒竜会、昭和義塾その他多数と一緒に並んでいる（『現代史資料（第4巻）』「司法省刑事局極秘文書」）。

あまた興った右翼運動の結社の中から、特に笹川が率いる国粋大衆党に焦点が絞られた原因は分かりにくい。

笹川自身が暴力を行使するようなことはなかったとしても、武闘派藤吉男などはどうだっ

たのだろうか。それだからこそ、別件の恐喝容疑による逮捕という手段しかなかったのかもしれない。

昭和十五年の記録になるが、国粋大衆党は中野正剛の東方会、橋本欣五郎《きんごろう》などの大日本青年党、赤松克麿の日本革新党などとともに、演説会などによる会員倍増や強力行動隊を結成するなどして直接行動も辞せず、とする団体とみられていたようである(『資料日本現代史6』)。

いずれにせよ、直ちに検察による関係各所への執拗な強制捜査が始まった。

それは笹川の弟たちの自宅にまで及び、当局が笹川起訴のためにいかに躍起となっていたかが分かる。

捜査経過の内容が新聞に逐一流された。いわば検察有利の情報を故意に流す、当局によるフレーム・アップである。その中には組織壊滅を図ったとしか考えられない誤報も流されている。幹部の大部分が逮捕されたのだから、組織が大打撃をこうむったのは間違いないが、それで解散などしてはいない。

また、笹川が総裁を降りたなどという事実もない。報道はそのあたりを未確認のまま検察情報を流し続けていた。

その例を二つ引いておこう。まずは「大阪朝日新聞」が大見出しを掲げた。

「国粋大衆党を解散　笹川総裁決意　党従来の行動を反省　検事へ表明」

（昭和十年八月十八日付）

「笹川氏実弟の家宅捜査

大阪府刑事課治安係本多主任は大阪検事局指揮の下に刑事数名を随《したが》へ、十八日午前九時、府下中河内郡盾津村義勇飛行隊事務所を襲ひ、同飛行場に関する重要書類を押収更に同郡小阪町菱屋西、前国粋大衆党総裁笹川良一氏実弟大阪市内某新聞社長笹川春次〔ママ〕、同実弟良平〔ママ〕両氏の家宅捜査を行ひ、重要書類を押収引揚げた。

右は先に恐喝事件で収容されて、目下大阪地方検察局で取調べ中の笹川前総裁の陳述から、盾津飛行場献納を繞《めぐ》り新たなる恐喝事件が暴露したものと見られてゐる」

（昭和十年九月十九日付「読売新聞」）

笹川はその後、三年に及ぶ公判を経て昭和十三年十二月二十六日、第一審判決でようやく無罪を勝ち取った。

十七名の被告人中、数名の幹部が証拠不十分で無罪、残る十名ほどが懲役一年から一年六ヵ月の有罪を言い渡されている。

しかし、これを不服として検察控訴が行われ、大阪控訴審（昭和十四年十二月十一日）の判決は逆転有罪。笹川に懲役二年六ヵ月（未決勾留六百日を算入）、その他の幹部四名にも有罪判決が下った。

即日大審院へ上告した笹川は、十六年八月九日になって原審差し戻し、全員無罪という判決を勝ち取る。

実に丸六年の歳月を費やした笹川の執念が、最後に実を結んだのである。

この間、笹川が受けた肉体的、精神的な打撃は計り知れない。それでも彼は、逮捕された部下の裁判費用やその家族の生活費をも負担し続けた。

検察側の狙いは、そうして笹川の意欲や財力を削《そ》ぎ、追い落とすことにあった。意図的とも思える未決勾留の長期化は、異常なまでの検察の執念とマスコミ喧伝《けんでん》のためだったと考えられる。

結果は笹川の完全勝利に終わった。

笹川はこの六年にも及ぶ裁判の過程で裁判闘争のノウハウを学び、刑務所生活ではさまざまな苦しみを逆手にとって自己鍛錬に磨きをかけた。転んでもただでは起きないしたたかさも身につけた。

「室料も食料も診察も全部無料で、修行にはあれくらい良いところはないぞ」

とまで言っている。だが、

「夏にはシラミ、ノミ、蚊、南京虫の攻撃に晒され、冬は凍死するほど寒かった」そうだ。

笹川の出獄を特定する資料は少ないが、後年巣鴨拘置所で作成された調書によれば、昭和十二年七月ごろには出所していたことが分かる。

昭和二十年十二月から二十三年十二月まで、笹川は巣鴨拘置所にA級戦犯容疑者として拘禁された。その間に行われた供述調書である。

自著や他の資料にはたびたび「三年間の獄中生活」と書かれているがそれは正確ではない。GHQ民間諜報局（CIS）による聞き取り調査を国際検事局が記録整理した文書、「IPS尋問調書」にその詳細はある。

「1938（引用者注・正しくは1935）—1937

——北野警察署に留置される。理由は大阪鉄道のひと株二十五円の株式を二万株所有していたためである。五百円を奪ったとして懲役十年の刑を受けた。二年間の服役後、無実であることが判明し釈放された」

（『国際検察局［IPS］尋問調書』24巻）

尋問記録によると、昭和二十年十二月二十七日、GHQの尋問者に対して本人は「二年間の服役」だったと説明している。

笹川のこの獄中体験は、のちに巣鴨拘置所でおおいに役立つことになる。

また裁判では、信頼していた友人や部下にもたびたび裏切られるという苦い経験も味わった。

人を頼るものではない、という教訓を笹川は身に沁みて学んだ。

三男・陽平はこのときの父の思いを忖度《そんたく》しながら次のように語る。

「後で分かったことですが、親父はね、それ以来人との濃密な付合いというのを作らなくなった。片手以下しかいませんよ。人なんか頼りにならない、というのを身につけたんですね。そのかわり、誰でも来るものは拒まず主義だから、どんな人とでもすべて平等に付合いはする」

さらに、

「そういうところは私も知らないうちに学んだのかな、だから自分は今でも群れるのは嫌いですからね」

と、言葉を継いだ。

逮捕の一年前、笹川は菊重との結婚生活に終止符を打たねばなるまいと決意していた。

「私よりか、お国の方が大事なんやらおいとまいただきとうおます」

八年に及ぶ内実のない結婚に、菊重は愛想をつかしてそう言い立てていた。

離婚届が受理されたのは、昭和九年七月十一日である。

浅草松清町

菊重との結婚生活が始まって数年ほど経ったときである。

昭和六年春、地元大阪北浜の国粋大衆党事務所設立に続いて関東支部を東京にも立ち上げる計画が進んでいた。その準備や関係者への挨拶回りが頻繁にあり、笹川はしばしば銀座へ繰り出した。

道案内はいつも藤吉男や板倉弥三郎といった党幹部である。

ここは別嬪《べっぴん》さんが多いクラブだから、といわれて笹川が足を向けたのは、銀座七丁目の交詢社に近い大きなクラブだった。

その店で最初にテーブルについた女と親しく口を利くようになった。

喜代子と名乗ったその女はこれまで会ったどの女とも違うタイプで口数も少なかったが、どこか気に入って親しみを覚えるようになった。

自分の生まれは浅草だが、父親が栃木の出で母親は埼玉の岩槻《いわつき》だと聞いても、関西生まれの笹川にはぴんとこない。

年は笹川より八歳下で、明治四十年（十二月二十三日）生まれだという。二十三歳か、若いな、と笹川はざっと彼女を見回した。

農家の娘よ、とやや卑下したようにも言った。

だが、薄い化粧が乗った横顔には匂うような色香が沈んでいるのが分かる。

貧乏だったわ、などといわれれば、なおさらいじらしくなるのが笹川の性分だ。手を差し延べたい気持がふつふつと湧き出した。

山岡荘八によれば、

「喜代子は、東京銀座の高級キャバレー『東京会館』の売れっ子ホステスであった。さっぱりした気立てと美貌が評判で店を訪れる酔客の野心の的であった。多くの常連が彼女をねらっていたなかで、一、二度やってきた関西者の笹川にあっという間に射止められてしまったので、当てのはずれた常連たちは、『鳶《とんび》に油揚げをさらわれた』と地団太を踏んで悔しがった」（『破天荒　人間笹川良一』）と紹介されているが、実際にはそう派手に映る女性だったとは思えない。

昭和十三年三月、東京浅草の宵である。前年の七月から始まっていた支那事変が拡大し、世情が騒然としているのが肌でも感じられた。

浅草寺や本願寺（浄土真宗東本願寺）の境内に、若い兵の姿が頻繁に見受けられるようになったのもここ最近のことだ。支那戦線への出征が増えたからであろう。いずれも母親や恋人とおぼしき和服姿が連れ添っている。いずれも武運長久を祈願に詣でたに違いなかった。

出所した笹川は二年半ぶりに上京して浅草を歩いていた。下獄前、銀座で知り合った喜代子に小さな家を持たせていたのだ。

浅草松清町の家の玄関に立った笹川は、

「おい、出たぞ」

それだけだった。

警察に逮捕され入獄したことは、大阪から義弟《おとうと》の春二が知らせてきたので承知していた。もうそれで心が動揺するほど喜代子はやわではなかった。

この何年かの間に子供は二人生まれるし、するべき人生の苦労はすべてし尽くしたような気がしていたからだ。

その間、なにくれとなく生活費の面倒をみてくれていたのは春二だった。

いつものように二階の寝室に布団を延べながら、喜代子が言った。

「春二さんにはお家賃から何から、ほんとにお世話になって。あなたからもお礼を言っておいてくださいな」

笹川は久しぶりに松清町の床《とこ》で、朝をゆっくりと迎えたのだった。


昭和十三年の一年間は、彼の留守中壊滅状態だった党の再建に奔走して過ぎた。いつものことだが、浅草に寄ったのは二、三ヵ月に一度くらいであろうか。

その春二から暮れになって電話が掛かって、

「兄貴、義姉《ねえ》さんから子供が生まれそうだって言ってきたよ。正月明けが予定日だってね」

と、聞かされた。

そういう話は本人にするより、義弟を通したほうが効き目があると喜代子は知っている。

「もうひとり産みおったか、一度顔を出さないわけにはいかんな」

ポンと膝を叩いてトンビを羽織るや支度にかかり、浅草へ行く心づもりをした。

十四年の正月が過ぎても党の仕事が忙しかったが、時間を作りようやく浅草へ足を向けた。

浅草寺から夕闇を裂いて鐘の音が響いてくる。

菊屋橋と田原町の間でタクシーを降りると、本願寺の脇を横切った。

二月に入ると、隅田川からの風がいっそう冷たく感じられる。駒形橋が目と鼻の先だ。

かつて喜代子が、生まれた浅草が住むには安心だから、と言ったので一度湯島に住まわせていたのを転居させた家だった。

三十坪ほどであろうか。大震災の後の復興で建てられた庶民向け長屋のような家だったが、喜代子が幼い子供二人と住むのに不自由はなかった。

「どうした、生まれたのか。お前も元気か」

「ええ、丈夫そうな男の子ですよ。顔を見てやってくださいな。もう三人も男の子ばっかし」

部屋の隅に生まれて一ヵ月ほどの赤ん坊が産着《うぶぎ》にくるまれ、寝息をたてて眠っていた。この正月八日に生まれたのだと聞いた笹川は、目を丸くして喜んではみせたが、抱き上げるような関心は示さない。子供にはもとよりあまり興味がないのだ。

小さな庭だが、青桐の木が玄関脇に一本すっくと立っていた。

「前に住んでいた方に女の子でも生まれたんでしょうかね、嫁支度に桐の木を植えるって」

喜代子はそういって熱燗を注ぎながら、独り言のように付け加えた。

「おかしいわねえ、男の子ばかりなのに。誰かに簞笥《たんす》でも持たせますか」

笹川が喜代子と出会ったのは、国粋大衆党の立ち上げ準備に奔走していたときだから、もう八年にもなる。

その間、芸者の静松こと井筒あいという女ができて大阪に家を持たせていたこともある。

奈良に住んだ前の妻との間にも子供はできなかった。

なぜ浅草にだけ、それも三人も男が生まれたのか笹川にも分からない。一時期は奈良と大阪と浅草と掛け持ちのときもあった。

関西と関東に女性を同時に棲み分けさせる技術は、笹川の特技でもあった。親交があった山本五十六からかつて問いただされたことがある。

「いったい女は何人いるのかね」

山本自身も昭和九年ごろから新橋の芸者梅龍こと千代子と深い仲になっていたが、笹川のように数をこなすことはなかった。

「決まっているだけで東京、大阪やな。ほかにもあるけど」

「ほう、君は愛をどういうふうに分配するのかね」

「私はたった一人に愛を与えますねん」

「そりゃ計算が合わんな。もし三人だとすれば三分の一ずつじゃないのか」

「いや、西へ行ったら浜松を境に東京の女は忘れる。西の女に愛のすべてをくれてやる。東京へ帰ってきたら、大阪のことはすべて忘れて東京の女に愛情を注ぐんや」

女漁りが性分というのとも違う。

艶福家というにはそれほどの甲斐性もみせない。すなわち、米びつより天下国家に金を使うので、相手の女にサジを投げられることの方が多い。女からいわせれば吝嗇家《りんしょく》なのだろう。若いときの笹川は、自分の溢れるような精力の持っていき場が、それ以外になかったのかもしれない。

その末に求めたのは母テルに似た気性のしっかりした、母親代わりになるような強い女性だった。怒られたり、追い返されたりすればするほど母の面影をそこに見出したのだった。

浅草松清町であの晩、産着にくるまって寝ていた赤ん坊は七十一年を過ぎて、実母の思い出を次のように語ってくれた。

現日本財団会長・笹川陽平である。

「母はたしか銀座のクラブに勤めていたときに親父が見初めたという話を聞きましたが、地味で平凡な女でしたよ。

私は三人兄弟の末っ子でして、そのころの記憶があるわけじゃないんでよくは知らないけれど、めったに親父に会ったことはありません。したがって、東京妻であり、お妾さんといったほうがいいんでしょうね」

喜代子はその後の笹川が選んだ女性たちとはどこかが違った。強い意志を秘めてはいるものの、表に出さない。耐えられるまで耐える、やすやすとは折れないぞ、という気概で生きていた女性のようにも見受けられる。

クラブを辞めさせた当初、笹川は喜代子にごく小さい家を湯島天神町に借りてやった。知り合ってから一年が経った七年八月二十三日、最初の男子が誕生した。勝正である。勝正は、現在（平成二十二年）七十八歳でフルマラソンの大会に出場するほどの健脚である。血は争えない。

群馬県桐生市に住む勝正が語る実母の記憶は次のようだ。

「私は湯島天神町で生まれました。父が三十三歳、母二十五歳の子ですね。三年後に弟の堯《たかし》がやはり湯島で生まれた。

陽平は浅草松清町へ越してからですね。私がもうじき小学校に上がるというころで、夜中の十二時ごろ生まれたのを覚えているなあ。

母はね、写真ありますけどそういっちゃナンだけど綺麗ですよ、写真はね」

セピア色の写真が桐生に一葉残っていた。

和服に羽織を着て、軽いパーマネントで黒髪をまとめた喜代子が椅子に座っている。横に水兵の制服を着た勝正が、母の膝に手をあてて立っていた。

勝正四歳のときだというが、記念写真が何のためだったかは分からない。すでに次男・堯は誕生しているが、まだ一歳ほどでこの場にはいない。

写真に「TOKYOUKAIKAN　IMPERIAL　HOTEL」と浮き彫りがある。帝国ホテル内に東京会館の写真室があったということか。

楚々とした美しい着こなしの女性である。ひと目惚れした笹川は、確かに彼女の清潔そうで芯の強い性格に惹かれたのではないかと想像できる。

次男・堯は、代議士を務め自民党の総務会長を最後に政界から引退し、現在は閑居の身である。

彼は実母について自著で次のように思い出を語っている。

「私が生まれたとき、おやじは残念ながら大阪拘置所に収容されていた。のちに裁判で無罪になったが、恐喝の容疑だったそうだ。

そこで名前を付けるおやじがいないため、お袋は湯島天神の神主さんに頼んで『堯《たかし》』と付けてもらった。（中略）

さて、私が生まれて間もなく、一家は湯島天神から浅草の松清町へ移った。この家のことは記憶に残っているが、二階建ての五、六軒長屋。借家で上が二間の和室で、下も二間だった。

お袋はのちに、

『自分の家を持つのが夢だった』

と語ったが、長屋の借家生活から脱け出し自分の家を持って、子供たちと、ぼちぼち生活をしたいと思っていたようだった」

(『日本のドンを乗り越えろ』)

幼いころの父の記憶は、三人ともにほとんど共通して希薄だ。

正座をさせられたこと、大きな声で数を数えてみろと言われたこと、天下国家じゃお腹はふくれない、と母がぼやいていたこと——。

つまり、肌身に父の温度を感じた体験をもっていないのである。

「五歳ごろかな、二十まで数えてみろと言われた。数えられたらいい物買ってやるぞ、ってね。数えたけれど結局何も買ってくれなかった。『あれがお父様よ』ってことは後で母から聞いたけど。幼いときはそういう親父の記憶しかない」

三男・陽平のそうした証言は、父に対する複雑な感情を物語っている。幼い時分の兄弟三人にとっては、実母の喜代子だけが生きるよすがであった。

山本五十六

昭和十四(一九三九)年七月中旬である。

盂蘭盆《うらぼん》の入りだろうか、そこかしこの軒先に提灯が提がり始めていた。

額に流れる汗を拭きながら、笹川は霞が関にある海軍省の門を足早にくぐった。

東京へ出てきても浅草へはめったに顔を見せないのに、このところ海軍省の次官室へはしばしば現れていた。部屋の主は山本五十六（当時海軍中将）である。

衛兵にはお愛想でも言えば誰何《すいか》などされないほどの顔なじみだった。そのまま正面階段を、袴の裾を蹴上げながら駆け上がった。

ジョサイア・コンドルの設計として著名な赤レンガの瀟洒《しょうしゃ》な建物だが、笹川にそういう関心は薄い。仕事ができる程度に屋根が付いていればそれでいいと、万事にそう思っている男だ。

「お召しにより参上仕《つかまつ》りました、閣下」

このとき笹川は四十歳、山本が五十五歳である。

ひょうきんに敬礼する笹川を認めた山本は、書類から目を離して迎え入れた。人懐っこいのは相変わらずだな、とつぶやいた口もとから真っ白い歯がのぞいた。

「まあ座ってくれ。どうかね、元気か」

十一年十二月以来、永野修身《おさみ》、米内《よない》光政両海相の下で山本は海軍次官を務めていた。

実物は他人が思うより小柄だったが、押し出し、度胸、気風のどれをとっても大きい。気宇壮大、豪放磊落《らいらく》にして神経細やか。要するに複雑な軍人である。

山本は十五歳も年下の笹川に、自分と同じような気質があるのを認めていた。

実際、側にいる副官の実松譲《さねまつゆずる》少佐から見ても、二人は似た者同士に思えたものだ。

笹川と山本の間に親しい縁が生まれたのは、海軍に航空本部が設置されて、山本が技術本部長に就いた（昭和五年十二月一日）のがきっかけである。

七年の春、笹川が国粋義勇飛行隊を結成したという情報を得た山本が、航空機時代到来に備えて敏感に反応した。

「大阪で民間人が飛行場を造って、訓練施設まで立ち上げたそうだな。一度会ってみたいものだ」

笹川の耳にも海軍一の航空屋といわれる山本五十六の名は届いていた。初対面から二人は意気投合し、日本の防空論に花を咲かせたのだった。

その後、三国同盟の前段ともいえる防共協定締結が日独伊の間で進み、山本五十六、井上成美《しげよし》、米内光政らが締結反対の主役であった。その中心人物と思われていた山本は、とりわけ右翼の標的に晒されていた。

山本の身辺には過激な右翼や壮士くずれが押しかけ、暗殺をほのめかす脅迫状も頻繁に舞い込んでくる始末だ。

さらに十四年に入って三国同盟が現実味を帯びてくるや、脅迫はいっそう激しいものになっていたが、本人はいたって呑気《のんき》に構えていた。

昨今ではつきまとう影もあからさまになっていた。さすがの山本も放ってはおけないと思ったのだろう。右翼退治には右翼を使うのが一番と、山本が冗談半分に尋ねた。

「何かいい護身法があったら教えてくれよ」

笹川の方は真剣に答えた。

「ありますよ、閣下。肝心なことは誰が来ても立合い負けしないことです。殺気があるな、と感じたら落ち着いて迎え、自分からドアの鍵を内側から掛けるんです。すると相手は必ずひるみます」

「ほほう、実行してみるか」

「それからですな、席に座ってこうやって胸を張り、手を握りこぶしにして腕を組む。その上で相手の目をぐっと睨みつけるんです。敵さんがじれるまで、口を利いてはいけません。最後には退散しますよ」

開け放たれた窓を通して渡ってくる涼風が、わずかに笹川の首筋を冷やしていた。海軍省のすぐ裏手には、日比谷公園の緑陰がある。

一瞬、間をおいた山本が、さっきまでのあたりはばからぬ音声《おんじょう》を抑えてから言った。

「ところで笹川君、まだ極秘だ。極秘だが君には知っておいてもらいたい。俺はいつまでも役所に座っているわけにはいかなくなりそうだ。八月末の人事では陸《おか》から離されるだろう。こういうご時世だ。そうなったらめったなことでは君にも会えなくなる」

思わず居住まいを正した笹川は、唇を固く結んで山本の次の言葉を待った。

「そこでだ、君が以前話していた独伊訪問飛行の件はどうなったかな」

「はあ、なにしろ控訴審で有罪が出てしまいましたもので、大阪検事局がうるさくて許可が出そうもないのです」

笹川はすでに昭和七年三月には満州への慰問飛行を敢行し、注目を浴びていた。満州事変直後の満州国建設へ向けての将兵慰問が目的であった。

以来、中国大陸への飛行は幾度となく体験済みだったが、欧州への飛行計画は刑務所生活二年とその後の控訴審などが重なり実行できなかった。

獄中にいる間、朝日新聞社機「神風号」が、国産機で東京―ロンドン間を横断し、世界記録を樹立するという快挙が伝わってきた。

矢も盾もたまらない笹川は、釈放されるやさっそくドイツとイタリアへの訪問飛行を計画し、山本にも打ち明けていた。

だが、二審有罪となったため許可が下りないまま時間が過ぎたのだ。

「そうか、ナニ、気にせんでいい。俺が手を打っておくから安心して計画を実行したまえ。国粋義勇飛行隊長じゃないか」

山本にそう激励された笹川は、いよいよ意気軒昂、再び袴の裾を蹴立てて次官室から駆け出した。

ムッソリーニ会見

昭和十四（一九三九）年暮れ、イタリア首相ムッソリーニとの会見を果たすべく、笹川は羽田飛行場から勇躍ローマへ飛んだ。

山本五十六が大阪検事局への何らかの配慮を手配した結果に違いなかった。

その山本は「陸《おか》から離される」と告げたとおり、八月三十日付で海軍次官から連合艦隊司令長官に親補《しんぽ》された。

いまその身は紀州和《わ》歌浦《かのうら》沖の「長門」艦上にある。

大東亜戦争開戦後の昭和十七年二月、「大和」が就役するまでの間、山本が座乗する連合艦隊の旗艦は「長門」が務めた。

その「長門」から送られてきた一通の書簡を、笹川は懐から出し読み返していた。渡欧の機中である。

日付は九月十五日、豊後水道の一角で日夜訓練に励みながら、責務の重大さを痛感しているという書き出しには、すでに日米間の容易ならぬ先行きが暗示されていた。

達筆な山本の巻紙への墨筆は次のように結ばれている。

「若《も》し夫《そ》れ世上の俗事に就ては　一日三回のニュースと二日おきの新聞により僅《わず》かにその一端を窺《うかが》ふのみにて　夫れすらあの世からの寝言を聞くが如き心地致され候《そうろう》

今や一切を脱却して専心軍事に精進心身共に引きしまるを覚え申候　敬具

昭和十四年九月十五日

山本五十六

笹川良一殿」

書簡をきちんと折り畳みなおすと、笹川の胸にも心地よい緊張感が伝わってきた。

横腹に大きく「大和号」と書かれた機体がローマ空港に到着したのは、明けて十五年一月一日である。

中東の砂漠地帯を越えての飛行は、奇跡的な冒険であり、日本人パイロットの操縦による長距離飛行としては二番目の記録だった。

三日午後、ムッソリーニとの会見を済ませると、党の幹部吉松正勝、杉浦應などとともに一行は記念写真に収まった。

ベネチア宮殿で黒紋付に袴姿の笹川たちが、ムッソリーニ首相の隣に並んでいる写真が残されている。

この後、さらにアルプスを越えてベルリンへ向かった。

戦時下のドイツを視察してきてくれ、という山本の強い期待に応えたものだ。

すでにナチス・ドイツは九月一日にポーランドへ侵攻しており、日をおかず英仏による対独宣戦布告がなされた。

ここに欧州における第二次世界大戦が開始され、三ヵ月以上経過していた。つまり戦時下の飛行である。日の丸を付けてはいるが、絶対の安全保障はない。

撃墜されないとしても、そもそもいつ墜落しても不思議がないほど危険が伴っていた。

いくら航空機の知識があるとはいえ、その勇気は驚嘆に値しよう。

弟の了平が、「飛行機がよく墜落しますので少しは乗らぬよう気をつけてください」と頼むと次のように答えたという。

「事故が起ってから騒いでも、葬式すんでの医者の話だ。事故の起らぬよう、注意が肝要である。飛行機が落ちると、必ずその直後は細心の注意をする。だからかえって安心して乗る。事故の無いときこそ充分注意を払わねばならぬ」

（『笹川良一研究』）

独軍の猛攻撃は十五（一九四〇）年春にはベルギー、オランダ、そしてフランスを席巻するだろうという勢いだった。そのドイツの空軍力をつぶさに観察した。

欧州ではすでに空軍力が戦争の帰趨を左右するまでになっている、と実感できた。

「山本長官にいい土産話ができたな」

独伊親善訪問の成果に満足した笹川だが、その冒険飛行が政治的目的によるものだとの指摘が後年なされる。

記念写真も、「笹川はファシストである」とのレッテルを貼られる大きな素因となった。

そしてことあるごとに、ムッソリーニと会見したではないか、と言い募られてきた。

だが笹川にはどうみてもファシスト党幹部と政治的談義、わけても三国同盟推進などを話題にするいわれはない。

三国同盟に対し強硬な反対派だった山本五十六と肝胆相照らす仲の笹川が、「ファシストと手を組んだ」かのように言われるのは奇妙だが、それが戦後の現実でもあった。

三国同盟を支援する飛行であれば、山本が援助するはずもなかった。

巣鴨拘置所から釈放されて間もなくの昭和二十四年、笹川が山本五十六を偲んで書き残したエッセイで笹川自身も触れている。


「彼（引用者注・山本）が海軍次官の時、僕は独伊両国に旅行した。大和号と呼ぶ飛行機の往復であったが其の飛行機は彼が自慢のもので、嵐の南京渡洋爆撃に使用した双発の爆撃機であった。一、二機を大日本航空株式会社が払ひ下げを受け旅客機に改装したのであった。

世人は僕の独伊訪問が、日独伊軍事同盟締結促進の為の民間使節であると解釈し、新聞等もそんな風の報道をしてゐたが、事実は親友山本の僕に対する深い友情から出発した企画の表れであった」

（『巣鴨の表情』）


豪放で鳴らす山本の、「一丁空から挨拶でも見舞って驚かせてこいよ、ついでに視察もな」くらいの後押しがあっての試みだったことが分かる。

実際に笹川の現地での行動を知れば、他愛のないものばかりである。

無名戦士の墓を詣で、獄中体験のある立場からイタリアの刑務所を見学し、囚人の取り扱い環境などを観察して帰ったことなどが目立つ程度だ。

笹川がムッソリーニとの会談を企図した理由はもうひとつあった。航空機操縦という、いわば同好の士への強い関心だ。あまり知られていないが、実はムッソリーニは珍しいパイロット宰相だったのだ。当時の新聞記事に、その「勇姿」が紹介されている。

「ムソリニ首相
自ら愛機を操縦　東阿戦線へ乗り出す
ムソリニ首相は愈愈《いよいよ》東阿（引用者注・阿とはアフリカの略）の戦線に出馬、得意の雄弁を揮つて出征軍を鼓舞するに決定した首相はここ数週間以内に愛機に搭乗ローマを出発、一気に地中海を翔破してエリトリアに乗込み――」
（昭和十年七月十七日付「朝日新聞」夕刊）

添えられた写真は飛行服に身を包んだムッソリーニが操縦桿を握るものだ。操縦席に座るムッソリーニの姿に笹川が感動を覚え、イタリア飛行を決行する動機となったことは十分うなずける。

政治的な動機が先にある男ではない。むしろ「航空機愛好家」への表敬訪問程度だった、とみたほうが納得しやすい。

一連の行動は常に機先を制する勝負勘に支えられていた。まさしく「時代の相場師」とでもいうのがふさわしいその嗅覚は、天性のものだった。

帰国したところへ山本から書簡が届いた。

前年和歌浦に入港していた連合艦隊が、今は横須賀港にあった。横須賀からの音信である。

「拝啓　先般は御無事御帰朝不堪《けいがにたえず》慶賀御喜び申上候

海軍としても漸く之にて約束遂行面目相立候次第にて安神《あんしん》致し居候

落つかれた頃と思ひ一筆御挨拶まで

昭和十五年一月三十一日

山本五十六

笹川良一殿」

この年の一月から内閣をあずかっていたのは、山本と立場を同じくしていた米内光政（予備役海軍大将）であった。

三国同盟に憂慮する天皇が、反対派の米内に希望を託し強く推挙したとされる。御用掛寺崎英成による戦後の聞き書き『昭和天皇独白録』を藉《か》りれば次のようになる。

「米内はむしろ私の方から推薦した、米内のことを日独同盟反対の伏見宮に相談した処、差支えないといふ意向だつたので、日独同盟論を抑へる意味で米内を総理大臣に任命した。そして米内に大命を授けると同時に畑《はた》を呼んで、米内を援《たす》ける事を要望した。処がこの要望したことが果［計］らずも禍をなして陸軍の反対を招いた」

「陸軍の禍」とは、七月十六日畑俊六陸相の辞職により総辞職となったことを指す。当時は軍部大臣現役武官制があり、陸軍が後任の陸相を出さないという強硬姿勢を示したための内閣崩壊である。

この事態処理に登場したのが、第二次近衛内閣だった。だが近衛文麿は、就任直後からアメリカによる石油、屑鉄などの輸出制限を受けるなど多難なスタートを切った。

九月二十七日になると、遂に日独伊三国同盟が調印される。その一方、中国大陸各地で戦われていた日中戦争は、ますます激しさと混乱を増していた。

笹川良一はあわただしくも修羅の現場へ飛び立った。

第三章　修羅を奔る——「下半身の人格は別」

川島芳子

笹川が飛んだ先は満州である。

自ら所有する「国粋号」が、黄塵《こうじん》を巻き上げながら新京空港に着陸したのは昭和十五年六月半ばだった。

訪問目的は満州・北支慰問である。

無数の市民が自転車や荷車に野菜、鶏《とり》かごなどを山のように積んで、右に左に走っている。いつ来ても庶民の生命力を感じるな、笹川は迎えの自動車の開いた窓から顔をのぞかせ、そう思った。

今回は新京（現長春）に航空操縦士を育成する「陸軍飛行学校」が開設されることになったため、その激励も兼ねていた。

二十五年も前、機械油で真っ黒になった手先で綴ったテキスト「サムルソン発動機」や「ダイムラー百馬力取扱法草案」などの写しも持参していた。若い訓練生の参考になれば、それに越したことはない。

その後は、奉天（現瀋陽）や北京を列車で回る慰問旅行が予定されていた。

満州での各種慰問を終えた笹川は京奉線の急行列車に揺られて山海関《さんかいかん》を越え、北京に入った。

かつて昭和三年六月四日、この鉄路を逆に奉天へ向かっていた奉天派軍閥の総帥張作霖が爆殺された。

その同じ線路を自分が今走ってきたことに、笹川は強い関心をかき立てられていた。張作霖の軍事参謀だった町野《まちの》武馬《たけま》（元陸軍大佐）とは昵懇《じっこん》の間柄で、町野からも事件の内容をよく聞かされていたからでもあった。

北京の宿舎へ旧知の由里亀太郎大佐が訪ねてきたのは、そんな張作霖の運命を思いやっていたときだった。由里は北京憲兵隊長の職にある。

由里大佐の訪問は、なかなかの難題を携えていた。

「笹川先生、実はお願いごとで参ったのであります。先生は川島芳子という女をご存じですか」

「名前ぐらいは知っているが、会ったことはない。それがどうかしたのかね」

「彼女は以前、上海の特務機関の田中隆吉少佐の下で諜報活動などやって、いろいろ実績を上げておったのですが、最近、軍では非常にもてあましておりましてね」

「要するに、邪魔になったということですか」

「はあ、そういうことになりますな。そこで彼女を北京で軟禁状態にしているのですが、軍司令部からは『消せ』という指示が出ています。とはいっても、彼女はもとはといえば清王朝の王女ですから、いきなり消せと言われた我々としても頭が痛い。ここは先生が来られると聞いたもので、何とか芳子を円満に救い出し問題解決する手立てはないものかとお訪ねした次第で」

そういう話は嫌いなほうではない。笹川は一丁会ってみるか、と乗り気になった。

ここで、川島芳子の来歴を簡単に触れておかねばならない。

川島芳子は本名愛新覚羅《あいしんかくら》顕玗《けんし》といい、清王朝粛親王家善耆《しゅくしんのうけぜんき》の第十四王女として一九〇七（明治四十）年、北京で生まれた。一九〇六年生まれとする説もある。自分の年齢をしばしば偽っていたための混乱である。中国名を金璧輝と自称した。

だが清朝末期の姫は、明治四十四年に起きた孫文による辛亥《しんがい》革命のために王家滅亡に遭遇する。

幼い顕玗は父粛親王の友人だった日本人川島浪速《なにわ》の養女となり、旅順を経て日本へと落ちのびてゆく。

川島浪速はいわゆる大陸浪人だが、信州松本藩士の長男として生まれていた。長じて大陸へ渡り、清朝で重用され警察官養成学校（警務学堂）の総監督などを務める。

引き取られた愛新覚羅顕玗は川島芳子と日本名を付けられた。娘時代には断髪、男装して舞台に立ったり歌を吹き込むなど時代の寵児として騒がれるようになった。

昭和二年、芳子は関東軍参謀長斎藤恒《ひさし》の仲人で蒙古族のカンジュルチャップ（日本で陸士卒）と結婚するが、三年足らずで離婚となる。

芳子の私生活が大きく変化するのはこの後、上海での日本軍駐在武官との出会いに始まる。武官の名は田中隆吉少佐（最終階級少将）といい、日をおかずして二人は親密な関係を結ぶ。

そのくだりは上坂冬子の作品に詳しいので、少し長くなるが引いておこう。

「──昭和五年十月、陸軍少佐田中隆吉は上海の公使館付武官補佐官として赴任した。職責は主として情報活動で、田中は三十七歳であった。着任後しばらくして三井物産の招待を受け、その宴席で物産社員から当時二十三歳の川島芳子を紹介されている。すでに芳子は支那語をマスターして中国服をまとっていたが日本語で挨拶したと田中はその伝記に記している。（中略）そして翌六年元旦に、一人静かに武官室で過していた田中隆吉の部屋に、川島芳子がひっそり訪ねてきて『強く情交を』迫ったという。田中としては、旧清王朝の王女としての身分を弁《わきま》えるよう諭して帰したとのことだが、それから半月ほどたって四川路のダンスホールでの各国武官とのパーティー会場で芳子と再会し、その夜、田中は

『遂にその軍門に降って、彼女との一夜をカセイホテルで』共に過し、『この夜を契機として』田中と彼女の関係がはじまった。

田中はやがて『彼女のために一戸を購入し彼と彼女の愛の巣』として、以後私的にも公的にも彼女の存在は田中にとって『なくてはならぬもの』となり、田中の人生の一時期において『忘れえぬ女性』として大きな意味を持つことになったと、その著作集には堂々たる文面で掲載されていた」

（『男装の麗人　川島芳子伝』）

田中隆吉は回想録『田中隆吉著作集』（私家版）を編んでおり、上坂冬子もそれを参考に述べている。

その田中の回想にしたがえば、以後芳子は彼の諜報活動を積極的に手伝うことになる。

満州事変の直後だった。

芳子は国民党行政院長だった孫文の長男・孫科とダンスホールで接触して親しくなり、蔣介石下野という重要情報をいち早く入手した。

続いて、清朝最後の皇帝溥儀《ふぎ》を天津から満州へ脱出させる関東軍の隠密工作に際し、皇后婉容《えんよう》を密かに天津から大連へ連れ出す護送任務に成功する。

さらに、上海事変勃発に関連したさまざまな諜報活動にも成果を挙げるなど、特務機関最前線での活躍には華々しいものがあった。

　そうした情報は日本国内でも注目を浴び、「日本軍に協力する清王朝の王女」というキャッチフレーズで芳子の存在がクローズアップされたのである。

『男装の麗人』という彼女をモデルにした村松梢風による小説が雑誌『婦人公論』に連載された（昭和八年）のもそうした風潮に拍車をかけたに違いない。

　田中回想録は必ずしも全面的な信頼はおけない、という説が一般的だが、そうだとしても芳子の人生の一片を表していることは否定できない。

　その田中隆吉の「忘れえぬ女性」川島芳子と笹川の間には、やがて奇妙な縁が生まれる。

　加えて笹川は田中と巣鴨拘置所内で、複雑な事情から直接対決をするはめになる。

　少々品を欠くが、下世話にいう「兄弟対決」が巣鴨で発生するのはこれから六年後、昭和二十一年のことだ。

　笹川と田中の因縁は、まさにバイロンがいうように「事実は小説より奇なり」だが、その詳細は第五章で述べたい。

「お兄ちゃん」

　その川島芳子の評判がよろしくない、と聞いた。

由里大佐によれば、諜報活動での功績を評価してきた関東軍の上層部すらもてあましているのだそうだ。

由里はこうも言った。

「匪賊《ひぞく》や張学良の敗残兵を討伐する部隊『安国軍』の司令官に納まったのはご存じでしょう。満州では周知の事実ですから申し上げますが、奉天で満州治安担当として最高顧問になった多田駿《はやお》閣下とねんごろになったからです。パパなんて呼んでいましてね。それからはもう手がつけられません。大勢の部下を使って、匪賊の討伐どころか金品を巻き上げるなど恐喝まがいの行状が表沙汰になり、多田閣下も縁を切らざるを得なくなり、いよいよ満州から追放することになったわけです」

関東軍が熱河《ねっか》省進出のために組織した自警団「安国軍」の司令官に彼女が任命されたニュースは、笹川もかつて新聞で読んで知っていた。

「男装の麗人川島芳子嬢　熱河自警団の総司令に推さる　雄々しくも兵匪討伐の陣頭に」

（昭和八年二月二十二日付「朝日新聞」）

という見出しの下に、乗馬ズボンに軍帽を被った芳子の写真が掲載されていた記事を思い出してみた。

その討伐部隊の司令官に就いたのも、多田駿北支那方面軍司令官（十五年当時陸軍中将、十六年に大将）と愛人関係を結んでのことだったのかと知って、さすがの笹川も驚いた。

そうした芳子のご乱行を側で見聞きしていた一人に、当時満映（満州映画協会）のスターになっていた李香蘭こと山口淑子がいる。

山口淑子は自身の回想記の中で、川島芳子を次のように評している。


「多田中将はかつて川島芳子こと金璧輝を安国軍司令官に任命したり、天津に東興楼のかたちでアジトを作ってやったパトロンである。しかし川島さんは中将をパパと呼び、中将のお墨つきを利用しているという噂が立っていた。いまや多田中将にとって川島芳子は、男女関係の面でも、日本軍の大陸戦略推進の面でも、うとましい足手まといの存在になりつつあった。ついに『川島芳子を消せ』という極秘命令が下った。

川島芳子さんは、一九四〇年（昭和十五年）ごろから天津の東興楼、北京の邸宅、博多のホテル清流荘の三ヵ所を往き来しながら、鬱々と楽しまない日々を送っていた。

笹川良一氏とのつきあいもこのころからはじまったらしい。笹川氏は大日本国粋大衆党総裁だったが、川島さんは私と博多のホテル清流荘で会ったとき、『ボクは笹川のオニイチャンと新しい政治団体を作るんだ。ヨコチャンも参加しないか』と誘われたことがある」

（『李香蘭　私の半生』）

山口淑子はさらに、「川島さんと顔を合わせるのが、わずらわしかった」ためナイトクラブやダンスホールにあまり出入りしないようにした、とも述べている。

満州や上海で、いわばお互い妍《けん》を競うような立場にいただけにそうした心境になったのも理解できる。

「魔性の女だな」

そうひとりごちながら、笹川は北京の暮色を眺めやった。十月の北京は美しい。

由里大佐の依頼を受けた笹川は、もらったメモを頼りにさっそく自動車を走らせていた。

「笹川です。あなたのことを耳にしてね、気になったもので何かお手伝いでもできないかとやってきました」

由里から聞いた軟禁先の宿舎へ電話を掛け終わるや直ちに出向いた。

「先生、ようこそ」

芳子は華奢な体を物憂げに投げ出しながらソファにもたれていた。どこか不健康に見えたが、態度はなれなれしい。

聞きもしないのに、

「ボクはね、もう三十三歳になるんだ。それなのに恩知らずのゴロツキ中将にこんな目にあわされちまって。田中だって、パパだって、みんなボクのからだが目当てだったんですよ」

などと言い出し、論旨も脈絡がない。

明治四十（一九〇七）年五月二十四日が誕生日だというから、笹川のちょうど八歳下か。

「私にも君より少し年下の妹がいるから、もう一人の妹に出会ったような気持だな」

気をほぐすつもりでそう言えば、

「先生、ボクのことそんなに気にかけてくれるなんて。ボクは先生にボクの身も心もみんなお任せします」

そういいながら脚を組みかえた。太腿《ふともも》の辺りまで割れた支那服の裾はさらに大きく割れ、挑発的な姿態を晒すのであった。

廊下に張り付いている憲兵に向かって、声音を変えた芳子が怒鳴った。

「おい、帰って多田のヘッポコによく言っておけよ。恩知らずの馬鹿野郎中将めって」

その日のうちに笹川は芳子を連れて、まず大連へ飛んだ。養父の川島浪速と会って、芳子を日本へ呼び寄せる相談をするためである。

養父浪速は笹川に対して、

「芳子に就いては何分よろしく御願い致します」（『巣鴨の表情』）と言った。

そこで彼は「依頼を受けた関係上、在日中の彼女の身辺に関しては僕が出来るだけの面倒を見た」（前掲書）というコトの運びになる。

その晩は、大連のホテルに二部屋とったが、芳子は笹川の部屋からなかなか帰ろうとしない。

先に休むぞ、と言って横になるといつの間にか芳子がベッドにもぐりこんでいた。

「お兄ちゃん、抱いて」

来る者は拒まず、が笹川の流儀だ。

難儀なことになると予感はしたが、流儀を変えるほうがさらに難儀なのだ。

こうして笹川が帰国するや、「お兄ちゃん」の後を追うようにして芳子も日本へやってきた。

奔放というにはあまりにも痛ましい行動に思えて、笹川は抗《あらが》えなかったのかもしれない。

慰問にもいろいろあったが、結果的に一番の慰問活動といえば、「東洋のマタ・ハリ」とも呼ばれた川島芳子に対してではなかったか。

川島芳子は盛んに笹川宛に手紙を書いたようだ。残存しているものは少ないが、一通を紹介しておきたい。

山口淑子がいう九州博多の清流荘というホテルの便箋に書かれたその書簡の差出人は松岡洋右《ようすけ》となっている。時の外務大臣である。

消印は昭和十六年五月六日、本名を隠したいためであろう、ちょっと顔見知りで華やかな外交官の名を借りたものだ。

大東亜戦争直前の日米交渉が瀬戸際になってきた時期だった。長文の書簡全体の文意はやや不明瞭なので、分かりやすい部分のみを引用したい。

「お兄ちゃん
兄ちゃんは北京を捨ててはいけない。支那人は兄ちゃんの手を経ねば何一つ出来ぬとい ふ風にせねばいけないのです。将来はどうしてもその畠々の人がその椅子々々に座りませふ。兄ちゃんの地盤は民衆でせう。その党の将来は一タン平和が来るか全く反対のドンゾコかになる時、党員も散ります。
つまる処、軍か政治の党か何かのお先棒みたいになりやせぬかと心配してゐます。——

のびるのは支那以外無いのです。支那人の心を握りしめる人が勝つのです。——兄ちゃんの行く道は只一つきり無いと思ひます。それは、国粋を中支（引用者注・「日支」の間違いか）共にせねバいけない。

支那人の心をほんとうに握つてゐる外交官も軍人も無いのです。

そして、のり出す以外、我々のゆく道は無いのです。毎日演説したつて一時の興噴［奮］で過ぎず、党員をふやして、それをどうするか、どこへもつて行くのか？の問題です。それを支那とむすばす以外無いのです。よこ（引用者注・「よしこ」の略）は、蔣介石の所へ行つて来ようと思つてゐます。時機は早くても遅れてもいけない。兄ちゃん一寸《ちよつと》来てください。そしてよーく相談して、松岡さんと相談の上、重慶へ二人で行きませう。それをすれば、一生にそれ丈で好い任事といへます。よこは留学生等より聞き、もう行つても好いと思つて、一寸松岡さんと約束しました。お返事ください。

よしこ」

重慶へ飛んで二人で蔣介石に会おう、という和平案は奇策だが、その意気込みは笹川の気持を揺るがしたであろう。計画は陽の目をみなかったものの、孤独な生活を余儀なくされていた川島芳子が、笹川を大いに頼っていた証左ではある。

ところで、笹川は巣鴨拘置所における尋問で川島芳子について尋ねられ、次のような人物寸評をした、と記録されている。

「いわゆるじゃじゃ馬娘で性的関心が過度である。陸海軍の将校たちと戯れることが好きだ。彼女はモルヒネ中毒で、告げ口をする。中国の特務機関にいた多田駿元帥〔ママ〕と親密な関係にあり、彼の『同伴者』の一人だといわれている。川島芳子は自分に惚れていたと笹川はいった。彼女は自分と性的関係を一度だけ望んだと彼はいった」

(『国際検察局［IPS］尋問調書』24巻)

そう言いつつも笹川は自著では焦点を微妙にはぐらかしている。以下は、GHQとのやり取りの模様である。

「『君は川島芳子の愛人であったとの事だが、それは真実か』

僕の戦犯者としての事件関係からすれば真偽何《いず》れであらうとも何んの影響も無い問題である。そこで僕も一寸振った答弁をした。

『川島芳子とは何んの関係もありません。全くの世間のデマであります。而《しか》し男女の関係は夜の部に属します。夜の部は余り公開せぬものです。僕は腰から上の人格者で、腰から下は敢て、保証の限りでありませんから、なるべくそんな事は聞かないで下さい』

アメリカ氏、僕のこの言葉に腹をかゝえて大笑いした」　（『巣鴨の表情』）

最後に三男・陽平の診断を聞いてこの問題の決着としたい。

「下半身は別だ、そんなことは聞かんで下さい」と父が言っているのだから、いまさら言うべきほどの問題ではないが、と前置きしつつも次のような明確な回答を下した。

「いやいや、川島芳子とは寝てます。何回も寝てます。それはもう、手紙を見れば分かりますし。僕はいっぺん九州の旅館の方からね、『私のところへ笹川先生が川島芳子とよくお泊まりいただいて』なんて言われて。そこからきた便箋もありますしね。笹川良一は心から川島芳子を愛していたとは思えませんがね。なにしろ彼のタイプじゃないし、ガリガリの女で、麻薬患者でしょ。だから用が終わったら怖いから鍵を掛けて、俺は一人で眠るから、とかね。寝ている間にブスッと注射でもされたらえらいことですから」

魔性の女・川島芳子に対し、下半身の人格を使い分けたのだと豪語する笹川良一は、戦時を思いのままに奔《はし》り始めていた。

その先の時代はいよいよ修羅の様相を呈してくる。

開戦前夜

昭和十六年に入るや、前年秋に締結された日独伊三国同盟の勢いもあり、戦時体制へのさまざまな強化策が講じられていた。

首相は近衛文麿だが、陸相東条英機と外交は引き続き松岡洋右が内閣の主導権を握っている。

そうしたいくつかの現実を、十六年前半のみ列挙しても次のようなあわただしさである。

一月八日　東条陸相による「戦陣訓」示達
三月三日　国家総動員法改正公布
四月二日　大政翼賛会改組
四月十三日　日ソ中立条約モスクワで調印
四月十六日　ハル米国務長官と駐米野村大使「日米諒解案」を基に交渉開始
六月六日　大本営「対南方施策要綱」決定
六月二十五日　大本営政府連絡会議、南部仏印進駐方針決定

これに基づき「情勢ノ推移ニ伴フ帝国国策要綱」が御前会議（第五回）で決定されたのが七月二日であった。

御前会議では、

「――対英米戦準備を整へ、先《ま》ヅ仏印及泰《タイ》ニ対スル諸方策ヲ完遂シ以テ南方進出ノ態勢ヲ強化ス。帝国ハ本号目的達成ノ為対英米戦ヲ辞セズ」

との「情勢ノ推移ニ伴フ帝国国策要綱」が裁可された。

さらに、「四方の海みなはらからと思ふ世に」の明治天皇御製で知られる「帝国国策遂行要領」が決定される御前会議（第六回）へと事態が進むのは九月六日朝である。

そこでは「帝国ハ自存自衛ヲ全ウスル為対米（英蘭）戦争を辞セザル決意ノ下ニ概ネ十月下旬ヲ目途《もくと》トシ戦争準備ヲ完整ス」とわが国の決意が明示されることとなる。

（『杉山メモ』上）

その三ヵ月前の六月、ドイツ軍は三百万の兵をもってソ連に対し急襲を掛けていた。独ソ開戦である。

当時は日ソ中立条約が締結されてから間もなくのことであり、深刻な北方問題は存在しない。したがって、ドイツの勝利を期待してあわよくば濡れ手で粟とソ連分割に割り込めるかもしれない、との腹づもりも働いていた。

　この間、アメリカの国務長官ハルと野村大使及び、松岡外相間での意思疎通ははなはだしい遅滞や誤解で紆余曲折を重ねていた。

　こうした状況下で、連合艦隊司令長官山本五十六（海軍大将）から、笹川宛に届いた二通の書簡は笹川の胸を揺さぶるものがあった。

　山本の墨痕《ぼっこん》鮮やかな書簡は、簡素ながらいつもどおり時局の奥を見通したような筆走りである。

　昭和十六年初頭における山本の覚悟を知る上でも貴重なものではないだろうか。

「益々御清健此度《このたび》は浦波号にて南洋を御視察相成候よし奉　多　謝《たしゃたてまつり》候　世上机上の空論を以て国政を弄ぶの際躬　行《きゅうこう》以て自説に忠ならむとの真摯なる御心掛けには敬意を表候　但し海に山本在りとて御安心などは迷惑千万にて小生は単に　小敵たりとも侮らず大敵たりとも懼《おそ》れず　の聖論を奉じて日夜孜々《しし》実力の錬成に精進致し居るに過ぎず
　恃《たの》む処は惨［恬］として驕《おご》らざる十万将兵の誠忠のみに有之《これあり》候　併《しか》し日米開戦に至らば我が目指すところ素よりグアム比律賓《フイリピン》にあらず　将又《はたまた》布哇《ハワイ》　桑　港《サンフランシスコ》　にあらず　実に華府《ワシントン》

街頭白亜館上の盟ならざるべからざる　当路の為政家果して此本腰の覚悟と自信ありや

祈御自重　　　　　　　　　　　　　　　　　　　　　草々不具

昭和十六年一月二十四日　　　　　　　　　　　　　　山本五十六

笹川良一様」

あえて決戦を挑むのであれば、目標はグアムやフィリピンなど問題ではなく、ハワイやサンフランシスコでもない。あくまでもワシントンのホワイトハウスの盟主となるほかにない。その覚悟が今の政治家にあるのか、と山本は強い不満を述べつつ、将兵たちの努力を讃えているのだ。

この書簡に対し笹川が「長門」宛に返事を送ったのだろう、またすぐ山本から返信が届いた。

今度は、援蔣《えんしょう》ルートのために蔣介石に手こずるなどという昨今の言い訳を嘆き、弱い蔣介石すら叩けずして、どうして英米を倒すことなどできようか、という気迫溢れる文面である。

「拝復　梅雨陰惨の候益々御壮健慶賀の至りに御座候　浮世の種々相御教示御礼申上候

艦隊は大命に応へ奉り得ると信じ居候
　ビルマルート位で細々と授ける英米の物資供給の為に蔣は屈し難しなどの論法は何となさけなき事ならずや。
　雄大なる独逸《ドイツ》の大作戦、あゝ壮なる哉
　蔣の飛行機は零なり　何故に朝から晩まで重慶、成都、昆明、蘭州に征空爆撃せざるをやとの質問は何故に出て居るや不思議なり
　あの劣弱の蔣を屈し能はざる日本とすれば　如何にして英米を屈し如何にして東亜の新秩序など言へるか　不思議也
　世人は宜敷《よろしく》冷徹一番　物を正しく検討して見るを要す　率直大胆に若し夫れ英米海を蔽《おお》ふて武力来攻の際は昭和の御代　豈《あに》一人の相模太郎（引用者注・元寇に対峙した北条時宗の通称）なしとせむや
　昭和十六年二月十二日　　　　　　　　　　　　山本五十六
笹川良一様」
　開戦前夜の海軍の総帥らしい覚悟を示した書簡である。笹川の見解もほぼ同様であったと思われる。

贅沢は敵だ

笹川良一が他の右翼と明らかに違っていたのは財力がある点だ、と前章で述べた。この時代に、軍や財閥の資金をあてにせずに政治活動をし、自家用機で中国大陸や欧州まで飛んでいた者があるはずもない。すべて米相場をはじめ、先物取引や株、鉱山経営などで得た資金である。

それほどの資力を持ち合わせていながら、しかし、笹川個人は極めて質素だった。近親者からみれば、質素というよりケチ、吝嗇家とさえ言いたかっただろう。本人にすればそういわれるのは不服かもしれない。単に両親や修行に預けられた正念寺の住職の躾を守っているに過ぎない、と言い張ったに違いない。

ケチの性癖は戦時体制下ではなおさら顕著になった。だが、ケチと質素との区別はなかなか厄介だ。家族は迷惑顔である。

先だって落手した山本からの書簡は軍の機密に神経を遣いながらも、いよいよ開戦が近いぞ、覚悟はいいのか、と知らせてきたような内容だった。その気魄が笹川の胸から離れない。

久しぶりに浅草の家に息子たち三人の顔を見にやって来た笹川が、夕食の卓を囲んでいる。

四月初めの一夕である。

近所の隅田公園や浅草寺境内の桜はもう風に舞っていた。

「ようやく最近になって『贅沢は敵だ』が徹底し始めたな。そんな当たり前のこともなかなか実行せずに、英米となんか戦争ができるか。メザシが二本ずつもあればそれで体は大丈夫だ」

めったにない子供との夕餉《ゆうげ》の第一声がこれだ。普通の家庭なら、父親が一緒のときには母親が一品くらいは余計に並べるものだが、この家では逆だった。

「今晩はね、お父様が来られるから、おかずはメザシよ」

喜代子にそう言い含められていた兄弟三人は、正座して卓袱台《ちゃぶだい》の前に座り、かしこまって父の話を聞いている。

父がいう「贅沢は敵だ」はちかごろ繁華街で目立つようになった立看板のことを指しているようだと、上の二人には理解できた。

十六年の春、長男・勝正は田原国民学校三年生に進んでいた。この年から尋常小学校の呼称が変わっていた。八月がくれば九歳である。

次男・堯は五歳半ほどで本願寺境内にある徳風幼稚園に通っていたが、あらかた大人の話は分かる。学校も幼稚園も家からは目と鼻の距離だった。

三男の陽平だけはまだ二歳を過ぎたばかりなので、母の膝にしがみついたまま怖そうな父を見上げていた。

前年の八月、国民精神総動員中央連盟といういかめしい組織から「贅沢は敵だ」という標語が発表され、それに伴って街頭に看板やポスターが並ぶようになった。

日独伊三国同盟が締結されたのはその翌月である。

国民精神総動員本部は、十月には大政翼賛会と名も改まってゆく。時を同じくして、国民服なるものが本格化し、女性にはモンペの着用が求められた。質実と質素をかね、資源を軍用一本に向ける態勢が整いつつあったのだ。

「贅沢品よ、さようなら　明日から閉じる虚栄の門」と新聞が書き立ててから、かれこれ半年が過ぎていた。

おとなしい喜代子が、珍しく笹川に不服顔で口を開いた。

「羽織や指輪、宝石類なんかが制限されるのはまだ分かるけれど、パーマネントまで禁止されてはかなわないわ」

実際、女性のパーマネントは、ノモンハンで激しい対ソ戦が展開され、欧州で第二次世界大戦が勃発した二年前から規制が厳しくなっていた。

「どうやら英語がいけないらしいっていうんで、浅草じゃ『電髪』なんて言い換えて隠れてやってくれる店もあるんですけどね」

しかし、自分はひやひやしながらやるのは嫌だから、炭火に焼きごてをあてて軽く髪を巻いて済ましているのだと愚痴をこぼした。それでも外出のときは、モンペに穿き替えて気を遣うのだとも付け加えた。

町内によっては、今日では考えられないような看板を立てているところもあった。

「町内会の決議に依り、パーマネントのお方は当町内通行を御遠慮ください」

メザシを二本ずつと芋の煮物、味噌汁、漬物といった簡素な夕食が終わると笹川は、「まあ、そう文句を言うな。贅沢はいかん。それより坊主たちを銭湯へ連れて行ってやるぞ。陽平は喜代子が入れろ」

家族全員で銭湯へ行った記憶などほとんどなかった。

めったに来ない父親と一緒に裸になって風呂に入るのは、子供ながらにも気恥ずかしいものがあったのだろう。

大きな湯船を前に怖気《おじけ》づいていると、バーンと背中を押された堯が前へつんのめって湯船に頭から落ちた。

その湯の熱かったことが今でも強烈に記憶に残っている、と堯は回想している（『日本のドンを乗り越えろ』）。

笹川と風呂についての話題にはこと欠かない。

まずは水の無駄遣い禁止。

息子たちが小さかったころから、笹川最晩年まで「水の無駄遣い」禁止令は徹底したものだった。

「おい、桶に水をジャブジャブ流すな。半分あれば顔は洗える」

「湯船の湯を外へ流すな、もったいない」

小さいころの銭湯ならこれで済むが、戦後、小石川林町の古家とはいえ豪壮な邸宅住まいになると、水問題はもっと厄介だった。

「いいか、湯に入るとき水は風呂桶の半分までで十分だ。二人一緒に入ればそれでちょうどいい。いい湯だ、なんていって湯を流すバカがいるがとんでもない」

というわけで、風呂桶の半分で水入れは終わりだ。

あるとき、薪を燃やしすぎて沸きすぎたことがあった。水を入れてうすめなければ入れないが、湯が多いと叱られる。仕方がないから見つからないようにと湯を捨てる羽目になる。

笹川の晩年、小石川の家に住み込みで手伝いに入った今村喜美子（山口県周南市在住）が、懐かしそうに風呂の思い出を語ってくれた。台所をはじめ家内の仕事でもっとも長く笹川の側にいて信頼を得た女性である。

「だいたいは奥様とお二人でお入りのことが多かったので、水は常に決められた線までしか入れませんでした。最初は知らないでいっぱい入れたら、『キミ、ちょっと来なさい。溢れたらもったいないでしょ、半分でいいんだ』っておっしゃられて。私の時代にはお風呂はタイルになっていまして、お二人でちょうどいいのはタイルの上から六枚目までなんです。いつも数えて六枚目まで。うっかりして多いときには急いでバケツで洗濯機の中に移しましてね」

その上、燃料を節約したため、熱い湯に入ったことはない。薪でもガスでも変わりはない。「無駄遣いするな」のひと言だった。

来客の老人と二人で笹川が自宅の風呂につかっている写真が笹川資料室に残されていた。二人が入っても青いタイルはまだ上から三枚も余っている。

倹約と吝嗇

「無駄遣いするな」という説教はそのまま倹約を意味する。「贅沢は敵だ」の時代を生きた国民なら誰もが体験したことで不思議はない。「欲しがりません勝つまでは」「撃ちてし止まむ」などにつながる戦意高揚精神に基づく自然な流れ、と理解できる。

だが、笹川にかかるとこうした無駄遣い禁止さえも極端な「家風」となって、子供たちの記憶の中に沁み込んでしまった。

「ぐるぐる回る機関車のおもちゃを買ってくれと頼んだけど、遂に買ってもらえなかったな。『山の中の子はそんなものがなくても立派に育つ、要らん』のひと言です」

と、思い出すのも嫌という顔をするのは桐生の勝正だ。

「ネジで巻く機関車を買ってくれ」

と頼んだら、

「鉄道大臣になれ」(『日本のドンを乗り越えろ』)と言われたのは、科学技術担当大臣や自民党総務会長は歴任したが、「鉄道大臣」には就かずに政界引退した堯である。

ちり紙の使用量については戦時中はもとより、戦後まで厳しい目が光った。

勝正は、

「鼻かぜなど引いて鼻をかむときに、二、三枚でかんだのを見とがめられたんです。昔の粗悪な紙ですよ、破れるじゃないですか。そうしたら、『なんで一枚でかまんか。二枚あれば二回も三回もかめるじゃないか』ってね」

と語った。

同じちり紙の件では、笑えない思い出話がある、と陽平が話してくれたのはこうだ。

「お前、便所で紙を何枚使っているんだ」と聞かれたので、

「四、五枚ですが、何か」

これがいけなかった。

「そういう無駄なことをするな。世界には紙じゃなくて手で拭く民族だっているんだから、一枚を半分にしてケツを拭き、残りの半分は鼻紙に使え」

「冗談じゃないですよ」と今だから陽平は言う。

「ある朝から仕方ないので五、六枚使った後、半分にちぎった紙を残しておいたんです。後から親父が入ると、親父はすっかりその気になって、『陽平の奴、ちゃんと半分でケツを拭くようになった』って喜んでお手伝いさんに話してました。

でもね、僕は家中の洗濯をさせられていたんですが、親父のパンツにはいつもうんこがくっついてたな」

昭和三十年ごろの話である。戦時中は推して知るべしだろう。

戦時中のメザシ二本の習慣は、その後もたいして変わらなかった。焼き魚が付くといって

喜んで座れば、やっぱりメザシ。

切干大根を一緒に炊いた大根飯が好物で、家族は往生したようだ。べちゃべちゃしたご飯のどこがいいのか、子供たちには理解できなかった。

大根飯でない朝は生卵かけご飯だ。どうやら誰かから生卵が体に非常にいいと聞いたのが原因らしい。それが長く続いた。

側近の一人だった神山榮一（現河川環境基金評議員議長）が往時を振り返って話す。

「朝の会議などで食事が出ますと、たまに冷やご飯に生卵が置いてあるんです。笹川会長は『これは体にいいぞ。君たちも早く食え』と言うや、冷たいご飯に穴を開けて生卵を流し込み、ざっと食べちゃう。卵が嫌いな奴はあまりいないから何とかしますが毎回ではね。どうも冷やご飯というのが馴染まなかった」

それはそうだろう。

うどんもとけるまで煮込んだのをよく食べたという。具などないほうがいい。素うどんに薄いお新香、それが昼食。

ただし、残した鍋焼きうどんの伸びきったものを周りの職員に、「もったいないから食え」という癖には正直弱った、と多くの側近がこぼす。

倹約と吝嗇を区別するのは、はなはだ困難だ。

喜代子が、

「たまにはお父さん、子供たちにおいしいものも食べさせたいわね」

などと言おうものなら大変である。

「ナニをぬかすか。早死にしたければ食え。長生きしたけりゃ粗食が一番だ」

家族からすれば、吝嗇家にみえたであろう。

児玉機関

笹川を難詰する論調のひとつに、児玉機関を通して莫大な資金を手に入れたとか、軍部と結託して上海などで金儲けをした、という説がある。まことしやかに流された例を挙げれば枚挙にいとまがない。

代表的な例を引いておこう。

平成五（一九九三）年八月号を第一回として、雑誌『文藝春秋』に集中連載された「最後のドン・笹川一族の暗闘」というタイトルの記事である。

以下に引用するのは連載第三回である。

記事からうかがえるのは、笹川への単純なレッテル貼りの連続だ。ムッソリーニ首相との会見を揶揄しながら紹介した後は、以下のとおりである。（部分省略）

「ともあれ、この単独会見で良一は一躍ヒーローとなり、〝日独伊三国同盟のきっかけを作った男〟とまで喧伝されたのである。

その余勢を駆って十六年の太平洋戦争勃発時には『米英撃沈国民大会』を開催、戦意高揚の演説を繰り返す。――

しかしこうしたパフォーマンスは、彼のオモテの顔に過ぎない。派手な活動のウラで、彼は着実に軍部に近づき、利権を獲得し、金儲けに邁進していった。

良一が上海で親しくしていたある人物によると、昭和十六年当時は、『笹川はそんなに金を持っていなかった』という。それが、昭和十九年八月刊の『暗黒日記』（清沢洌《きよし》著）によると、

〈笹川良一とかいう国粋同盟の親分は何千万円の財産家だという。右翼で金のうならぬ男なし。これだから戦争はやめられぬ〉とある。――実は、良一と同じようなことを児玉誉士夫もやっていたらしい。――良一が児玉誉士夫同様に大金を儲けたであろうことは、想像に難くない」

（加賀孝英、『文藝春秋』平成五年十月号）

「上海で親しくしていたある人物」が誰であるかも特定せず、清沢洌という当時反戦評論で

著名だったジャーナリストが書いた雑記だけを資料として「金儲けに邁進した」と決め付けている。

大東亜戦争の勃発直後に「戦意高揚の演説を繰り返す」のを問題視するのは、当時ならよほどの共産主義者か、のちの東京裁判の検事たちだけであろう。

いかにも杜撰《ずさん》なレポートとしか思えないが、この連載記事が『文藝春秋』に、平成五年八月号から十一月号まで四回、さらに翌六年六月号、七月号、十年六月号と掲載されていった。

笹川への集中攻撃がどれほど熾烈なものだったかが分かる。

もちろん、『サンデー毎日』をはじめほかの活字メディアにも多数の同類記事が書かれている。

笹川の死去は平成七年七月だった。

最晩年にあたるこの時期、メディアが、笹川叩きを当然の「正義」とでも考えていたことが、今思えばいささか面妖である。裏を返せば、こうしたキャンペーンが笹川の〝悪名《あくみょう》〟ぶりを定着させていったということだ。

おそらくロッキード事件に絡んで、「児玉の背後に笹川あり」という根拠なき亡霊を打ち立てないと納得できなかったためではないだろうか。すでに述べたが、笹川と児玉はおよそかけ離れた人物であった。

児玉機関創設については、まず児玉自身の記述からみてみよう。

「十一月二十八日、海軍航空本部が笹川良一さんを介して、海軍の資材を上海で購入してくれんか、と自分に依頼してきた」

（『われかく戦えり』）

「昭和十六年十一月末のこと、かねて昵懇にしていた国粋大衆党の笹川良一総裁から、次の話があった。

『海軍航空本部の山県中将が、なにか君に頼みたいことがあるらしい。山県さんは山本五十六大将の股肱《ここう》で肚《はら》のできた人なのだ。すぐ会ってはどうか』」

（『悪政・銃声・乱世』）

児玉が初めて笹川に挨拶するのは十六年一月のことで、そのときはまだ下働きの青年だった、と笹川は次のように述べている。

「――この国防社、国粋大衆党に出入りしていたのが、まだ青年だった児玉君で、演説会の会場整理やビラ貼りのような下積みの仕事を骨身惜しまずやっていたのを記憶している」
（『人類みな兄弟』）

二人の出会いの時期は第二章で触れたとおり、巣鴨での供述に基づいて、十六年一月である。

昭和二十二年六月二十日の尋問では「一九四〇（昭和十五）年一月に笹川に最初に会った」と『国際検察局（IPS）尋問調書25巻』の427頁にあるが、これは勘違いで、同書408頁の日本語で記録された「十六年一月、友人藤吉男ノ紹介ニ依リ笹川良一ヲ知リ」が正しいと思われる。十五年には児玉はそのほとんどを南京、上海で過ごしていたからだ。

海軍航空本部総務部長の山県正郷《せいごう》（少将、十七年四月中将）は開戦直前の十一月末、軍需物資調達のために最大限の努力を強いられていた。

山本五十六からかつて紹介されていた笹川のところへ相談にやって来たのは、事態がかなり逼迫《ひっぱく》していたからであろう。

中国大陸で銅、錫《すず》、タングステン、ラジウム、コバルト、ニッケル、ダイヤモンドなどといった特殊な軍需資材の調達を是非に、と頼まれた笹川が一計を案じたのが児玉を使う手だった。

児玉が前年来中国内部を歩きながら、物資調達のルートを摑んでいることは聞き知っていた。

「私よりもっと適任者を紹介しましょう。児玉誉士夫君といって、まだ若いがなかなかの豪腕ぶりを発揮している男です。彼なら支那でうまくやれる」

笹川は、念のために自分の片腕である藤吉男を送り込むから、と言って山県を安心させた。海軍がこの時期に全力を挙げて資材を調達したい、という話である。儲からないわけがないことくらいは素人でも判断できる。

だが、笹川はうまくかわして、おいしい話を児玉に振った。

政府や軍に取り入って甘い汁を吸うような仕事に笹川は一切手を出そうとはしない。出す必要もなかったし、そういうことが好きでもなかった。

資金力は自前で十分に足りていたし、不足すれば得意の先物取引などで儲ければいい。特務機関に自らが参加するのは「どうも気に入らない」といったような勘ばたらきがあったのではないか。

大東亜戦争が始まるまさに直前の十二月四日、海軍嘱託としての身分で上海に児玉機関が設立された。

物資の買収を開始したのは、十二月十六日からであり、それは終戦まで継続された、と児玉の供述調書（『国際検察局［ＩＰＳ］尋問調書』25巻４０９頁）にある。

上海でもっとも華やかな社交場でもあった「ブロードウェイ・マンション」の中に本部が置かれた。影の組織ながら、羽振りが良かったからできたことだ。

その後の児玉とその部下たちの「活躍」ぶりは目を見張るものがあった。

それから四年後の敗戦時に、児玉機関の財産は当時の金で約三十二億円、さらに朝鮮銀行に五百八十万円の預金、海軍に納入した物資の総額は三十五億円に達するといわれている。

それらはすべて終戦時に中国に没収されたが、直前、飛行機二機に満載して日本へ持ち帰ったものがあった。金の延べ棒、プラチナ、ダイヤなどと現金である。

飛行機の脚があまりの重さに片方折れた、という逸話が残っている。

その行方などの詳細について触れるのは本書の主題ではないので割愛するが、当時の読売新聞記者渡辺恒雄（現読売新聞グループ本社代表取締役会長・主筆）との対談を引用して、先へ進みたい。

渡辺　終戦後、児玉さんが自由党（引用者注・日本自由党で鳩山一郎総裁）をつくられたときのことなどをお話し願いたいのですが、あのとき児玉さんは政界の黒幕として大活躍でしたな。
児玉　終戦でね、児玉機関で苦労であったと言って、海軍大臣（引用者注・米内光政）からわたしは五十万円もらいましたよ、終戦直後に。

渡辺　当時の五十万円ていうと千倍としても、軽くいまの五億円は超えますね。

児玉　でしょうね。機関員には全員五万円渡しました。

渡辺　「ニューヨークタイムズ」によりますと、当時児玉さんの持っていたものは、ダイヤモンドとプラチナと書いてありましたが、それをカネにして自由党をつくったんですか。

児玉　現金が七千万円ありました。それをばらまいてもまだ、四千万円ぐらい残ったでしょう。

渡辺　いまなら七百億ですか。

（中略）

児玉　カネの使い残しが四千万。それとダイヤとプラチナ。プラチナは何で集めたかというと、いまのジェット機の発火装置ですね、火の噴出するところはいまはチタニウムでできているが、それを日本はプラチナでつくった。ジェット機は二機できたはずですよ。一機は実験中に鹿島灘に墜落した。ダイヤモンドは、大砲とか機関銃の内部を平らにまるくするのに、ダイヤモンドを粉にして、それで削る。それから鋼鉄に穴をあける。そういうことにダイヤモンドは必要だから日本に集めておいてあった。それで終戦です。

（『われかく戦えり』）

翼賛選挙

児玉が上海で特殊活動を開始したころ、笹川は国内で大衆活動に熱を入れていた。

十六年十二月八日、いわゆるハル・ノートを最後通牒とみたわが国は米英蘭に対し宣戦を布告した。

対英米戦争について笹川は、山本五十六の影響もあり反対論者であった。三男・陽平は、山本から父への言葉の中にその証《あかし》があると記している。

「開戦三ヵ月前の九月二十一日、山本は父を東京・芝の水交社に呼び、次のような話をしています。

『誰よりも君がよく知ってくれているとおり、僕は日独伊同盟にも反対であったし、対米戦争にも反対である。しかし、もはや対米開戦は避けられぬと考える。戦争というものは旅行のときに、事前に日程をつくり、行き先を決めて出発するのと同様に、戦争開始の時、いつ和平するかということを考えておかなければならない。僕は、対米戦争における日本の国力はまず一年半ぐらいなもので、それ以上は支えきれまいと見ている。したがって、一年半を目処《めど》に進まなければならないが、僕はその時点をシンガポールが陥落《かんらく》した時と考えている。――なにしろ僕は戦地にあって、東京に帰来することはできんから、国内に残る君に、その機を逸せず、ぜひ和平の工作をやってもらいたい』

――とくに杉山元《はじめ》参謀総長に対しては、再三会って進言しています」

(『知恵ある者は知恵で躓《つまず》く』)

杉山参謀総長はかつて若き笹川が岐阜の各務原航空第二大隊に配属されたときの大隊長でもあり、顔見知りだった。

だが、杉山は笹川の説得に耳を傾けようとはしなかった。「ぐず元」と呼ばれた渾名《あだな》がその人柄を表している。暖簾に腕押しのまま山本の意向は潰《つい》えてしまう。

大阪で開戦の報せを聞いた笹川は不安と興奮が交錯していた。

だが、詔勅が下ったとなれば事態は別だ。いつまでも議論をしている場合ではない、起《た》たねばならないときが来たと腹を決めた。

連日のように大阪市内や東京へ出て、街頭演説や講演会と走り回っていた。山本が海で暴れてやる、といった発言に刺激を受けていたのかもしれない。

そんな折、東条内閣は十七年に入ると、翼賛政治体制協議会を結成して軍部に協力的な政治家だけで議会を運営できるような仕組みを立ち上げたのである。これを翼賛体制と呼ぶ。会長には東条側近といわれる阿倍信行元首相（予備役陸軍大将）が据えられた。

緒戦勝利の勢いに乗った東条内閣は任期満了に伴い衆議院を解散、直ちに翼賛体制による総選挙を実施した。

軍部、東条内閣に恭順の意を表する候補には推薦状が与えられ、選挙資金が渡されるという仕組みである。

急遽《きゆうきよ》計上された戦時軍事費から一人頭五千円（現在の貨幣価値に換算して約一千万円超）が支給された。軍の政治介入は否定できない。

一方、非推薦の候補には資金が出ないのはもとより、演説会場には憲兵が張り付き、ポスター破りなどの選挙妨害が公然と実施されたのだった。

政治家を志してきたわけではないが、笹川はこの際選挙に立って気骨のあるところを示そうと決心した。

国粋大衆党総裁として訴えたい政策は、国会に出なければ実行できないと判断したからだ。党公認の四名の部下と共に立候補を決めた。

だが、当然ながら非推薦候補である。大多数を占める翼賛政治体制協議会推薦候補が幅を利かせる中での自前選挙が始まった。投票日は四月三十日。

その日まで、笹川は立候補した大阪で連日講演会を開いては聴衆を笑わせ、沸かせていた。ちょうど結党十周年を迎えた国粋大衆党は、面白いことに選挙スローガンの頭に「一億兄弟各位」というタイトルを付けていた。今からみればこれが「人類みな兄弟」の原型ともいえる。

そのタイトルに続いて、以下のような文章が見える。

「(国粋大衆党は)僭越《せんえつ》ながら一億兄弟よろず不平不満の引受所となる可《べ》き覚悟を以て、猛進可致候《いたすべくそうろう》間《かん》何卒《なにとぞ》倍旧の御支援御鞭撻を賜り度《た》く伏而《ふして》奉悃願候《こんがんたてまつりそうろう》」

笹川が大衆右翼と自らを規定した意味が、今こそ現実の大衆の前で明らかになりつつあった。その笹川の声に耳を傾けてみよう。

「交番などの前にはってある各候補のポスターのなかで、決まって私のだけははがされている。立会演説会で、私がこの事実を聴衆に訴え、『犯人はだれか？　賢明な皆さんは、もうおわかりでしょう』と、暗に当局をなじると、『弁士、注意』『不穏当だ、中止せよ』と立ち会いの警官が怒鳴る。『なにが中止だ。たとえポスターをはがされても、私を支持してくださる皆さんの魂にはったポスターはなんびとたりとも、はがすわけにはいきません』と私はやりかえした。

ちなみにこのときの戦挙で私が公約の中心として有権者に訴えつづけたのは、国民の福祉だった」（『人類みな兄弟』）

翼賛選挙、すなわち第二十一回衆議院議員総選挙の結果、笹川良一は大阪選出で一位当選の推薦候補とわずか一千票の差で二位当選を果たした。笹川が集めた票は三万六千百七十三票だった。

四百六十六議席のうち、推薦候補の当選者は三百八十一人、非推薦からは八十五人が当選している。

ちなみに笹川以外に非推薦ながら当選した主な議員は以下のとおりである。

河野一郎、鳩山一郎、川島正次郎、山口喜久一郎、赤尾敏、花村四郎、三田村武夫、尾崎行雄、西尾末広、芦田均《ひとし》、星島二郎、犬養健、三木武夫、三木武吉、中野正剛、楢橋渡などである。

また、このとき非推薦で落選したものの、戦後再浮上した例も多い。

広川弘禅、赤松克麿、片山哲、二階堂進、林譲二、世耕弘一、益谷秀次、大野伴睦《ばんぼく》、児玉誉士夫などがそうだ。

この選挙は、戦時中にただ一度だけ行われた衆議院議員選挙であり、任期は終戦後の二十一年四月に行われる第二十二回総選挙までであった。

だが、実際には次の選挙のときは、首相東条英機も笹川良一も身柄は巣鴨の獄中にあった。

戦後初になる第二十二回総選挙（昭和二十一年四月十日）で勝利した鳩山一郎の日本自由党を支えた資金源は、先に述べたように上海から児玉誉士夫が持ち帰った海軍の隠し財産だった。

その児玉は、翼賛選挙に東京五区から立候補して落選したのだから、歴史の巡りあわせとは皮肉なものである。

当選した笹川は支給された国鉄の一等車両無料パスを返上した。二等車に乗りながら、笹川はこう言っている。

「一等は刑務所でいえば独房の如きもので、沢山の人の話を聞けない。二等は乗客の不平不満や希望等、色々参考になる話が聞ける」

笹川の大衆主義はうわべだけの偽物でも、人気取りでもなかった。彼自身が大衆そのものであることをよく知っていたからである。

東条首相と対決

当選した笹川はたまたま大阪で一緒だった西尾末広と議場で隣の席に座ることになった。大阪での選挙中は「この野郎が社会主義者の西尾だな」「あいつは国粋主義者だ」と互いに距離をおいていたが、話してみるとなかなか骨があって面白い。

「お互い、非推薦で苦労しましたな」

西尾からそう言われた笹川も、

「あれでは議会政治の否定になる。どうでしょう西尾さん、議会で推薦選挙反対ののろしでも上げませんか。自分は新米で議会の様子は分からない。西尾さん、ひとつご指導くださいませんか」

西尾は尋常小学校中退のまま、苦学して各地の工場で働いてきた男だった。住友鋳鋼所の工員から労働運動に身を投じ、多くの争議を指導したが、松岡駒吉らとともに社会民衆党の結成に参加した。

その点からいえば、スタンスは右派社会党系の代表的指導者で、反共主義者としては筋金入りでもあった。

初当選は昭和三年で、笹川より議会では大先輩といえた。だが翼賛選挙では推薦議員に選ばれず苦戦した。

その後は東条内閣と距離をおいたためか、戦後の公職追放を免れている。

ウマが合うことが分かった二人は以後、東条内閣が出してくる「戦時行政特別法案」や「戦時刑事特別法改正法律案」「言論出版集会結社等臨時取締法」などをめぐっては、反東条系議員を糾合して最後まで抵抗を試みた。

鳩山一郎、三木武吉、中野正剛、三田村武夫といった顔が揃った。

結局、反対運動に業を煮やした東条首相が、直接笹川説得に乗り出した。笹川が幹事役と睨んでのことだ。

呼ばれて総理執務室へ入ると、東条は椅子から立ち上がり、いつもの癖で腰の後ろに片手を回すと、

「例の法案のことなんですが――。あなた方の反対が強いので、政府も弱っとるんです。一両日中にも議了してしまわないと、私も責任をとらなければならんことになるので、どうしたものか、あなたの意見を聞かせて欲しいと思いましてね」

と切り出した。

対して笹川は曖昧な禅問答のような返答をして、言質を与えないようにしていた。

笹川は東条と会ったからといって緊張もしない。すでにこれまで中国大陸視察の報告や、

意見具申に陸相時代の東条にも面会していた。さらに、飛行場献納の感謝状を直接受けたこともある。

顔はにこにこしているものの、頑固に聞き入れない笹川に東条が最後になって、「帰りにちょっと星野（星野直樹内閣書記官長）の部屋に寄っていってくれないか」と意味ありげな口調で言った。

この先は山岡荘八による評伝を参考までに引いておこう。

「東条のところを辞して、何の用事かと星野の部屋へ顔を出すと、

『失礼ですが笹川さん。あなたのところも大勢人を抱えていて大変でしょうから、これは僅少ですが、用意してありますので――』

星野が、分厚い封筒を笹川の前に差し出した。

『冗談言うな！』と笹川は顔色を変えた。

『おれはね、人から金を貰ったことはないんだ。人に金をやる方じゃ。自慢じゃないが、金庫の中にはいつも五十万や百万の金を入れとる男や。見そこなうな、このバカ野郎めが――』

すごい剣幕に驚く星野をしり目に笹川は、部屋を出た」（『破天荒　人間笹川良一』）

山岡荘八の筆は少々走り気味のところがみられ、どこまでが真実であったか必ずしも明らかではない。だが、東条とのやり取りは当時の雰囲気をある程度伝えているのではないだろうか。

昭和十八年二月六日、いよいよ新人議員笹川良一が、翼賛選挙に関して質問に立った。東条首相と湯沢三千男内務大臣に対する同僚議員からの厳しい質問があった後、笹川に順番が回ってきた。

第八十一帝国議会衆議院予算委員会議事録からやや長くなるが、要点のみ紹介しておきたい。（本文はカタカナ、省略あり）

「笹川委員　私は総理大臣の大胆率直なる答弁と、男らしき態度には敬意を表するのであります。同時にさっき内務大臣の答弁に苦しむのを見て、これを助けに出られた、この態度をも私は喜びとするのであります。

今国民は結集して東条内閣を支持しておる。われわれ国民は国家の禄をはんでおりませぬけれども、この強力なる統制をも甘受し、なお甘んじて国難に殉ずるところの気持ちを持っている。しかるに何を苦しんで推薦、非推薦の別を設けて、陛下の赤子《せきし》を敵、味方にしたのですか。

この東条内閣によって、あの英米をやっつけねばいけませぬ。それだから私は大胆率直に言う。私は東条総理大臣の言われることはことごとく、ああまた良いことをやって下さる、なおこれ以上に国民がついていくようにしたい。私はこういう念願から思い切って言うのです。今度の選挙ぐらい国家を毒した選挙は開闢《かいびゃく》以来ございませぬということを、私は明言いたします。

推薦も非推薦もない。一体になって英米をやっつけなければならない。そのくらいのことは、私はちゃんと存じておりますから、腹と腹とでひとついきたいのであります。かさねて総理大臣にお願いいたしまするが、ぜひこのことだけはどうしても国家のために中止をお願い申し上げたいのであります」

一種の誉め殺しであろうか、まことに鮮やかなデビュー演説といえる。じっと天井を見上げて聞いていた東条首相の答弁はといえば、これもまさに官僚答弁の見本であった。

「東条国務大臣　私の訓示の不徹底、この点につきましては私もこれを否定するものではないのであります。不徹底をお疑いになるならば、私の徳の足りぬところであります。ますます私は自己を研鑽し、自己を磨き、しこうして徹底を期していきたいと思います。また推薦制度、これはやはり選挙法の認めておるところじゃないかと思うのですがね。それをやめるということは、はたして憲法のあれからいって適当であるかどうかということを疑うのです。選挙の公明に力を注ぎ、選挙をつうじて万民翼賛、聖戦完遂の実をあげたい」

翼賛選挙の妨害行為については、訓示の不徹底は認めたものの、あとは不徳のいたすところで、翼賛選挙については実を挙げたいと東条は突っぱねた。

一方笹川の演説は、議場左右を見回しながら、落ち着いたよく通る声でよどみなくたたみかけ、デビュー戦としては立派なものであった。だが、二人の勝負はまだ終わらない。

複雑な結婚

「腰から下は保証の限りではないから、聞かんで下さい」とGHQに言った台詞はけだし名言である。

順風満帆の船出をしているように見える笹川だが、こと「腰から下」に関しては自ら逆風に帆を揚げて進む海路を選んでいるようにも思えた。

十八年五月ソロモン諸島のブーゲンビル島上空で、米軍の通信傍受により動向を察知された搭乗機が撃墜され、山本五十六が戦死したとの報せが届く。撃墜されたのは四月十八日であったと後で知る。

あれだけ肝胆相照らす仲だった山本戦死の報せには、さすがの笹川も天を仰ぎ膝を折った。日本が確実に敗色を濃くしている予感を、山本の死は笹川に突きつけた。

だが、気鬱になってばかりいないところが笹川の天性である。自らをぱっと転生させるような早業を見せることがある。そこがまた山本と似ていた。

昭和十九年になると、大阪で知り合った女性と結婚まで考えるようになったのがその表れだ。新しい女性によって、気を晴らすのはいかにも笹川らしい。

戸籍上は独身の笹川である。いっけん何の問題も表面上はないが、内縁の妻といっていい浅草の小川喜代子との間には三人の息子が成長している。

七十歳近くなった母テルも実家で気をもんでいた。たまには寄るが、例のあわただしさだ。玄関先で顔を見るだけで、東京の家のことなど聞く間もない。

「どうだおふくろ、元気か。なに、ワシは大丈夫だからせいぜい養生してくれ」

結婚したいと紹介した大阪の女性の名は原一江といい、二十五歳(大正八年八月二十四日生まれ)だという。

茶道ではすでに裏千家の師範格(裏千家十段、総師範)で日本的な美しい人だとも。ただ、以前から蒲柳《ほりゅう》の質だった。

その一江と結婚、入籍したのは十九年九月二十五日である。笹川は四十五歳になっていた。もとより大阪と東京の往復は日常的な仕事ではあったが、家庭が大阪にできるとなると往復はさらに頻繁になった。

浅草の子供たちのところへ寄る回数は、空襲も激しくなってきたというのに一向に増えない。

学童疎開が開始され、田原国民学校へ通う勝正、堯の二人は宮城県松島方面へこの夏からそれぞれ疎開していた。

だが、まだ学齢に達していない陽平と喜代子はどうなるのか。

通常の父親なら浅草から国会へ通うのが当然だろうが、そこがヘソの上下で人格を分けられる人物の違うところなのかもしれない。

浅草に愛人がいてそこに子供ができたが、大阪には正妻がいる、というのであれば世間にもままある話だ。

笹川良一が並の男と少し違うのは、ここからだ。

このころ東京で、もう一人別の女性に懸想《けそう》していた。

しかも大阪の一江と結婚の意志を固めるより先だった可能性が高い。少なくとも見初めた時期は東京が先ではないか。

東京の新しい女性の名は宮川静江といい、笹川が再婚した十九年九月以前に知っていたとすれば、まだ十九歳（大正十二年十月六日生まれ）くらいの娘だったと思われる。

『女性自身』（昭和五十一年六月十日号）の静江へのインタビュー記事によれば、「（静江との〝結婚〟は）昭和十九年秋（笹川氏46歳、静江夫人22歳のとき）」とある。

父親は腕がたつ琵琶製作などの職人で、その血を引いてさっぱりと竹を割ったようなところがあった。

笹川はそのころいくつかの芸能団体を統合団結させ、「日本芸能社」という組織にまとめ社長に就いていたのだが、そこにその静江が参加していた、という巡り合わせだ。

十九歳ですでに詩吟と剣舞、さらに筑前琵琶奏者としてぬきんでた才能を発揮しており、ひと目を惹くふっくらした美人だった。

九歳にして日本放送協会（ＮＨＫ）のラジオに出演していたというから、おそらく斯界《しかい》では天才少女として脚光を浴びていたのだろう。

笹川はかつて芸能プロ（市川右太衛門プロ）の社長もやっていたくらいだから、芸能活動に強い関心があっても不思議はない。

二十年三月末の硫黄島玉砕に際しては、ラジオから「日本の皆さんさようなら」というアナウンスが終わると、宮川静江の琵琶が流されたという。

後年、笹川は「天皇・皇后両陛下の御前で演奏したこともある」と紹介しているが、それはこのころのことではなかったか。

往時の琵琶演奏や詩吟に対する関心の高さは昨今ではやや考えにくいかもしれないが、伝統芸能としてかなり広範な層から支持されていたことは事実だ。

その女流新星として笹川の前に現れた宮川静江は、たちまち笹川をとりこにした。大阪の一江は茶道に励み、落ち着いた生活を好むタイプ。東京の若くて美しい恋人は詩吟、琵琶の大型新人で、何ごとにもよく気がつく性格だった。

ともに日本的で一芸に秀でた和服の似合う佳人、麗人という点では共通する。芯が強くしっかりしたタイプながら、性格は対照的といってもよさそうだ。

国粋大衆党は十七年夏に党名を国粋同盟と改名し、総裁は新しい運動目標を掲げて、戦時下を駆け回っていた。

新婚の一江には、東京では国会が忙しいからと言い、東京の喜代子と静江には大阪の党の事務所が忙しいと言って行き来していたに違いない。

「西へ行ったら浜松を境にして東京の女は忘れる。東京へ帰ってきたら、大阪のことはすべて忘れて東京の女に愛情を注ぐんや」

そう言って愛の使い分けを説明した相手の山本五十六はもういない。

初めのうち大阪夫人は、代議士はんいうもんはお忙しいもんやわ、と呑気に思っていたかもしれない。だがいくら何でも、脱兎のごとく東京へ取って返す夫をおかしいと思うようになったのではないか。

静江も結婚を直ちに迫ったとは思えないが、さりとてたちまち大阪に帰る恋人というのをいぶかしくは思わなかったか。

流連、今でよくいう連泊という習性がない男だった。女からすれば落ち着かない。浅草へは当然のこと、寄る回数が目に見えて減っていた。喜代子は言いたいことをすぐに口に出すタイプではない。

本土への爆撃が激しくなる中、三人の子供を抱えてこの先の不安は募るばかりだった。

私とはしょせん相性が悪いんだわ、と思い我慢の日々を過ごしてきた。

十九年夏の蒸し暑い夜、喜代子は珍しく立ち寄った笹川に向かって、胸につかえていたものを初めて吐き出した。

「子供たちのゆく末を思えば、父親の名前が戸籍にないのは困ります。認知だけはお願いしますね」

今のままでは将来にわたって戸籍簿には父の名もなく、長男誰々、二男誰々、三男誰々とは書かれないのです。私の名前の下にただ「男」と記されるだけなのよ、とまで口をついて出かかった言葉を喜代子は呑み込んだ。

嫡出子と非嫡出子の違いくらい惨めなものはないのよ、とも心の奥で叫んで、止めた。

ふだん権高《けんだか》なもの言いをしない喜代子にすれば、それでも精一杯のひと言だった。

もういい、これっきりにして別れたい、という思いが喜代子の中に膨れ上がっていた。日陰の女だと町内で噂されていることぐらい承知している。そんな傍《はた》の目はかまわないが、子供たちが不憫でならなかった。

まだ学校に上がっていない陽平の手を引きながら、幾度死にたいと思ったことか。いっそ隅田の水に流されたいと。

そのたびに子供の小さな掌《てのひら》のぬくもりが潮騒のように胸に迫るのだった。

子供たち三人はみな「小川君」で通っていたから、もちろん父親が代議士であることなど世間は知らない。

「私は日陰のままでもいい。でも、この子らだけは」

そう思って笹川とぶつかるのを避けてきたような気がする。なぜあの人は前の奥さんと離婚したときに入籍してくれなかったのだろう、とひとりで愚痴る。

気性がきっぱりして、いわゆる強い女性が好みといえた笹川と喜代子の相性が悪かったのはその優しさのせいなのだろうか。

気性の強さを女性に求めたとすれば、それはまがうかたなくテルの面影に寄り添ったものだ。

「分かった、認知の手続きはきちんとしておく」

酷薄な男だと思われるのは癪《しゃく》だった。

「妾腹の子よ」とあの三人が呼ばれている光景を思い浮かべれば、笹川とて認知届を出さないわけにはいかない。

戦況があわただしくなって国のゆく末に火がつくころ、笹川の私生活にも火がついていたのである。

十九年七月十八日、東条内閣がサイパン島陥落を契機に崩壊し、国政は混沌としていた。

二十年に入れば米軍は硫黄島へ上陸し、本土各地への空襲もいっそう激しさを増した。

笹川良一は、もはや上半身も下半身も区別などしてはいられない。全身で修羅の道を奔《はし》らなければならなかった。

空襲警報

春先三月の東京はときとして激しい季節風に見舞われ、真冬並みの空っ風が吹く日がある。昭和二十年三月九日の晩も同じような天候だった。

この夜、東京下町全域を襲った大空襲について語ることは、同時に小川喜代子とその息子の身の上にも襲いかかった災禍を語ることでもある。

浅草松清町界隈では川風が渦を巻いて迫り、家々の窓を鳴らしていた。

六歳になった陽平が防空頭巾を枕元に置き、電灯の笠から下がっている紐を引いたのは夜の十時を回ったころである。灯火管制により、各戸は電灯の笠に黒い布を掛けさせられていた。

毎晩縫《ぬ》いものをしていた喜代子だったがこの日は風邪を引いたらしく、朝から熱っぽかった。測ると水銀柱は三十八度を示していた。これでは裁縫箱をしまうしかない。

縫い物は来月小学校に上がる陽平のズボンを新調していたのだ。子供用の国民服もあったが、入学式くらいは新しいものを着せたい。

喜代子は洋裁も和裁も人並みにはこなした。割烹着に針箱が似合う、そういう女だった。

喜代子が頭痛薬のノーシンを飲んで、陽平と並んで敷いてある床に入ろうとしたのが十時半。以前からの頭痛もちで、ノーシンが離せない質《たち》だった。

熱がさらに上がってきたのか悪寒がしたので、毛布を一枚引っ張り出して上から掛けた。手を伸ばしてラジオが流していた音楽放送を切ろうとした瞬間である。番組が唐突に中断され、警戒警報が発令された。

ブザーが鳴らされた後、

「東部軍管区情報、南方海上より敵らしき数目標、本土に近接しつつあり」

いつもの警戒警報であった。陽平を起こして支度させたものかどうか迷ったが、まだ警戒警報だから様子をみよう、と横になった。

警戒警報くらいで起きていたのでは寝る暇もないほどの昨日今日である。

多くの東京都民もそう考えてラジオのスイッチは入れたまま、寝なおしたに違いない。

やがて「目標」は房総半島南方海上から「洋上はるかに遁走《とんそう》した」と放送があり、警戒警報は解除された。

それが油断だった。

日付が変わった直後、すなわち三月十日午前零時七分（八分説もあり）、闇夜を突いたB29編隊による低空爆撃が、まず深川地区一帯を襲った。

その火焔が跳ねる大音響は、浅草で眠りについたばかりの親子を飛び上がらせるに十分すぎるほどだった。

目と鼻の先の空が紅蓮《ぐれん》に染まり、炎が上空に舞い上がっているのが窓から見えた。陽平は飛び起きて自分の手で防空頭巾を被り、母の手を握った。

それから数分経ったころである。零時十五分、ラジオからようやく空襲警報発令が流され、サイレンも鳴った。もう敵機は浅草上空、屋根の上である。空襲警報に遅れがあった。

「関東地区、関東地区、空襲警報発令。東部軍司令部より関東地区に空襲警報が発令されました」

さっきまでは遠雷のように聞こえていた焼夷弾の破裂音が、浅草に轟き始めたのは零時二十分ごろだっただろうか。

この時間になるともはやB29の爆撃は高度二百メートルほどから無差別に焼夷弾をばらまき、下町全域に火の手が上がり始めていた。

空襲警報の遅滞が多くの人命損失の原因になった、との見方がある。いったんは房総沖に「遁走」したと安心させ、再度見透かしたように襲来した編隊を東部軍が把握しきれず、空白の八分が生じたのだ。

かねてより空襲警報にはサイレンを鳴らして知らせていた。年配の戦争体験者なら誰もが記憶している音だ。初期には六秒鳴らして三秒休止するパターンを十回繰り返していたが、二十年五月以降からは四秒鳴らして八秒休止を五回繰り返すシステムとなった。

当時東部軍司令部による発表は、麴町区代官町の東部軍司令部の地下室に日本放送協会のアナウンサーが交替で常駐し放送にあたっていた。

いったん空襲警報が発令されたら、解除されるまで原則的に放送電波の発信は停止された。電波は敵の探索の目標となるからである。

首都の空襲の場合には、さまざまな理由から発令が慎重に行われる傾向が以前よりあったという。

早すぎても遅すぎても混乱は大きいのだが、空襲警報によって天皇が深夜に防空壕へ避難される場合、その確度が問われるからでもあった。

慎重を期するあまり発令が躊躇され、遅れる場合もなかったとはいえないようだ。

伊豆七島や房総半島に設置されていたレーダーの捕捉性能も悪かった。冬型の強い風がアンテナを揺らしたこの晩のような場合には、ますます精度を悪化させていた。

加えて事務的な決裁の手続きまで煩瑣《はんさ》だった。レーダーの情報や「敵機発見」などといった目測情報をまとめた原案を作戦室の担当が作ると、情報参謀の決裁を受けなければならない。

ここでじっくり赤が入ったものがようやく放送室に運ばれるという仕組みなのだ。「八分の遅滞」はこういう状況の下で起こったものである。

木材と紙でできた家に油が注がれて燃え盛る中で、やっと空襲警報は発令された。だがいかにも「大本営発表」風な情報ばかりが流され続けていた。

零時三十分以降、空襲警報が解除になった午前二時三十七分までに流された主な情報は、以下のような虚しいものだった。

「東部軍管区情報、目下京浜地区に侵入せる敵は三機にして、房総方面に新たなる敵機北進中なり」

「東部軍管区情報、本日来襲せる敵機はB29にして、一機ずつ連続侵入し、主として焼夷弾を投下せり」

「東部軍管区情報、敵機はいずれも高度低く、なお後続機ありて連続侵入を企図しつつあり」

その後は午前三時二十三分以降、気の抜けたビールのような放送が朝方まで続いた。

「東部軍管区情報、一部に発生せる火災は、軍官民防空活動により制圧しつつあり、以上。防空放送終了」

火焔地獄の中で小川喜代子母子はどうなったのだろうか。

「我慢して、強く生きて——」

Ｂ29の大編隊が浅草上空からガラガラと音をたてながら焼夷弾を落とし始めたとき、小川喜代子と陽平は最小限の身の回り品を風呂敷包みに入れて持ち、表へ飛び出した。

このとき喜代子は布団に掛けていた毛布をとっさに片手に抱えていた。

ここから先は、そのとき幼稚園児だった陽平が後年エッセイに書き残しているので、やや長くなるがその記述を藉《か》りたい。

出典は慶應義塾幼稚舎刊行の『仔馬』（昭和五十七年十一月十六日発行）である。

「——その日、母は四十度近い熱で寝込んでいた。空襲が激しくなり、母は防空頭巾を被った私に、一升ほどの米を入れた袋をタスキ掛けに背負わせた。自分は毛布を頭から被り、私の手を引いてよろけるように家を出た。空はすでに赤々と燃え上がり、まるで昼間のようであった。避難場所は浅草郵便局である。続々と町内の人達が駆け込んでくる。一時間もたった頃だろうか、火の手は早く、ここも危険な状態となった。

郵便局内は騒然となり、『松屋デパートへ行こう』とか『隅田川がいい』とか激しくやりとりしている。大部分の人は隅田川に逃げることになった。しかし、子供の私は泳げなかったせいか、川に行くのは絶対イヤだと渋った。

近所の人達は、この親子のやりとりを気遣った。『かならず町に帰ってこいよ』という声を背に、母の手を引っ張るように二人だけで火の粉の海を、郵便局から上野の方向へ逃げた。路の両側は、火焔に包まれ、恐ろしい響きとともに焼夷弾がどんどん落ちてくる。

炎と煙でむせ返った病人の母は、何度も路上に立ち止まった。その都度、私は引っ張るように母の手を引いて、ただ先へ先へと無我夢中で逃げた。母は私の手を強く握り、頭からすっぽり被った毛布の中から『もし一人になっても、我慢して、強く生きて――』と言った」


この夜襲来した米空軍爆撃機B29の編隊は初めから非戦闘員を標的とし、同時に下町や京浜地区一帯の中小企業・町工場を無差別に破壊する目的をもっていた。

超低空からの爆撃に参加したB29は三百二十五機、三月十日零時七分に最初の焼夷弾が深川に落とされ、敵機は燃料節約の意味もあって編隊を組まずに各個爆撃を開始した。その後、本所、浅草から城東地区一帯、芝方面へと爆撃は執拗に繰り返された。多量の焼夷弾を投下するために、機体からはほとんどすべての機銃や弾薬が事前に降ろされていた。木材建築の日本家屋を効果的に燃え上がらせるため、爆発力より燃焼力を優先する焼夷弾が開発されていた。その実験が無辜《むこ》の市民に対して行われたのである。

「あの時の母の顔は一生忘れられない。菊屋橋近くの神社のところで母は激しく咳き込み、石段の上に座り込んでしまった。私の喉は熱気でカラカラだった。水が飲みたかった。間もなく神社にも火の手が迫った。母は『上野の山へ行きましょう』と言った。しかし、前方にも激しく火の手が上がっており、とても歩けそうにない。仕方なく菊屋橋の先を右に折れた。

力尽きた母はとうとう店先にうずくまってしまった。さいわい、家の中から声がして、小母さんが中に入れてくれた。そこは自転車屋だった。母が悪寒で震えている側で、私はまんじりともしなかった」

火災から逃れようと多くの人が隅田川に架かる橋の上や土手に避難し、火焔にあおられて焼死したり、川に逃れて溺死や凍死した人も多かった。また、松屋デパートに逃げた人たちも外から吹き込んだ火焔に焼かれたり、窒息死してしまった。あたかも、関東大震災のような無間《むげん》地獄が再現されていた。

「長い一夜が明けた。幸運にもこの一画だけが焼け残った。私たち母子は奇跡的に助かった。見渡す限りの焼け野原、あちこち煙が立ち込める中を家に戻った。玄関先の桐の木が黒く焼け爛《ただ》れて立っているほか、何もなかった。

焼け跡から熱で二つくっついている茶碗を掘り出した。近くの本願寺には、無数の遺体が運び込まれ、広い境内はいっぱいだった。遺体確認の作業がはじまり、私もだれか知っている人はいないかと、たくさんの遺体の顔を見て歩いた。名前は忘れたが、私の家から五、六軒先に住んでいたおばあさんが、孫を抱きかかえるようにして死んでいた。その遺体に私が名札をつけた。あの二人の姿は今も私の脳裏に強烈に焼きついている。

郵便局で別れた町内の人達のほとんどは死んでしまった。隅田川に避難した人達である。焼夷弾の油が川面に流れ、火の川となったためだという」

警視庁の調べでは、死　者　8万3793人

負傷者　4万9918人
被災者　100万8005人
被災家屋　26万8358戸

となっているが、遺体数には早朝のうちに親族などに引き取られた数は含まれていない。行方不明者も数万に上る。資料によって死者の数は差異が大きいが、民間調査など（「東京空襲を記録する会」）では十万人としている。

「その母は八年前に逝った。いま、当時の母の年齢に妻がなり、私の年にこの夏六歳を迎えた三男がなっている――」

陽平がこの回想記を書いたのは今からおよそ三十年以上前のことだ。回想記は少年の目で多くの真実を語っている。これ以上の解説は無用であろう。

焼け出された一家に長男の勝正が帰郷して合流した。中学進学の時期でもあったからだ。ただし勝正自身は、

「上級学校へ行くので帰郷してふた晩目に大空襲にあって焼け出された。陽平と私と母の三

人で逃げ回りました」

と語っている。

陽平の回想記との間に多少の齟齬《そご》があるようだが、前後の記憶違いがどちらかにあっても致し方ない状況であった。

三人になって、遠い親戚を頼って泊まり歩く日々が続くのだが、陽平が大事に背負っていた一升の米は「これで食べさせてください」と差し出したら、うすい雑炊を出されただけで、残りは全部取り上げられてしまったという始末である。

それもこれも、父親が側にいないからだ、男がいてくれればこんな屈辱は味わわずに済んだのに——喜代子の胸は張り裂けそうだった。

子供たちにひもじい思いをさせて、いま笹川はどこで何をしているのだろうか。

その笹川とようやく連絡が取れたのは一週間近く経ってからだった。

笹川もさすがにしまった、とは思ったのだろう。とりあえず目黒柿の木坂にある部下の家に三人をいったん預かってもらい、次いで横浜の郊外、横浜線の小机と菊名の間に一軒の家を借りた。ただし、勝正だけは単身大阪へ行き、親戚から中学に通う手はずがとられた。

学童疎開先で終戦を迎えた堯が日焼けした顔をして上野駅に降り立ったのは、浮浪児が上野駅を埋め尽くし、街をアメリカ兵が闊歩している十月になってからのことだった。

「上野駅に降りたとき、見渡す限り焼け野原で、松屋デパートがすぐ近くに見えた。私たちは、住んでいた松清町の長屋の焼跡へ行ってみた。そこには何も建っていないガレキの山で、わずかに、兄貴と私が乗っていた二台の自転車が、焼けただれ、ひん曲がったまま放置されていた。それから私は、母と弟が仮住まいをしている横浜の菊名へ行った」

（『日本のドンを乗り越えろ』）

菊名にいったんは立ち寄った堯だが、三人が食べるだけの余裕はなかった。そこで良一の弟・了平の大阪の家へこちらも単身で預けられることになった。要するに親子兄弟はばらばらになり、わずかに喜代子と幼かった陽平だけがしばらく一緒に暮らしたのだ。

喜代子の気持はあの焦熱地獄の夜に決まっていた。

「なんだかんだといったって、天下国家じゃご飯は食べられないじゃないですか」

そう言って、笹川に振り回されるのはもう止めようと決心したのだった。

長い終戦の年がようやく終わりを告げるころ、喜代子たち母子の生活にはまた新たな難儀が待っていた。

第四章　戦うA級戦犯——上等兵、大将を叱る

戦争犯罪人指定

昭和二十年八月三十日、ＧＨＱ（連合国軍最高司令官総司令部）最高司令官としてダグラス・マッカーサー元帥が東京・厚木飛行場に降り立った。

マッカーサーは横浜に着任するや、真っ先に民間諜報局《CIS》の対敵諜報部《CIC》部長ソープ准将を呼んで東条英機以下の戦争犯罪人を逮捕し、さらに綿密なリストを作成するよう命じた。

東条以下を逮捕し裁判にかけることが、着任したての元帥にとっては、その威厳を保つ最初の重要作業だった。

連合国（アメリカ、イギリス、中華民国、ソ連、カナダ、オーストラリア、ニュージーランド、オランダなど十一ヵ国）はすでに戦時中から、戦争犯罪に関する情報を相当量収集していた。

したがって、国内では高級軍人はもとより、政治家、各界の戦争指導者たちがＧＨＱによる逮捕に怯《おび》えながら、二十年秋の日々を送っていたのだ。

ところが笹川良一だけは他の多くの戦犯容疑者たちと決定的に違っていた。

笹川が終戦とともにもっとも願ってやまなかったのは、反対に逮捕されることだった。

この際戦犯に是非とも指名され、巣鴨拘置所内でひと暴れしたいものだ、と真剣に考えていた。

ひと暴れとは、刑務所内での待遇改善交渉や裁判技術を指南しなければならないという意味だった。入獄経験のある笹川ならではの戦術である。

考えていただけではなく、実際に彼は各地で訴える行動に出た。大阪の選挙区へ帰って占領軍への批判独演会を実に二十数回も開いている。以下は、山岡荘八が本人から取材したという演説内容である。

「(日本が)生きるためには食糧を作るか、貿易をやってその利益で食糧を獲得するかの二者択一しかない。その二つの道を塞《ふさ》いだのはいったい誰なのだ。日本人が朝鮮や満州のどこで搾取《さくしゅ》をしたか？　日本人が出て行ったところで、以前より生活が苦しくなったところが、どこにあったか？——祖国のために生命を捧げた勇者たちが犬死したことになる」

(『破天荒　人間笹川良一』)

笹川は稀代の演説名人といっていい。声量もあり、口跡がいい。たまに眠りかけている客を見つけるとあの大きい眼《まなこ》で当人を指差しながら大声を張り上げ目を覚まさせる。かと思えば、一転してウィットに富んだ話題で笑いも誘う。聴衆はつい乗せられてたちどころに笹川の魔術にかかるというわけだ。

「幸いこの会場には、占領軍の諸君が速記者も通訳もつれて来ておられるのだから、私は必ず戦犯として入獄できると思う。入獄できれば私は、思う存分祖国日本のために、日本国民が侵略者にあらざる所以《ゆえん》を陳述し尽くすつもりである。私に逮捕状が来たと聞いたら、選挙民の諸君は、日本のために祝杯を挙げて頂きたい」（前掲書）

十二月三日、期待どおり笹川に出頭命令が届いた。十二月十二日までに巣鴨拘置所（GHQの呼称はスガモ・プリズン）へ出頭せよ、という内容だった。

「合格したか。めでたいことだ」

というのが、通知を聞いた第一声だったというから、やはり他の戦犯容疑者とはだいぶ違った。

さて一般に「A級戦犯」「BC級戦犯」という用語がよく使われるが、そうした呼称が不用意に使われるケースがままある。念のため確認をしておきたい。

極東国際軍事裁判所条例によれば、戦争犯罪の類型を以下のように定めてある。

すなわち、
［a項］平和に対する罪（Crimes against Peace）
［b項］通例の戦争犯罪（Conventional War Crimes）
［c項］人道に対する罪（Crimes against Humanity）
という条文にしたがった分類であり、ABCの間に犯罪の軽重、上下関係があるわけではない。
もっと適切な訳語を探せば「カテゴリーA」「カテゴリーBC」とでもなろうか。
逮捕当初の容疑は「a項容疑」であっても起訴状の段階になると、a以外にb、cに含まれる殺人及び共同謀議の罪や通例の戦争犯罪及び人道に対する罪などの諸項目が加算されたために複雑さが増していた。
いわゆるA級戦犯事項の「平和に対する罪」とはいかにも抽象的だが、砕いていえば「侵略戦争の計画、遂行等の犯罪」を問うという意味である。
誰がみてもとても公平とはいえない戦勝国による報復裁判であることはすでに明白だった。だが、国民はひたすら耐える以外に救いもないのがこのときの状況である。
本書では読みやすさを考慮し、以後慣例にしたがって「A級」「BC級」という表現を使用するが、本意はいわゆる「a項戦犯」「b項c項戦犯」であることを申し添えておきたい。

マッカーサーから東京裁判（極東国際軍事裁判）の首席検事として任命され、膨大な検察団を指揮したのはジョセフ・キーナン首席検察官である。

さらにマッカーサーはキーナンをＧＨＱ指揮下の国際検察局《ＩＰＳ》局長に就かせた。

このＩＰＳはＧＨＱが入る日比谷の第一生命ビルにほど近い明治生命ビルに本拠を構え、ＧＨＱの法務局《ＬＳ》や民間諜報局《ＣＩＳ》の全面協力の下で戦争犯罪者の洗い出しにかかった。

もうひとつＩＰＳで特徴的だったのは、検察局内に置かれたキーナンを補佐する捜査課の存在である。初代捜査課長Ｂ・サケット中佐は元ＦＢＩの出身で、証拠収集や関係者の尋問に高度な能力を発揮した。

サケット中佐が着目したのはマッカーサーに信頼の厚いカナダ人外交官ハーバート・ノーマン（ＧＨＱ対敵諜報部調査分析課長）やトーマス・ビッソン（米国戦略爆撃調査団員）から協力を取り付けることだった。

日本語に通暁していたノーマンが対敵諜報部《ＣＩＣ》ソープ准将の下で収集した内容はそのままサケットの役に立つ重要事項ばかりであった。

笹川逮捕の裏にある真相には、ノーマンらが提供した情報が深く関わっていたと考えられるが、それについては後で触れたい。

「A級戦犯」に逮捕状

終戦から一ヵ月も経たない九月十一日、最初のA級戦犯容疑者の逮捕状が発せられ、以後続々と発表がなされた。あくまで容疑者である。

令状が出た範囲は高級軍人、政治家、財界人、言論人、国粋主義者から皇族（一名）にまで及んだ。

以下に並ぶ錚々《そうそう》たる役職に就いていた大物たちと笹川との交流が、間もなく獄内で始まる。同居人の豪華な顔ぶれを一覧しておきたい。

その総数をすべて挙げれば、優に百名を超える。以下、A級戦犯逮捕者の中から主だった氏名のみを挙げておこう。

[昭和二十年九月十一日発令]（主要役職［元を含む］を表記）

東条英機（開戦時の首相、陸相・自殺未遂）、東郷茂徳《しげのり》（開戦、終戦時の外相）、嶋田繁太郎（開戦時の海相）、賀屋《かや》興宣《おきのり》（開戦時の蔵相）、岸信介（開戦時の商工相）、鈴木貞一（開戦時の企画院総裁）、本間雅晴（陸軍中将、開戦時の比島方面軍司令官）、黒田重徳（陸軍中将、比島方面軍司令官）ほか

［昭和二十年十一月十九日発令］
荒木貞夫（陸相）、本庄繁（満州事変時の関東軍司令官、侍従武官長・発令後自殺）、小磯国昭（陸軍大将、首相）、久原《くはら》房之助（政友会総裁）、葛生能久《くずうよしひさ》（黒竜会会長）、松岡洋右（外相）、松井石根《いわね》（中支那方面軍兼上海派遣軍司令官）、真崎甚三郎（陸軍大将）、南次郎（陸軍大将、満州事変時の陸相）、白鳥敏夫（駐イタリア大使）、杉山元（陸軍元帥、参謀総長・発令前に自殺）ほか

［昭和二十年十二月二日発令］
鮎川義介（実業家、日産コンツェルン創始者）、藤原銀次郎（王子製紙社長、商工相）、平沼騏一郎（検事総長、枢密院議長、首相）、広田弘毅《こうき》（首相、外相）、池田成彬（日銀総裁、蔵相）、石原広一郎《ひろいちろう》（石原産業社長）、畑俊六（陸軍元帥、支那派遣軍総司令官）、河辺正三（陸軍大将、開戦時のビルマ方面軍司令官）、児玉誉士夫（右翼活動家、児玉機関長）、梨本《なしもとの》水野錬太郎（内相）、牟田口廉也《むたぐちれんや》（陸軍中将、インパール作戦時の第十五軍司令官）、梨本宮守正《みやもりまさ》殿下（陸軍元帥、皇族）、大川周明（国家主義思想家）、笹川良一（国粋同盟党首）、佐藤賢了（陸軍中将、陸軍省軍務局長）、正力松太郎（読売新聞社長）、高橋三吉（海軍大

将、連合艦隊司令長官）、徳富猪一郎（筆名・蘇峰、言論人）、豊田副武《そえむ》（海軍大将、軍令部総長）ほか

〔昭和二十年十二月六日発令〕
近衛文麿（公爵、首相・発令後自殺）、木戸幸一（内大臣）、大島浩（陸軍中将、駐ドイツ大使）、緒方竹虎（朝日新聞編集局長、国務相）ほか

〔昭和二十一年三月十六日発令〕
永野修身（海軍元帥、開戦時の軍令部総長）

〔昭和二十一年四月七日発令〕
岡敬純《たかずみ》（海軍中将、開戦時の海軍省軍務局長）

〔昭和二十一年四月二十九日発令〕
重光葵《まもる》（外相、駐イギリス大使）、梅津美治郎《よしじろう》（陸軍大将、参謀総長）

このほかに、武藤章（陸軍中将、開戦時の陸軍省軍務局長）、板垣征四郎（陸軍大将、支那派遣軍参謀長）、橋本欣五郎（陸軍大佐、日本青年党統領）、木村兵太郎（陸軍大将、開戦時の陸軍次官）、土肥原《どいはら》賢二（陸軍大将、在満特務機関長）は外地で別途逮捕されて日本へ護送されるか、国内で単独逮捕されたためリストから除外されている。

また、マニラで降伏時に捕虜となった山下奉文《ともゆき》（陸軍大将、第十四方面軍司令官）も直ちに軍事裁判にかけられ死刑となったため、リストにはない。

リストのうち、大川周明が精神異常のため裁判から除外され、松岡洋右、永野修身が裁判中に死去している。

また、リストに挙がった戦犯の年齢（二十年十二月末日）をみておけば、最高齢は平沼騏一郎の七十八歳、最年少は軍人では佐藤賢了で五十歳、政治家では岸信介が四十九歳、民間人の児玉誉士夫が最年少で三十四歳であった。笹川良一は四十六歳でかなり若い方だった。

さて、これ以外の戦争犯罪者BC級戦犯の総数は五千七百人に及んだ。この中には多数の冤罪《えんざい》を含む兵に交じって、陸軍中将岡田資《たすく》が含まれている。岡田と笹川の格別の縁については後述したい。

楽隊パレードで入獄

笹川への入獄指定日は十二月十二日だった。その四日前、彼は妻・一江を伴って故郷の豊川村へ帰った。母・テルとともに父の墓参に出かけるためである。

さらに、巣鴨へ入るとなれば生きて帰れる保証はない。自分の墓もこの際建て、名前だけ赤字にしておいた。

テルも笹川以上の気性である。涙一滴見せることもなく、翌朝には赤飯を炊き、鯉の味噌汁をつけて送り出した。

笹川本人の記述によれば、新妻もなかなか度胸の据わった女性である。

「家内も少しも気持ちの乱れを見せなかった。いよいよ家を出るとき、私がお前はまだ若いのだから、わしが死刑になったら再婚しろよというと、『ご心配ご無用に。もしあなたが刑死して四十九日のおつとめをすませたら、あなたのところへ参ります』と、顔色ひとつ変えずにいってのけた」

（『人類みな兄弟』）

だが、先に紹介した小石川の家のお手伝いに入った今村喜美子によれば、

「もし死刑になったら私も死にます、と言ったのは鎮江（静江）奥様だとお聞きしている」と話す。二人ともがそう言ったのかどうか、今となっては判断する材料は少ない。

だが、笹川が書き残したエピソードの女性には固有名詞がついていない。「家内」「お前はまだ若い」「再婚しろ」などという台詞は、「大阪妻」にも「東京妻」にも言い訳がつく書き方だともいえる。

指定日ぎりぎりに入るのは卑怯ではないにせよ未練たらしくて嫌だ、という理由から笹川は前日、十二月十一日に入獄することにした。

十一日朝、銀座にある彼の事務所には笹川事務所（党は解散）の幹部たちが用意した「笹川大国士歓送！」と書かれた幟《のぼり》が立てられ、用意されたトラックの荷台では、ブラスバンドの音楽隊が「軍艦マーチ」を演奏しているというにぎにぎしさであった。

笹川は紋付羽織袴の盛装で万歳三唱に送られて、巣鴨までパレードしながら入獄したのだった。

万歳をして見送った中に西尾末広の姿があった。西尾末広はこの一件でのちに共産党などから「社会党の代議士ともあろう者が――」と非難されたが、本人は一向に気にかけず笹川との信頼関係を大事にしたという。

笹川も西尾もイデオロギーだけで人を判断するということは終生なかった。

終戦の少し前から笹川は麻布飯倉にある洋館に住んでいた。日本家屋好きの笹川にしては珍しいことだったが、新しい「東京の女性」静江との愛の巣がここから始まったのではないだろうか。静江とは二人の最後になるかもしれないと記念写真を撮っている。

東京大空襲で九死に一生を得た喜代子と子供たちのその後はどうなったのか。

一家四人は、終戦直後から転居と離合集散の紆余曲折を経ながら、最終的には大阪の遠い親戚筋の家にまとめて引き取られることになった。

その「親戚の家」は勝正の記憶によれば、

「親父の従兄弟の家で工務店をやっていた永田という家だった。洋館の二階のひと間に四人住まいで大変だ。豊中市庄内町だったかな」という。

堯の著書には、

「私は（ワル餓鬼だったから二ヵ月で追い返されて）横浜へ戻ったが、それから改めて、大阪へ親子四人で行くことになった。こんどは了平さんの従弟で豊中市庄内町で永田工務店を経営している永田種次郎さん宅へ一家がお世話になることになった。永田さん宅の二階八畳間に私たち四人は引っ越した」

（『日本のドンを乗り越えろ』）

とある。豊中だったことや、狭かった部屋の記憶に食い違いはない。

陽平の思い出も、狭くて辛い体験は同じだ。

「遠い遠い親戚でね、家主の奥さんが永田シナといったかな、ケチでね。八畳ひと間に四人暮らしだった上に、他人のような立場の母の苦労は並大抵ではなかったですよ」

喜代子と三人兄弟が縁の薄い親戚の家で間借り生活に入ったのは、昭和二十一年の一月くらいだったようだ。一月八日生まれの陽平は七歳を迎えていた。

前年四月に小学校に入学するはずの機会を大空襲のために奪われ、住居も転々とした。田原国民学校も全焼し、同じ年の子供たちが何人も死亡していたし、家も親も満足な状態の子供はいなかったのだ。

陽平は一年遅れで二十一年四月、七歳で小学校に上がることになった。

意気揚々と巣鴨拘置所の門をくぐった笹川はやはりなかなか落ち着いたもので、他の将軍たちとはだいぶ違っていた。

彼にいわせれば、「(巣鴨に入った) 連中は、獄内という環境にまずオタオタしてしまい、出ることばかり考えていた」(『人類みな兄弟』) ようで、大阪でひどい刑務所暮らしをした経験をもつ笹川にしてみれば、巣鴨は「全く天と地ほどの違いである。さすがに衛生を重んずる文化国家の監獄だと、妙なところに感心していた」と平然たるものである。

感心ばかりしている場合ではない。獄中待遇改善や大将たちに腹の据わった裁判闘争を指南するために入ったのだから、彼の本業はまだようやく始まったばかりだった。

そして、笹川が「合格したか。めでたいことだ」といって鉦《かね》や太鼓で入獄したのは、進駐軍批判演説の効果があったからなのだろうか。まずはその検証から始めたい。

GHQの諜報活動

笹川良一を攻撃する記事の誤謬《ごびゅう》については先にも触れたが、笹川の巣鴨入獄に関しても誤解に基づく記事がいくつも書かれている。

その多くは、GHQがそもそも笹川をそれほどの大物だとは思っていなかったのに、本人が挑発した結果「めでたくも逮捕状が出た」という論旨である。

二例ほど紹介しておこう。

まず先にも引いた、『文藝春秋』の笹川批判連載記事では次のように書かれている。

「そして良一が逮捕されたのは十二月である。GHQが最初から笹川逮捕には動いていなかったことがうかがえよう。それをどう解釈すればいいだろうか。

これは推論の域を出ないが、GHQは当初、笹川を重要視していなかったのに、笹川の前述したような行動(引用者注・大阪での講演会などを指す)に刺激され、調べ、逮捕に向かったのではないだろうか。逆にいえば、良一の思うツボにまんまとはまったのではないだろうか」

(加賀孝英、「最後のドン・笹川一族の暗闘」平成五年十月号)

次は同じく『文藝春秋』に掲載されたルポライター鎌田慧《さとし》の記事である。(部分省略)

「戦後間もなく、彼はもうひとつの賭けに挑戦した。『A級戦犯容疑者』の勲章を身につけることである。さまざまな会場で、これみよがしに占領軍批判をぶちつづけた。

戦犯志願の運動はGHQの眼を惹き、彼もA級リストにはいった。投資と効果のバランスシートを嗅ぎとることに天才的な勘をもっている彼は、入所を最大限世間に印象づけることにした。占領軍を挑発してA級戦犯のライセンスを獲得したが、それでいてその実態がないのだから死刑になるおそれはなかった」

(「〝競艇帝国〝の元首　笹川良一」昭和五十六年四月号)

ＧＨＱは本当にそのような表面的な理由で逮捕に踏み切ったのだろうか。

実際、戦前の笹川の名前が目立ったとすれば、国粋大衆党という国政には直接影響も与えない政治組織を立ち上げたことと、恐喝事件などの容疑をもって右翼取締りにひっかかったこと、ムッソリーニと会見したことぐらいであった。

東京裁判の検察側資料ともなった『木戸幸一日記』や原田熊雄による『西園寺公と政局』をはじめ重要な国粋主義運動史などにも名前は載っていない。

したがって笹川良一の逮捕は、すでにＧＨＱが入手していた一連の資料以外の諜報活動によって得た事実で逮捕されたのではないかと考えたほうが分かりやすい。

そこで考えられるのが、先に紹介したハーバート・ノーマンの情報活動が背後で強く影響していたのではないかという点だ。

ノーマンについて簡単に紹介しておこう。

ハーバート・ノーマンは、一九〇九（明治四十二）年に長野県軽井沢で宣教師の息子として生まれている。極めて日本語に堪能な学者肌の外交官だった。

そのノーマンがカナダ外交官として再び日本の土を踏むのは昭和十五年二月のことである。それから開戦後に交換船で帰国する十七年七月まで、ノーマンは日本国内での情報収集に専念していた。

実績を鞄に入れて二十年九月、マッカーサーの要望に応えて再々来日したのである。

今度はカナダ大使館への勤務ではない。先に簡単な説明をしたように、ＧＨＱの対敵諜報部《CIC》に彼は席を占めた。

ノーマンは日本の国家主義の源流を玄洋社にさかのぼって調査分析し、その流れの上にできた黒竜会や多くの右翼団体の調査資料を完成させていた。

右翼運動家、国家主義者たちがいかに日本の再建、民主化にとって危険な存在であるかを、必要以上に強調したノーマン報告書が提出されたのが十一月末ごろだった。笹川逮捕が遅れた理由もそれと無関係ではない。

ノーマン報告書とは、彼が戦前滞日したときに書いた論考に、戦後すぐに収集した情報を加味して作成されたものである。

新情報を得るために、彼は旧知の親友を活用した。

ハーバード大学で親交を深めた経済学者都留《つる》重人《しげと》（のち一橋大学学長）や軽井沢でグループを組んでいた羽仁《はに》五郎（歴史学者）などである。

都留とノーマンはともにハーバード大学でマルクス主義の研究会に参加し、その機関誌のブレインだったと、ノーマン自身が昭和十二（一九三七）年に家族に宛てた手紙で書き残している。

都留は戦後すぐに米戦略爆撃調査団に参加して、広島、長崎の惨状をB29機上から視察している。その神経もさることながら、同視察団のもうひとつの役割は、日本の「民主化」を阻む人物の洗い出しであった。

そうした情報を得てノーマンが完成させたレポートが、ＧＨＱ内の親コミンテルン派であるジョージ・アチソン（マッカーサーの政治顧問、のちに外交局長）の手に渡り、対敵諜報部《CIC》のソープ准将や国際検察局《IPS》のサケット中佐たちが共有することになる。

ＧＨＱがその都度発表した逮捕命令の氏名には重々しい略歴が付いていた。しかるべき官職、軍歴で埋まった輝かしき履歴ばかりである。

笹川の場合には氏名に続き、「国粋大衆党そのほかの超国家主義的諸団体の指導者」（二十年十二月四日付「朝日新聞」）という表現に意味があった。対敵諜報部《CIC》などによる情報収集が主な逮捕事由、と考えるのが妥当と思うゆえんである。

笹川本人の奮闘努力を思えば多少気の毒かもしれないが、演説会や街頭でのお祭り騒ぎをしなくても巣鴨に入れたのはほぼ間違いない。

ただし、すべてこうした情報は戦後かなり経ってから公開された事実であり、当時の笹川自身は知るよしもない。

笹川の反米演説を知って、「こういう男もいたのか、笹川も加えよう」とＧＨＱがあわてて気がついた、と推定するのはアメリカの情報力をあまりに甘く見すぎている。

田中隆吉

ところで、国際検察局《IPS》はもうひとつの重要な極秘情報源を握っていた。

昭和五年に武官として上海に赴任した田中隆吉（当時中佐）が川島芳子と「愛の巣」を構えていた、というエピソードは第三章で紹介した。

やや度は過ぎているとはいえ、色恋沙汰の話なのだから、軍や国家に迷惑がかからなければ当人同士の問題に過ぎない。田中にすれば上海特務機関のために体を張ってお国のために働いたのだ、というかもしれない。

だが、今度は少々事情が違った。

その田中が東京裁判の検察側に全面協力して、旧日本軍や関係者の内部告発をし始めたのである。

ＩＰＳの極秘情報源とは開戦当時の陸軍省兵務局長という要職にあった田中隆吉少将だった。

その尋問に笹川の名前が出てきた。

ただし、田中の証言開始は二十一年二月に入ってからのことになるので、笹川の逮捕自体は先に述べたような経緯から対敵諜報部が単独で判断を下したものだ。田中の証言は、ノーマン報告書などを補強する役割を果たすものとして使われた。

大胆な検察協力をした笹川関連の田中尋問に関しては次章で詳しく述べるとして、ここでは笹川と右翼運動についての証言のみに絞ってみておきたい。

その前に、田中隆吉が国際検察局の検事団となぜ結びついたのか、簡単に説明しておこう。

田中は終戦からまだ半年も経たない二十一年一月、陸軍の内部告発を中身とする『敗因を衝く――軍閥専横の実相』を刊行（山水社）した。これが検察局の目にとまって出頭要請を受け、さらに協力要請に変わったものである。

『敗因を衝く』はそもそもその一部が親しかった東京新聞の江口航《わたる》記者の仲介で同紙上に先行発表されていた。

昭和二十年十二月十八日付「東京新聞」は、次のような衝撃的な見出しとその記事で埋め尽くされている。検察局が見逃すはずはない。

「敗北の序幕　田中隆吉

軍の強硬政治関与　遂に日本を滅ぼす」

検察局に呼ばれた田中は、いきなり張作霖爆殺事件の首謀者として河本大作《こうもとだいさく》の名を挙げたのを皮切りに、満州事変では板垣征四郎と石原莞爾《かんじ》、さらに開戦から敗北への責任者として東条英機、武藤章、佐藤賢了、土肥原賢二ほか多数の名を列挙、尋問官の興味は時間とともに大いに膨らむことになる。

さて、その第二回尋問は二十一年二月二十日に行われたが、その尋問録から問題の箇所を拾ってみよう。

尋問者はウィリアム・T・ホーナディ中佐で、田中に対して「あなたの身辺の安全を保証する必要があろうから、とりあえず丸の内ホテルに滞留できるよう手配を整える」と約束して、次のような尋問を開始した。答えているのは田中隆吉である。(部分引用)

問 すると、神兵隊は団体そのものではなかったのですか。

答 そうです。二・二六事件は、主として国本社系のメンバーに支持される陸軍軍人によって実行されたもので、さらに、そのメンバーは親ナチのイデオロギーをもつ陸軍軍人のほか、精神的指導者の役割をもつ北一輝に率いられる一群の人びとに支持されていました。

問 彼は、実際には、背後にあって事件の計画を手伝っていたのですね。また前田［虎雄］という人物もそうだったのですね。

答　その事件では、北一輝が最も積極的だったと思いますが、彼は、最後には銃殺されました。支那事変勃発後、このような国家主義団体は増加しました。それらの団体の名前は、当該指導者たちから教えてもらえるでしょうが、その分野で最も積極的であった人物は、笹川良一、児玉誉士夫、摺建一甫、天野辰夫、井上日召、影山正治、岩田愛之助、頭山秀三、大川周明でした。

ほかにももっといますが、これらの人物が指導者だと考えてよいでしょう。

（『田中隆吉尋問調書』）

国家主義運動に関する田中の知識が半可通なものであったことが分かるにせよ、この尋問で笹川の役割がかなり増幅されて伝わったことは否めない。

東条英機

ここまで笹川良一の巣鴨拘置所入りに至る背景をみてきた。

いよいよ巣鴨入りしてからの彼の行動を追うとそれは実に活発なもので、他の「A級戦犯容疑者」仲間の憔悴ぶりとは対照的な姿が浮かび上がってくる。

笹川が入所したのは十二月十一日だが、その四日前、十二月七日には大森の仮収容所（戦時中の外国人捕虜収容所）から東条英機が移されてきた。

東条は九月十一日の逮捕時にピストルによる自殺未遂を起こし、横浜本牧《ほんもく》の米軍病院へ送られた後、大森で療養していた。

東条が巣鴨へ移された翌朝は、四回目の開戦記念日だった。

その日、神田・共立講堂では日本共産党主導による「戦争犯罪人追及人民大会」が開催された。

壇上には二ヵ月前の十月四日ノーマンの「尽力」によって府中刑務所から釈放された徳田球一や志賀義雄が並び、聴衆に向かって声を張り上げていた。万歳の歓呼に応えながら演説した志賀義雄の挨拶から要点を引いておこう。


「もし天皇制の存続を許すならば以前にまさる悪質な軍国主義が再興し、日本人民大衆は今日以上はるかに戦慄すべき状態に陥るであろう。次代の若い大衆諸君のためにも、天皇制の打倒はわれわれの責任であり、義務でもある。また残存特高勢力および司法検察当局のしぶとい反動勢力の暗躍および軍国主義勢力の地下運動を徹底的に絶滅し、粉砕せねばならぬ」

（『日本労働年鑑』第二十二集・戦後特集）

徳田球一や志賀義雄たちは、連合国軍隊を解放軍と呼び讃美していた。巣鴨の高い塀の内側にいる東条の耳に直接は届かないだろうが、こうした空気が感じられないはずはない。

さらに、巣鴨に移ってきた東条相手に口を利く者もほとんどいなかった。彼は「生きて虜囚の辱《はずかしめ》」を同胞の前に晒していた。

そんな状態の東条と前日入所したばかりの笹川が、散歩《エクササイズ》時間にばったり出くわした。

東条は陸軍大将の襟章を外された軍服を着て、うつむきかげんに歩いていた。それを見た笹川は側へ寄って声を掛けた。

「東条さん、元気を出してください、うなだれている場合じゃないですよ。いまあなたの責任は重いのです。天皇陛下の運命があなたの双肩にかかっていると申し上げても過言ではない。

世間のあなたに対する誹謗攻撃に耳を傾ける必要はありませんよ。あなたは今日に臨んで何をなすべきか、その使命に向かって邁進すればいいのです」

叱咤するようにそう言うと、東条は肩を落としたまま少しうなずいた。

考えてみればいかに落魄《らくはく》著しい東条とはいえ、つい先ごろまでは対等に口を利ける相手ではない。軍隊の階級でいえば、上等兵が大将に説教したことになる。

国会議員一年生のときには推されて東条攻撃の急先鋒に立った。

つい三年ほど前、その東条は首相、陸相、参謀総長を兼務してまさに飛ぶ鳥を落とす勢いだった。

翼賛選挙の激しい弾圧に対する抗議は受けたものの、東条からすれば蚊に刺されたほどにも感じなかっただろう。それだけ彼は権力の絶頂にあった。結局、東条とは犬猿の仲のまま、この巣鴨の塀の中で再会したのだ。

池に落ちた者をさらに棒で突く気にはなれなかった。

その後も運動場などで出会うわずかな時間、笹川は東条に説得を試みた。独房訪問ができるようになったときには、直接訪ねて説得を繰り返した。

「東条には思ふ事全部話した。毎日一時間づゝ五日間」通ったと、獄中から笹川事務所に宛てた手紙（推定昭和二十一年二月十八日付）には書かれている（『続・巣鴨日記』）。

「どうせあなたは死刑を免れません。もう一度巣鴨を出たいなんて、そんなこと夢にも思わんでください。共産党をはじめとして、天皇陛下を逮捕して処刑せよなどと騒いでいる。その防壁となれるのはあなたしかおらん。信念にしたがって、今度の戦争はあくまでも自衛戦争だと法廷のマイクを通じて全世界に叫んでください」

（『人類みな兄弟』）

時は下るが、東京裁判がいよいよ終わりに近づいた二十三年正月が明けてすぐのこと、パイプを手にした東条がつと笹川に寄ってきて囁いた。

「笹川君、幸ひ天皇に御迷惑を及ぼさないですんだし証言台では僕は思ふ存分やつた、言ふべき事は全部言つた。――あなたが最後迄僕を激励してくれた事が、どんなに大きな参考となり教訓となつた事か、僕は衷心から感謝します。何もできないが、自作の十七文字でお礼を言ひたい」

（『人類みな兄弟』『巣鴨の表情』）

そう言って東条が差し出した紙片には次のような一句が詠まれていた。

悠久の姿尊し初の富士

昭和二十三年元旦　英機

為笹川君

結句にある「富士」は、笹川を指していると思われる。

それから数日後、東条が再び紙片を持ってきて、笹川にこう告げた。

「あなたのような強い人を育ててくだすったお母さんにお礼を言いたいが、この世ではお目にかかれないと思うので一首贈りたい」

紙片には次のような短歌が、几帳面な鉛筆文字で書かれていた。

正しきを護れと教ゆ孟宗竹
　雪にもめげぬ姿尊し
昭和二十三年一月十二日　英機
為笹川御母堂

天皇訴追問題

すべては戦後、詳しくはそれもかなり時間を経てから判明したことだが、アメリカはその占領政策を順調に終わらせるためにも天皇を訴追しないとかなり早期に決定していた。

マッカーサー自身は二十一年一月二十五日、長文の最終結論をワシントンへ送って、天皇を訴追しないよう求めていた。

同年四月十三日、アメリカ国務省は天皇制を持続させるべきだという案を決定し、一時帰国したキーナン自身が六月十八日に記者会見で発表している。天皇ヒロヒトを起訴するだけの明白な証拠は発見し得ない、との理由からであった。

そのニュースを六月二十一日の「東京新聞」で初めて笹川は知り、「嬉しさの余り声を上げて慟哭《どうこく》した」（『巣鴨の表情』）と述べている。

このような背景の下に、二十一年四月二十八日に決定された東条英機以下二十八名のA級戦犯の起訴リストから天皇の名は外されていたのだ。

しかし、この時点で起訴されないとしてもまだ法廷は始まったばかりである。ソ連などは強硬に天皇の起訴や証人喚問を要求していた。

したがって予想外の証人を喚問されたりすれば、いつ逆転訴追にならないとも限らない。アメリカとしてはもっとも神経を尖《とが》らせていた時期だろう。

水面下の事情など知る由もない東条は二十二年十二月三十一日の最終公判で、木戸幸一担当の弁護人ローガンの質問に答え、とり方によっては天皇に責任が生じかねないような返答をしてしまった。もちろん東条本人の意図するところではなかったが、時期が微妙だった。

ローガンの質問は、「木戸が天皇のご意思に反するような行いをしたことはあったか」というものだった。

「いやしくも日本人たるもの、一人として陛下のご意思に反して行動するがごとき不忠の臣はおりません。いわんや文民高官においてをや」

聞きようによっては至極当然な回答に思えるが、これではキーナンは困る。天皇に戦争責任があるではないか、とソ連の反発を食う可能性があるからだ。

東条が証言を変え、「(天皇は) しぶしぶご同意になった」とし、責任は自分にあるむね変更したのは二十三年年明け早々の公判であった。

この突然の変更そのものに大きな影響を与えたのは、実は裏から首席検事キーナンが手を回し、アメリカ側の駒である田中隆吉を使ったためだとする説がある。

田中が東条の弁護人もしくは他の人物に接触、東条に実情を説明して変えさせたのだ、と述べるのは田中の遺児田中稔だ(『敗因を衝く』巻末「東京裁判と父田中隆吉」)。

東条の弁護人とは清瀬一郎(政治家、六〇年安保時の衆議院議長)のことだが、田中のことを蛇蝎《だかつ》のごとく嫌っていた清瀬が実際に動いたのかどうか確証はない。

清瀬は田中の人物像について次のような印象を書き残している。

「東京裁判において、(引用者注・元満州国皇帝溥儀に次いで)もう一つ奇怪な証人は、田中隆吉元少将である。この証人は日本人でありながら、検事の求めに応じどんなことでも証言した。ことに満州国は独立国ではない、華北自治工作も一つの陰謀であったと。ことに個人的には戦前自分と競争的立場にあった武藤章被告に対しては、徹底的に不利な証言をしている」（『秘録　東京裁判』）

その後の史料によれば、キーナンの指示により田中は親しかった松平康昌式部官長に会い、木戸幸一から東条へ伝えてくれるよう工作をした、という可能性が指摘されている。

いずれにせよ一月六日午後の公判で、東条は陳述を変更し修正した。

今度の質問者はこの場を何とか切り抜けて、マッカーサーと本国の「天皇訴追せず」計画を進めねばならないキーナン自身だった。そうでなければ、すでに冷戦が始まっていたソ連からの巻き返しを阻止し、アメリカが日本占領統治のイニシアチブを取れないからだ。

キーナン　二、三日前に、あなたは、日本臣民たるもの何人《なんぴと》たりとも、天皇の命令に従わないというようなことを考えるものはない、ということをいいましたが、それも正しいですか。

東条　それは私の国民としての感情を申し上げておったのです。責任問題とは別です。天皇のご責任とは別の問題であります。（略）

キーナン　（太平洋）戦争を行わなければならない——行えというのは天皇の意思であり

ましたか。

東条　意思に反しましたかしれませんが、とにかく私の進言——統帥部その他責任者によって、しぶしぶご同意になったというのが事実です。しかし、平和のご愛好のご精神は、最後の一瞬に至るまで陛下はご希望を持っておられました。

キーナンから田中ラインという裏工作が功を奏したのか、笹川の執拗な説得が下敷きにあったからなのか判断が難しいところだが、東条から笹川への感謝の意には重い意味が込められていたことに間違いはない。

キーナンに対するこの陳述の約半月ほど前、東条は膨大な宣誓供述書を極東国際軍事裁判所宛に提出し終えている。その最終部分を彼は笹川の進言どおりの言葉で結んでいた。

「終りに臨み——恐らくこれが当法廷の規則の上において許さるる最後の機会でありましようが——私はここに重ねて申し上げます。——戦争が国際法上より見て正しき戦争であったか否かの問題と、敗戦の責任いかんとの問題とは、明白に分別できる二つの異なった問題であります。第一の問題は——私は最後までこの戦争は自衛戦であり、現時承認せられたる国際法には違反せぬ戦争なりと主張します。——第二の問題、すなわち敗戦の責任については当時の総理大臣たりし私の責任であります。この意味における責任は私はこれを受諾するのみならず真心より進んでこれを負荷せんことを希望するものであります。

宣誓書　　署名捺印　東條英機

昭和二十二年十二月十九日　於東京、市ヶ谷」

（『大東亜戦争の真実』）

かくして、笹川の大仕事のひとつは終焉《しゅうえん》した。

田中稔によれば一月十五日夜、宮内省の田島侍従長と松平式部官長の二人が田中隆吉を渋谷常盤松《ときわまつ》の御用邸に招き非公式ながら謝意を表したという。その際、陛下が「今回のことは結構であった」と仰せられた、と聞かされ、田中の感激は一入《ひとしお》だったという。さらにご下賜品として、ジョニーウォーカーの赤ラベル一本が手渡され、今井ハウスで待っていた自分に「大事にしまっておくように」と伝えたという（『敗因を衝く』）。

田中は米検事団の手配で丸の内ホテルから服部ハウス、野村邸、今井ハウスなどを転々としながら保護されていた。酒と女をあてがわれての放蕩三昧ながらも、鬱々として楽しまない日々を送っていたといわれる。

その田中と笹川の因縁の対決がまだ残っている。次章で詳しく述べたい。

メシ、風呂

入所して初めの一年ほどは一部を除いてA級と、BC級がともに同じ雑居房に押し込められていた。雑居房が分けられたのは二十一年十二月からであった。

つまり、昨日までの大将閣下や閣僚経験者、財閥のオーナーなどが下士官、兵と起居を共にするのだ。地位の高きも低きも、老人も若者も、宮様も兵隊も一緒である。

そういう環境だから気苦労も、憤懣《ふんまん》もつい増える。A級の者はだいたい老人が多く、BC級は若い。若いから食欲も旺盛で、たいがいの悶着は食い物から始まる。

「あっちの房の方がメシの盛りが多かった」とか、

「A級の爺さんの方が味噌汁が多いのはなぜだ」

といったようなレベルの愚痴の種が溜まると大騒ぎになった。パンのひとかけら、汁の具のこま切れの数さえもが騒動に発展する姿を目の当たりにすれば、いよいよ人間の性《さが》を見せつけられた気分になる。

黙って見ていられない笹川は当番兵に掛け合った。執拗な笹川の抗議により、食事は均等に分けられるよう改善された。

巣鴨の生活に大きな変化はない。起床が朝の五時。六時までにすいとん状の朝食を済ませ、昼食は十二時十五分とほぼ決まっていた。だが、カロリーだけは少なくない。

運動という名の散歩は毎日一時間という決まりだが、これとて一週間も十日もまったくないことがある。入浴がほぼ週二回、散髪は二十日に一度ほどあり、比較的衛生面には神経質だった。あり余るDDTが惜しげもなく散布され、むせ返るほどだ。

そうした日常生活の中で皆がとりわけ楽しみにしていたのが、毎日読める新聞や風呂に入ることだった、と笹川は回想している。『タイム』や『ライフ』誌も回覧されたという。大阪刑務所では新聞が読めるなど夢にも思えないことだったから、「これがアメリカさんの自由というものか」と妙に感心したりした。

しかし、入浴の方はこれほど人の本性が出るものもなかったようだ。

先の食事が多い少ないの揉めごとは深刻ではあるが解決策があった。だが、風呂の入り方となると、もはや規律も何もあったものではない。大の大人、それも軍服を着ていれば綺羅《きら》星《ほし》のような肩章をつけていたり、政府の高官だった者が、いったん裸になるとこうもあさましいものかと情けなくなるありさまだった。

さあ入浴となると、まずは小学校の運動会のように先を争い、人を押しのけて浴場へ急ぐ。桶の取り合い、安全剃刀《かみそり》の奪い合いである。「カミソリ東条」といわれたご本人は争うこともなく黙って片隅で洗っている。だが、傍若無人な入り方をする者も多い。

中でも笹川が特筆しているのは「新聞と云ふ文化事業に従事し、最も香りの高い職業にたづさはる──S君」と記した人物である。正力松太郎と思われる。

「あたりかまはずジヤブジヤブジヤブとやる、湯を散らす、水をまく、いやはや狼藉至極、これにはほとほとみんなが閉口した、そこで僕が憎まれ役を買つて出て、まことに言ひにくい言葉であるが『浴槽の道徳』を面を冒《おか》してS君に一席弁じたてた。S君ともあらう人、これで大いに態度一変してくれるものと次の入浴を期待してゐると、豈図《あにはか》らんや、相変らずの行儀の悪さである」

（『巣鴨の表情』）

入浴の作法と水を節約する観念は幼いころから躾けられ身に沁みていた笹川だった。その実例はすでにいくつか紹介してきたが、巣鴨でもよほど腹に据えかねたのだろう。

それにつけても「メシ、風呂」は娑婆にいても獄につながれても、人の本性に関わる大問題であることに変わりはないようだ。

ゲーリングを恨む

戦時国家を指導していた要路の人々にとって、年端《としは》もいかないアメリカ兵の若造から乱暴な扱いを受けることほど屈辱的なものはなかった。

獄に入れられている大部分の者、とりわけA級戦犯者は看守兵の荒い言葉遣いやひどい扱いに、判決以前の段階で精神的に参ってしまった。A級に年配の大物が多かったせいでもある。

何から何までが無礼だった。

大声でわめく知性の感じられない声、くちゃくちゃ一日じゅうガムを嚙みながら人を警棒で指図する兵。房の鉄扉を軍靴で乱暴に蹴立てる者。その音が棟内に響き渡り神経を逆撫でする。東条や平沼などの高齢者がゆっくり歩こうものならば、彼らの息子より若い看守兵に呼子《ホイッスル》で「ハバ、ハバ（hubba-hubba）」などと追い立てられる始末だ。

要するに躾がなっていない無教養な看守兵が、勝利者の優越感を謳歌しているのだ。これに耐えなければならない。

分かってはいても、こんな連中に負けたのかと思えば余計に腹立たしい。だが、負ける戦争を指導したのだから、誰もがうつむいたまま打ちひしがれるしかなかった

その最たる惨めな仕打ちが、素っ裸にされた上でやられる肛門検査だった。

巣鴨から市ヶ谷の法廷（旧陸軍省、陸軍参謀本部）へ、毎日のように一群がバスで連れて行かれまた戻ってくる。すると全員の服をすべて脱がせ、四つん這いにさせて並ばせ、身体

検査を開始するのだ。A級には特にやかましい。

壮観といえば壮観かもしれないが、市ヶ谷台から帰ってきた収容者たちが一列横隊に並んで、検査するMPに向かって四つん這いの尻を突き出す。MPの方も腰を落として並び、収容者の尻に手をあてていちいち丁寧に肛門検査をする。

市ヶ谷法廷でくたくたになって戻ると日課のようにこの検査が待っているのだ。

ここまで検査が厳しくなったのは、ニュルンベルク裁判中にナチス・ドイツの最高幹部ヘルマン・ゲーリングが青酸カリで自殺をしたためといわれている。

それ以後、青酸カリ状の薬物はもちろん、ガラスの破片、針など自殺に使えそうな物を体に隠していないかどうかを徹底検査する決まりとなった。

笹川も例外ではない。自殺するおそれなど微塵もない男だが、この気持は相手には通じない。諦めたようすの彼はこう書き残している。


「毎日スッ裸にされ検査されることになつた。あの謹厳そのものゝ如き平沼騏一郎氏あたりが一糸まとはぬ裸にされてゐる図を想像すると、一寸コツケイな感じもしたが、その精神的苦悩は泣くにも泣けないものがあつたらう――。――死んだゲーリングは大いに満足であらうが、飛んでもない飛沫をあびせられて大迷惑をしたのは日本の巣鴨の戦犯者である」
（『巣鴨の表情』）

反面からみれば東条、嶋田の将軍といえども、ＢＣ級の下士官となんら変わらぬ扱いを受けたのが巣鴨の日常であった。ＢＣ級に多くの知己を得たと語っている笹川だが、その意味では愉快な平等体験だったのかもしれない。

児玉誉士夫もこの検査には腹の虫が治まらなかったようで、鬱憤《うっぷん》をぶちまけている。

「自分が市ヶ谷法廷へ証人として出廷したとき、後日死刑になった板垣大将は、『肛門の穴までのぞかれるのには閉口だ』と苦笑していたが、たしかに人に見られて恥ずかしいと云うものではないが、その穴をのぞかれて検査される気持ちは複雑微妙である。

尋問にしろ、裁判にしろ、一方的であることは判り切っているが、恐ろしく不愉快な調べを受けて帰ったとき、この肛門検査は苦手である。自分の方では『まあまあ、仕方がない』と半ば思い諦めてはいるが、心の底では糞でも喰え！　といううっぷんが山積している」
（『芝草はふまれても』）

巣鴨ではとかく若い看守兵やＭＰに不快な思いをさせられる事例が多かったが、敗者に対して丁寧な対応をした人物がいなかったわけではない。

憲兵隊司令官のケンウォージ中佐は煙草、キャンディー、石鹼などの手配から体調が悪い被告人への気配りまで行き届いた人物として今でも名が残る。彼は巣鴨と市ヶ谷を往復する戦犯たち全員を監視し保護する役割を負っていた。

ケンウォージはかつてマニラで山下奉文や本間雅晴の裁判から死刑まで立ち会い、本人のみならず別れにやって来た家族に対して並々ならぬ親身の世話をしたとして慕われ、尊敬さえ受けていた憲兵である。

「人類みな兄弟」のルーツ

その話を耳にした笹川は武士の情けを持った米兵がいることにまず驚いた。そしてバスの送迎などでケンウォージに出会うと、彼の中に日本人にあい通じる美徳や情があるのをみることができた。

それは笹川に、人間の根本的な問題を考えさせ、突きつけてくる姿でもあった。

かつての陸軍軍務局長武藤章は、絞首刑の判決を宣告された日（昭和二十三年十一月十二日）の日記に次のように書いている。武藤はマニラ陥落に際し、山下の参謀としてともに降伏調印に立ち会った男だ。そこでケンウォージに接し、その人格に触れていた。

「昼食後ケンウォージ中佐の取計いで、初子と千代子に面会ができた。『私は絞首刑にきまった。今更云うことはないが、二人とも勇気を失わずに暮らしなさい。千代子は早晩結婚せねばならぬが、お前の自由を拘束する考えは毛頭ない。だが、できるならお母さんを大事にしてくれる、人情のある男だと結構だと思う。例えば検事だとか、裁判官だとかは避けるがよいと思う。今度の経験で彼らは人間の屑だと云うことが判った』と語った。初子も千代子も泣いていた。――しばらくすると東条さんが入ってきた。私は憲兵に煙草を喫ってよいかと聞くと、よいと答えたので、東条さん、松井さん、木村さんに分けてあげて火をつけた。――ケンウォージ中佐が入って来て、眼の前に立っている憲兵を遠ざけて『横浜では手錠をはめるが私はしません。暫《しば》らくしたらコーヒーを上げる』と云う」

（『比島から巣鴨へ』）

絞首刑執行までのしばらく生かされた時間、ケンウォージ中佐の心遣いをそう記したのだった。

重光葵は昭和七年上海にあって、天長節（天皇誕生日）の祝賀会場で爆弾テロにあい右脚を失っていた。巣鴨拘置所生活でも、そのためにかなりの不自由を余儀なくされていた。

重光が巣鴨の獄内でとりわけ不自由を強いられたのは便所であった。ここでは一部の独房を除きすべての便器が和式なのだ。

隻脚《せっきゃく》となってからの彼は主にソ連大使、イギリス大使などとして過ごしてきたため、ほとんどその苦労を知らないで済ませてきた。だが、今回はそうはいかない。

巣鴨入所早々の困惑ぶりを紹介しておこう。


「日本便所には困つた。如何にして用達し仕様かと思案したが、便所に入つて松葉杖を横たへて見たら、丁度斜に一杯であつたので、之を嵌《は》めてそれを台にして用達しすることができた。窮すれば通ずると云ふは此事《このこと》と、一安心した」（『重光葵手記』）

医者に頼んで改善要求をしてきたが、埒《らち》が明かないまま時間が過ぎた。

どこから耳にしたのか、巣鴨内部の問題には管轄外のケンウォージが重光の房をある日、訪ねてきた。

彼は重光のために便所の改善を談判してくれたが誰も実行しない。遂にケンウォージは自分で西洋式の便器を担いできて、重光の房に取り付けるよう厳重な抗議をしてくれ決着をみた。

そのときの重光とケンウォージのやり取りである。

「ケンウォージ曰く、

『自分は比島で山下も本間［雅晴］も知つて居る。何れも立派な将軍である。自分は仕事が済んで米国に帰つてから各地を巡歴して自分の見た之等の人々の事や、東京裁判其他の人の事をも詳しく語る積りである』

自分は彼れに、

『戦争は不幸であつたが、戦争となれば戦はねばならぬ。東条も山下も其の他何れも立派な軍人で、人間としては親しみ易く、政治家としては米国に重きを置いた人々である』［と］説明しておいた。彼れは『それは之等の人々に直接接触してみれば能《よ》く解る』と云ふのが常であつた」（前掲書）

ケンウォージの戦犯たちに接する姿勢を垣間見た笹川は、立場も国籍も超えてあい通じるものを感じた。それを彼は言葉ではすぐには言い表せずに胸にしまっておいた。

その鮮烈な記憶がのちに「世界は一家　人類みな兄弟」という言葉となって表出したので

はないか。

笹川の記憶のもうひとつ奥には、翼賛選挙の際に掲げた標語『一億兄弟各位』があったことはそのとおりであろう。さらにその上に、辛い立場におかれて受けたケンウォージの「武士の情け」が重なり、醸成された言葉だといえよう。

同室だった若いBC級の戦犯に諭した言葉が日記に残されている。

「この室は一家族この棟は一家族　大は日本皆一家族の気持ちを持つ事が即ち兄弟愛である。この愛を持ち合つてこそ共存できるのである」（二十一年一月十二日『巣鴨日記』）

一方では、笹川が後年掲げたこの「世界は一家　人類みな兄弟」というスローガンを、「八紘一宇《はっこういちう》」の焼き直し、だとする意見があるが、それは曲解ではないだろうか。もっとも代表的と思われる見解を引いてみよう。

「笹川良一といえば、ロッキード事件被告の児玉亡きあとも、宣伝上手な『黒幕』として勢威衰えずという状況であり、『世界は一家　人類皆兄弟』のテレビCMでもなじみが深かった。筆者には、この笹川の『博愛主義』のスローガンが、かつての大日本帝国の『八紘一宇』のスローガンの焼き直しであるように思えてならない」

（『東京裁判への道　下』）

これは東京裁判史に通暁しているといわれる粟屋《あわや》憲太郎（歴史学者）の言葉である。

「八紘一宇」とは、そもそも『日本書紀』から引かれた文言だ。

神武天皇が大和橿原《やまとかしはら》に都を定めた際の神勅に「六合《りくごう》（くにの内）を兼ねてもって都を開き、八紘（あめのした）を掩《おお》いて宇（家）とせんこと、またよからずや——」とあり、それを敷《ふ》衍《えん》すれば世界の人々はひとつの屋根の下に住もう、という意味になる。これが戦争期に使われたため大きな誤解を生んだ。

戦後、『日本書紀』をも否定するような歴史教育がなされた結果、笹川が掲げた精神を貶《おとし》める解釈がまかり通ってきたように思える。

笹川自身は次のように述べている。

「世界は一家　人類みな兄弟姉妹という考え方の基礎を固めたのは、四十年前（引用者注・昭和六十年時）巣鴨プリズンに入獄直後である。そんな荒廃した風景のなかで、私はハタと思った。人間が生きるために必要なのは、最低の食糧と水と空気だ。——私の悲願は、この地球上から戦争と貧乏と病気、不平等を追放するところにある。今目の前にある重要課題は、ハンセン病（ライ病）の撲滅だ」（『人類みな兄弟』）

この普遍的な課題を解決するために掲げたのが「世界は一家」であった。

重光葵

隻脚の外相重光葵が巣鴨に入ってきたのは、A級戦犯の中ではもっとも遅い二十一年四月二十九日だった。期せずして前年九月二日、ミズーリ号甲板上で降伏文書に調印した梅津美治郎と重光の二人がこの日、逮捕された。

「爆弾は又落ちた。同じ天長節に第二の爆弾が投ぜられたのである」（『重光葵手記』）

重光はその日をさかのぼること十四年前、第一次上海事変の直後、天皇誕生日の祝賀会場、上海・虹口《ホンキュー》新公園で爆弾テロによって右脚を失っていた。そのために和式便所の使用に難儀があるという件は先に述べたとおりである。

上海のテロは朝鮮人の反日活動家（左翼独立党金九一派の尹奉吉《ユンポンギル》）によるものだったが、

今回の「爆弾」はマッカーサーによって投げられた。

鎌倉の自宅での逮捕の朝の模様を、その手記から少し長くなるが見ておきたい。


「間もなくけたたましく玄関を叩くものがある。自分が自ら玄関に出て戸を開けると、其処には前に来訪した若い検事（引用者注・モナハン検事）と雲をも掴《つか》む［衝く］様な大兵なＭＰの将校とが立つて居る。自分は静かに彼等を奥に招じた。七尺ばかりのＭＰ将校は身分証を見せて、『命令によつて自分を逮捕するものである』ことを告げて、直ちに同行を要求した。自分は敢て理由をも質《ただ》さなかつた。

華子は礼儀正しく日本の娘らしく茶を運んで此二人の珍客に供した。検事は喜んで飲んだが、ＭＰは之に手を触れず、巻煙草を取り出して火を付けた。華子は何事か起つたことを直感した模様である。


――華子が送りに出て来たが、最早涙が一杯である。爆発しそうな顔である。

『パパ、何処へ行く!?　何時《いつ》帰つて来る？』

と云つてしがみ付いた。自分は此の突然の出来事で斯様《かよう》な別離をすることは実に辛い事であつた。

『華子は最早十四になつたのだ。何時も云つて居る通り、どんなことが起きてもしつかりせねばならぬ。ママにもお兄さんにもよくしてね』

と暫く自分の胸に載せた頭を撫でて、額には唇を当ててやつた。華子にも小さな決心が出来た様であつた」

（『重光葵手記』）

この日まで逮捕状が出なかった重光、梅津が急遽逮捕（同時に起訴）されたのはソ連側検事が遅れて着任したのに符合してのことだった。

この件にはソ連の強い意思が関わっていたのではないか、と重光自身が手記に記している。ついでながら長女・華子が生まれたのは上海テロ事件の二ヵ月前だった。

重光の姿を巣鴨で認めて一番驚いたのは笹川良一だったろう。

重光と笹川はかなり前からの知己ではあったが、その親交がここ巣鴨においていっそう深まることとなる。

まさか、英米派として開戦に反対し、東条内閣で最後に外相になっているとはいえ起訴されるとは思ってもみなかった、と笹川は述べている。

「負ける戦争と知りつゝも閣員の椅子に列して死力をつくして責任を全ふせんとした同氏

の心情は随分辛かつた様子であつた」　（『巣鴨の表情』）

二人の最初の出会いは上海だった。

国粋大衆党総裁の笹川は、駐華公使重光葵がテロによって重傷を負ったとの報せを聞き、神戸港から上海に向かった。昭和七年五月十三日である。

当時の笹川は国粋大衆党を立ち上げ、総裁として満州や中国各地への慰問を繰り返していた時期である。

上海の病院で重光が右脚の切断手術を受けたのは五月五日だ。笹川が見舞ったのはおそらく術後十日ほどの時期ではあるまいか。初対面だったと思われるが、笹川と重光の信頼関係はこの日に始まり、重光が狭心症で亡くなる昭和三十二年（六十九歳）まで続く。

笹川を中心とした関係者の獄中生活を拾ってきたが、最後にA級戦犯容疑者とされた人々の裁判の結末を簡単に触れておこう。

昭和二十三（一九四八）年四月十五日、弁護人による最終弁論が終わり、審理の幕が閉じた。それから約半年、判決までの期間はむしろ過酷なものであった。

苦痛であった市ヶ谷へさえ出られずに終日巣鴨の中で彼等はお互いの房を訪問しあいなが

ら過ごした。

碁、将棋や、トランプ、詩吟などで心をなごませ、その日その日を送っていたのである。神経のすり減らし方はいかばかりであったろうか。

十一月四日、ようやく法廷が再開された。二年半前に起訴されたのは二十八名だが、うち大川周明は免訴され療養中。松岡洋右、永野修身は病没したため、二十五名に判決が言い渡された。

しかし、ウェッブ裁判長による判決文の朗読はなんと一週間続き、十一月十二日午後三時五十二分、遂に刑が宣告された。

判決は絞首刑七名（姓のアルファベット順に土肥原、広田、板垣、木村、松井、武藤、東条）、終身禁錮十六名（荒木、橋本、畑、平沼、星野、賀屋、木戸、小磯、南、岡、大島、佐藤、嶋田、白鳥、鈴木、梅津）、禁錮二十年一名（東郷）、禁錮七年一名（重光）と発表されたのである。

七名の絞首刑は十二月二十三日午前零時一分から約三十三分間にわたって執行された。七名はいずれも従容として階段を上り、立派な最期を遂げたと立ち会った花山信勝《しんしょう》教誨師は書き残している。

死刑が執行された二十三日は、奇しくも皇太子（今上天皇）の誕生日であった。

天皇や皇太子の祝い日に起訴や死刑執行を行ったGHQの方針は、やはり復讐や怨念と無関係だったとは言い切れないだろう。

起訴を免れた残りのA級戦犯容疑者は、二十四日までにすべて釈放された。

笹川は二十四日午後一時、出所した。

起訴に至らず容疑者で終わったのだから「A級戦犯だった」というような記述は誤りである。

だが、後年になって開示された情報によると笹川、児玉と元閣僚経験者八名に対し、GHQはどうにかして起訴に持ち込めないか最後まで執拗な意欲を示したという事実が判明している。

「読売新聞」が伝える概要は以下のとおりである。


「アメリカ公文書館から収集したGHQ（連合国最高司令官総司令部）文書の分析作業を進めている国立国会図書館は二十六日までに、法務局資料約三百五十万ページ分の整理を終えた。東京裁判で裁かれなかったA級戦犯容疑者を何とかB、C級裁判で起訴しようと、GHQがギリギリまで検討していたことを示す一連の文書が含まれており――」

（昭和六十二年十二月二十七日付）

と、した上で笹川、児玉の二人をとりわけ重視していたと述べている。そのくだりは次のような内容である。

「二十三年三月、法務局は十九人の容疑者のうち、元閣僚八人と児玉、笹川氏ら四人については『B、C級犯罪を立証できる』と報告し、児玉、笹川両氏については『極めつきの悪役であり、危険な人物』と起訴への強い意欲を示した」

（前掲紙）

GHQの必死の捜査にもかかわらず、結局起訴に持ち込む証拠は得られなかった。釈放となった背後では、こうした思惑が動いていた、というのだ。

二十三年十二月二日、参謀長に宛てた秘密文書によれば、法務局は笹川、児玉の捜査を完了し、立証が不可能に至りギブアップ宣言した、とある。

元閣僚八人についてもB、C級で裁いても有罪に持ち込むのは不可能と判断され、終身禁錮刑が確定した。

こうした情報から、やはり笹川も児玉もGHQの諜報活動によって戦前の活動を過大に受け取られていた事実が浮かび上がってくる。

児玉の場合は上海の特務機関での活動と思われるが、笹川は国粋大衆党運動などがGHQの諜報活動にひっかかっていたとみるべきだろう。

すでに述べたように、逮捕直前の反米講演会や、A級戦犯のライセンスを獲得するためだった、というレベルの逮捕でなかったことを示唆する内容だ。

第五章　獄中対決

――田中隆吉の罠・児玉誉士夫の背信

「陸軍から裏金」

笹川バッシングはメディアを通じてさまざまな形で行われてきたが、中でも激しく言い募られ、虚言のまま真実が公にならなかった問題について語らねばならない。

実はかつて陸軍に献納したとされる大阪・唐津飛行場に関して、裏で現金を貰っていたという話が流れた——。

「笹川さん、これは近年まれな篤志ですな。勲章ものだよ」

第四師団長の寺内寿一中将にそう言われた笹川が、

「勲章なんてものは要りません。それじゃこの件は流します。後で勲章欲しさに笹川は軍に取り入ったなどと言われては迷惑ですしな」

というやり取りの末、献納したいきさつを第二章で述べた。

ところが、笹川が言を翻して現金を軍から受け取っていた、とする「裏話」が戦後になって現れたのだ。

陸軍から対価を得ていたのが真相だと公言したのが、ほかならぬ笹川のかつての部下児玉誉士夫だったため、あたかも真実であるかのようにこれが流布された。

ことは笹川の名誉に関わる重大事、といえよう。

戦後、特にロッキード事件のころになると児玉の陰に笹川ありとか、児玉を操るボスといった表現すらされていた笹川である。この話は恰好の笹川攻撃の材料となった。

以下、児玉の言い分を紹介した記事を二、三引いた上で問題に分け入りたい。

初めはあるフリーライターが書いたレポートの一部である。ただし、この本の背後には笹川攻撃を仕掛けた筋の謀略が初めからあった、との指摘もある。

「しかし、この〝美談〟が後日、笹川が面倒を見たという『後輩』児玉誉士夫によって覆されるハメになる。——

『笹川は大阪の飛行場を陸軍に無償で提供したというが、当時、彼は陸軍からその代金として十万円を受け取っていた。その中からほんの一部を陸軍の板倉、小林（引用者注・陸軍は誤りで二人は部下）にやった。この金は陸軍の機密費から出ているはずだ。その金が反共運動に使われたなどとはとても思えない。大部分を自分のポケットに入れたことは間違いない』

と、笹川の旧悪をも告発してしまった」

（井口剛、『黒幕研究』）

次に『文藝春秋』に掲載されたルポライター鎌田慧の記事だ。

「彼が軍部を籠絡《ろうらく》した最大の武器は、住友家など大阪の財閥からカネを集めて『財団法人大阪防空飛行場』を組織しての飛行場献納だったのが、のちに同じ巣鴨プリズンにはいることになる児玉誉士夫は、ＧＨＱの取り調べでこう証言していたのである。

『笹川は大阪の飛行場を陸軍に無償で提供したというが、当時、彼は陸軍からその代金として十万円を受け取っていた。――（以下同文につき省略）』」

（『文藝春秋』昭和五十六年四月号）

最後に『文藝春秋』による笹川批判の連載である。

「この手の出来すぎた話にはボロが出るもので、右の美談（引用者注・献納を指す）について児玉はＧＨＱ調書の中でボロクソにけなしているのだ。

〈――無償で提供したというが、当時、彼は陸軍から代金として十万円を受け取っていた。――（以下同文につき省略）〉」

（加賀孝英、『文藝春秋』平成五年十月号）

記事の後半を「同文につき省略」としたのは、三者のいずれもが出典を『読売新聞』昭和五十一年四月二十九日」付によるとして、同じ引用文だったためである。

そこで当該「読売新聞」を国立国会図書館と東京都立中央図書館で丹念にあたってみたが、ロッキード疑惑に関する児玉の記事は連日報道されているものの、引用文に該当する記事を発見するには至らなかった。

考え得るのは、最初に引用した誰かが日付を間違えて表記したのを後続のライターがすべて孫引きをしたために生じた間違いか、または「読売新聞」の早版に出たのを、気にした児玉があわてて以後の版で取り消させたのか、そのあたりは不明である。とにかく当該記事はない。

だが、GHQの尋問録にほぼ同様の児玉の証言が記載されていることは間違いない。

問題は、児玉が一方的にGHQの検事に話した内容が果たして正しいものなのかどうかという点に絞られる。

GHQが記録した内容すべてを、あたかも歴史の真実であるかのように決め付けるのを東京裁判史観と呼ぶ。

では、そもそも児玉はどういういきさつからGHQにそのような内容を喋ったのか。ここに児玉に加えてもう一人、面妖なる田中隆吉少将が絡んでくる。

ときは巣鴨拘置所内で尋問が行われた昭和二十二年である。

尋問Ⅰ［笹川個人への尋問］

昭和二十二（一九四七）年三月十一日、国際検察局ウィリアム・エドワーズ取調官の報告からこの「献納問題」は始まる。それは陸軍の機密費がどう使われたかを追跡する作業の途上に出現した。

笹川だけを抽出して整理したファイルを国際検察局《IPS》では「ケース185」と呼んでいる。その「185」には「機密費の件」という項目があり、「田中少将により証人になる見込みのある各人について提供された」情報として次のような記録が残されている。

つまり、田中が「こいつを引っ張ってきて聞け」と教唆した中に笹川がいたということだ。以下、『国際検察局尋問調書「ケース185」』からの訳出である。いずれも長文にわたるため、要点のみ抜粋した。

「3、笹川良一　国粋大衆党党首といわれる。一九四二年五月に佐藤［賢了］被告が機密費から相当な額を笹川に手渡したという。当時佐藤は陸軍省軍務局長。東条に非常に近い人物である。笹川は巣鴨に収監されている」

田中が喋った内容に基づいての調書である。そこで、エドワーズは笹川を巣鴨拘置所内の取調室に呼んで「機密費」に関する尋問が開始された。
尋問録抜粋がやや長くなるが、笹川が嫌疑をかけられたいきさつを知る重要な箇所と思われるので引いておきたい。

尋問II〔笹川と取調官〕
二十二年四月十日、九時三十分から十一時三十分、十四時から十六時（「Q」はエドワーズ）

Q　あなたは過去の経験によって、被告人のうちの誰かに対して悪感情を持ったことがありますか。
笹川　はい。
Q　誰に対してですか。
笹川　佐藤と武藤です。
Q　それだけですか、笹川サン。

笹川　東条、星野、嶋田、白鳥などです。

Q　笹川サン、あなたが佐藤被告に悪感情を持つようになったのは何が起こったからですか。

笹川　東条内閣は衆議院議員選挙をしました。彼等は軍部が好む者を推薦し、金を与え当選させました。そして少しでも反対した者は推薦せず、警察が弾圧をしたのです。

Q　笹川サン、我々が望んだらあなたは今日の会話を法廷で証言できますか。

笹川　はい。証言台に立つのは望むところです。

Q　佐藤被告と軍務局長室で会ったことがありますか。

笹川　はい。

Q　そのときに誰か他の人はいませんでしたか。

笹川　いいえ。

Q　笹川さん、あなたは誰か他の人がいるときに、佐藤被告と軍務局長室で会ったことはありませんか。

笹川　いいえ。

Q　当時、陸軍兵務局長だったのは誰だか、覚えていますか。

笹川　田中隆吉です。

Q　そう、誰が兵務局長であったかを思い出したところで、田中隆吉が佐藤被告の部屋で同席していたことはありませんか。

笹川　いいえ。

Q　佐藤被告との間で、彼の部屋に限らずそれ以外の場所でも、彼が相当額の金をあなたに渡したことはありませんか。

笹川　私は金を渡したこともないし、受け取ったこともない。

Q　では、田中サンがそういうことを記憶していると言ったとすれば、彼の間違いだというのですね。

笹川　そのとおりです。田中の勘違いでしょう。彼をここへ連れて来て欲しい。

Q　そうしなければならなくなるでしょう。記憶の食い違いがみられます。

ここで午前の尋問が終わるが、ここまでで「裏金疑惑」を突然持ち出された笹川の当惑と憤懣が噴出しそうになっているのがよく分かる。午後二時から尋問が再開された。

Q　あなたは党の指導者としてではなく、あなた個人として機密費を受領したことはありますか。

笹川　いいえ。
Q　一度もですか。
笹川　一度もありません。もし田中が私が受け取ったというのなら彼をここへ連れて来てください。
Q　もしも田中サンがそのようなことを言っているとすれば、何か思い当たる節がありますか。
笹川　それは許せません。私は金を受け取ってはいない。田中は私に好意的ではないのです。

そこで検察局は笹川と田中を直接対決させて、真相を質すことになった。

大兵肥満という表現がぴったりの田中元少将が、人よりふた回りほど大きな頭部を少しだけ下げて入ってきた。大入道である。

さらに格別に記憶力のよさを誇るかのように、彼の口からは西暦年や氏名、官職、場所などが実にすらすらと立て板に水のごとく流れ出てくるのだった。

しかもこれまでのそのすばやい反応ぶりは、あたかも予習を済ませてきたかのような印象さえ与えていた。それが常であった。

だが、笹川本人を前にしたこの日は、少々勝手が違った。

尋問III［笹川対田中の対決尋問］
二十二年五月六日、十四時十分から十五時（「Q」はエドワーズ、ランバート）

Q　ところで、お互いに向かい合って記憶の食い違いを話し合ってくれ、と要求されるのはちょっと面倒だということは承知しています。私には遂行すべき公の職務があり、そして食い違った話が目の前にあります。お二人にお願いいたします。お互いに異なる見解を持った二人が向かい合い、紳士的な話し合いが行われるようお勧めする以外には事実を究明する方法はないのです。
笹川　分かりました。
Q　田中少将、あなたが兵務局長をしていた時期、軍務局長の佐藤被告の部屋を訪ねたと私は承知しています。
田中　そうです。
Q　ではもうひとつ、私の承知しているところでは、佐藤被告は笹川サンにかなりの額の現金を渡し、笹川サンはその金を着物のふところへ入れたのですね、あなたが述べたことを私はそう理解していますが、間違いないですね。

田中　笹川君はそれを手に持っていたように覚えています。

Q　笹川サンは佐藤被告が渡した現金を、佐藤被告の部屋を出てゆくときに所持していた、と解釈していいのですね。

田中　私はそう記憶しています。もしその人物が別人であったら詫びなければなりませんが、私の記憶では笹川でした。

Q　それでは田中少将、ここにいる笹川サンの顔の特徴や骨格をよく見てください。田中サンが、笹川サンの身長そのほかを見ることができるよう、笹川サンが起立したと、記録しておいてください。

田中　私はこの人が着物を着ていたことを覚えています。記憶が間違っているとは思えません。

この後、尋問者は四月十日に行われた前記笹川尋問録、「田中の勘違いでしょう。彼をここへ連れて来て欲しい」のくだりを読んで聞かせ、笹川の確認を取り、休憩をするからその間に二人で自由に話し合ってくれと言い渡す。そして十五分休憩の後再開した。

Q　この問題に関して二人で話し合う機会が持たれたわけですが、どちらか、何か言うことはありませんか。笹川サン、どうですか。

笹川　私は佐藤からビタ一文、酒一杯貰ったこともありません。もし私が貰っていれば、私はあなたと田中君に喜んで命を差し出しますよ。

Q　そのようなことで話は行き詰まってしまいました。

笹川　休憩時間中に、田中君が私に、我々はこれまで会ったことがない、と言いましたが、私の記憶では我々は田中君の部屋で十五分ないし二十分会ったことをはっきり覚えています。田中君も私の記憶と一致するようなことも言い出しました。

そこでエドワーズさんにお尋ねしたいのですが、田中君の記憶は決していいのではなく、休憩時間のこんな話し合いすら期待できないのに、あなたはどういうわけでこの問題に私を結びつけて名前を出したのですか。

Q　笹川サン、あなたのお話に対しては、物事を忘れることは十分にあることで、至極人間的なことだということを法律家として十分に理解しているとだけ、申し添えておきましょう。

笹川　あなたに認識しておいていただきたいことがもうひとつあります。日本では和服を着て佐藤を訪ねるのは、私一人ではないということです。和服を着て佐藤を訪ねた男は大勢いるのです。

この日、両人を集めての尋問は遂に平行線のまま終了した。エドワーズ尋問官は「話が行き詰まってしまったので、尋問終了」と宣言して解散した。笹川が「記憶力抜群」とされていた田中の記憶が、実際にはいかにあやふやなものであるかを指摘する結果となったといえる。

この後、検察局は児玉誉士夫を喚問し、そこへ田中隆吉を同席させているのだが、その際児玉は「私が述べる証言の秘密を守ってくれますか」という条件を出している。

笹川がすでに「証言台に立つのは望むところです」と答えているのに比べると、児玉の証言の信憑性《しんぴょうせい》はおのずから疑われる。

尋問Ⅳ［児玉＋田中尋問］

昭和二十二年六月二十日、十四時十分から十五時四十分（「Q」はエドワーズ）

Q　あなたが反共とファシズムの普及促進のための組織との関わりで笹川を知るようになったというのは真実ですか。

児玉　私は一九四〇年一月（訳者注・別の児玉自身の供述では一九四一年としている。四一年が正しいと思われる）に初めて笹川と会いました。笹川の組織の下の者が入っている監獄にかつて一緒にいました。監獄を出たときにその人が笹川を紹介してくれて、それで彼に会ったのです。

Q　反共、あるいはファシズム支持の促進に関連して、笹川が佐藤賢了被告と取引をしていたのを知っていますか。

児玉　私は笹川が佐藤と反共産主義や愛国主義運動との関わりで関係があったかどうかは知りません。しかし、彼が佐藤、武藤や東条などあまたの軍関係者と会っていたのを知っていますし、笹川はある時期、飛行機を所有していました。

Q　笹川が飛行機を所有していたという事実が、佐藤、武藤、東条被告たちとの関係にどう作用したのか、私には分かりません。児玉サン、詳しく述べてください。

児玉　笹川は大阪から来ました。彼は飛行場を作り、何機かの飛行機を所有し、航空隊を持っていました。その金は大阪の人々から集められました。笹川は他の愛国主義団体や反共団体の人たちより飛行機についてよく知っていて、飛行機の専門家だったので、彼はしばしば軍関係者と接触していたのです。彼はこの飛行機で頻繁にヨーロッパへ行ったものです。

Q　我々がここにいる目的はただひとつです。児玉サン、あなたがそれを知っているとされるある事件について真実を求めるためだけなのです。

児玉　よく分かります。しかし、私が述べることについて秘密を守ってくれますか。あなたに話したことが新聞に出ないとありがたいのです。

Q　あなたを証人とすることがいいのかどうか判断はできません。しかし、秘密を守って欲しいというあなたの要望にはできるだけお応えしましょう。

児玉　分かりました。それで結構です。

Q　佐藤被告から相当の金額のｙｅｎを受け取ったと、笹川はかつてあなたに話したことがありますか。

児玉　彼が軍から金を受け取ったと聞きましたが、佐藤という名前は出ませんでした。

Q　それは本当に確かなことですか、児玉サン。

児玉　本当に間違いありません。

Q　先日、あなたは日本人の弁護士になんと言いましたか。

児玉　このことについては何も話してはいません。

Q　それは確かですか。もし誰かがあなたは話したことがあると言ったら、その人は嘘を言っているのですね。

児玉　そういえば、私の友で被告側弁護人の金内に、笹川が軍部から金を貰ったと言いました。それで、その金は佐藤か武藤か東条から受け取った以外にはあり得ないと。

Q　児玉サン、あなたは私が真実を語って欲しいと思っているのを思い出してください。公正であって欲しいのです。そして私もあなたに公正であります。

児玉　はい、そのとおりです。なぜその金を彼が受け取ったのか、説明をしたほうがいいと思うのですが。

Q　そうしてもらいたいのですが、その前に、あなたは日本人弁護士と、十万円にまつわる取引があったと、そして別に佐藤賢了被告が関係していたことを話し合ったというのですね。イエスかノーで答えてください。

児玉　私は彼の名前は言っていません。

Q　あなたが最近、日本人弁護士と話をしたときに十万円の取引について論議しましたか。

児玉　はい。

Q　その取引に関する詳細を述べてもらえますか。

児玉　それが誰であったか、正確な日にちがいつだったかも覚えていません。しかし、笹川が飛行場を軍に寄付したことについて、新聞各紙にたくさんの記事が出た後で、笹川が軍から十万円を確かに受け取ったことを私は知っています。

Q　あなたが事実だという情報源を述べてください。

児玉　笹川は軍から金を貰ったのです。彼は少額を板倉弥三郎と小林豊樹（訳者注・いずれも笹川の部下）にやりました。私はこの二人から聞いたのです。

Q　笹川が十万円を受け取ったのはいつ、どこであったか知っていますか。

児玉　正確な日時は知りません。しかしこの陳述の真実については法廷で証言できます。もちろん、笹川はこの金を陸軍省で受け取ったのですが、おそらく板倉、小林は同席していなかったと思います。

Q　十万円を陸軍省で受け取ったと思うと言いますが、それでは、それが軍務局長室であったかどうか知っていますか。

児玉　それは聞いてもいないし、見てもいない。しかし、ほかに彼がその金を受け取る場所はないはずです。

Q　その金は陸軍省の機密費から出たものだと思われますか。

児玉　機密費以外にこの金が出たとは思えないから、機密費からのものだと確信しています。

Q　それであなたは陸軍省の高官の誰かから、大阪の飛行場を寄付した見返りの報酬として笹川に十万円が支払われたと信じている、それでいいのですね。

児玉　はい、そのとおりです。

Q　笹川が陸軍省で十万円を受け取ったのは、一九四二年五月ごろではありませんか。

児玉　あれは五月だったと思います。それは確かです。しかし、それが一九四一年であったか一九四二年であったかは確かではありません。

Q　では田中少将、一九四二年五月ごろ、佐藤被告が軍務局長であったころ佐藤の部屋にあなたがいて、彼の執務室にやって来た笹川に佐藤が大きな包みを机の上で渡した、そうですね。

田中　はい、私は覚えています。

Q　田中少将、陸軍省高官で、軍の高級将校であった方として聞きたいのですが、陸軍省が飛行場を接収ないし購入する場合、その費用は機密費からではなくて、正式な陸軍予算から支出されるのではありませんか。

田中　そのとおりです。この飛行場は軍に寄付されたはずです。

Q　では児玉サン、あなたは反共産主義とファシズム推進のために笹川サンと大変親しくしていました。そこでお尋ねしたいのですが、笹川はその十万円を運動の促進のために使ったかどうか、教えてください。

児玉　私は彼がそうした運動のために使ったとは思いません。彼は自分自身のために使ったと思います。その理由の一つは、もし運動に使おうとしたのなら、その一部を板倉や小林にやるとは考えられません。

Q　反共産主義やファシズム振興に関心を持つ笹川やあなた、あるいは他の仲間が、陸軍省機密費を受け取ることができたのかどうか簡単に述べてください。

児玉　そういう事例をたくさん知っています。名前を挙げることも可能です。なぜならば、右翼国家主義の組織に属していた人物は誰もが時に応じ、東条や陸軍省軍務局へ行って金を貰っていたのです。

Q　そうして受け取ったのは機密費だったのですね。

児玉　もちろんそうです。

Q　残念ながら尋問はここで終わることにします。

終了を宣言された直後、児玉はさらにこう付け加えて尋問官の興味を誘っている。

児玉　非常に大事なことでもっとお話がしたいのです。弁護側も検察側も全然知らないことです。笹川に関してなんかよりもっと重要な案件で、時間がたくさんあるときに話したい。それは陸軍と右翼組織の緊密な関係と、開戦以前の南方への経済的侵略についてです。

これは秘密であり、ほかに知っている者はありません。田中少将も同席させてください。
Q　分かりました。できるだけ早くここへまた来て、その話をうかがいたいと思います。

こうして尋問の本題は未解決のまま終了した。したがって、笹川への疑惑は本人が強く否定しただけで、根本的な解決には至っていない。

闇に葬られた児玉尋問

田中の証言の不備については十分に浮かび上がってくるが、笹川と児玉の直接対決がなかったため、このままでは「藪《やぶ》の中」の感がある。

だが、よく考えてみれば、この話は矛盾だらけであることがすぐに分かる。それを何点か列挙してみたい。

まず、「右翼国家主義の組織に属していた人物は誰もが時に応じ、東条や陸軍軍務局へ行って金を貰っていた」と児玉は告発するが、それでは自分も含まれるではないか。

巣鴨拘置所でGHQの尋問にあえば、多少は自分の命を惜しみ、自らの潔白を主張するのは理解できるし当然だが、ここまでして笹川を陥《おとしい》れようとする神経は尋常とは思えない。

児玉は笹川の紹介により上海で児玉機関を作り、軍との関係から莫大な資産を獲得した。いわば恩人である。

運動家がみな軍から金を貰っていたから笹川も同じだ、という話は説得力がない。笹川は異端の右翼であった。政治活動に不自由しないだけの財力があったのだ。株、相場などで儲けていたから危ない金に手を出す必要はなかったはずである。

また、笹川が陸軍に飛行場を献納したのは昭和九年七月のことである。その表彰を東条陸相から受けたのが十六年三月三日。

献納して表彰された人物に対し、その翌年五月、十万円、現在の貨幣価値にして約三億円もの現金を対価として支払うなどということがあり得るだろうか。

さらに、笹川が受け取ったとされる十七（一九四二）年五月は、翼賛選挙で衆議院議員になったばかりのころであることを想起して欲しい。

第二十一回衆議院議員総選挙は昭和十七年四月三十日が投票日である。

当選した笹川は、さっそく東条たちがやった翼賛選挙を攻撃したが、先に紹介した第八十一帝国議会で彼が同志を募り表立って活動したのは十八年二月以降の話なのだ。

金が万一陸軍による買収工作であったとしても、議員当選直後の、それも東条から完全に無視されていたヒラ議員に果たして金を使う必要など陸軍にあったであろうか。

また仮に買収であったとして、その金は笹川個人で受け取りに出向くはずはない。少なくとも西尾末広など複数が関わるのが道理である。これでは買収説も成り立つまい。まだ挙げればきりはない。田中隆吉は休憩時間に笹川と二人になったとき、かなり気まずい顔をしていたようだ。

笹川の口述記録には次のように書き残されている。

「――室内にたつMP二人を、御安心下さい検事さん――と言つて僕は引下がつて貰つた。エドワード［ズ］検事は、前回の僕の怒りかたが余りに激しかつたので、田中との対決に於て、或は僕が田中に暴行を働くかも知れぬとおもんぱかつて二人のMPに警戒を命じたものと察せられた。

僕の顔を見た田中は流石《さすが》に決まり悪げに、

『笹川さん、僕はあなたに非常に好意を持つてゐます、こんな問題は決してあなたの為には不利益にはなりません』

ときり出して来た、暗に『だから僕の言葉を肯定してくれ』と言はぬばかりの挨拶である。

『僕はあなたに好意は持つて貰いたくありません、利益にならうと不利益にならうと僕はやつた事はやつた、知らぬ事は知らぬと言ふばかりです』
エドワード［ズ］検事は田中に向ひ、
『佐藤から金を受取るのを見たと言ふが、受取ったのはこの人に間違ひないか』
と僕を指さしながら田中に尋ねた。すると田中は、甚だ言ひにくさうな表情で、
『私の記憶にして間違ひがなければ、この人であると思ふのであります』
何とまはりくどい言葉である事よ」
（『巣鴨の表情』）

英文の尋問調書と比べると多少表現の違いはあるが、通訳の理解力にも微妙な問題があったことも考慮に入れなければならない。笹川のこの場の再現に、嘘があるようには思えない。田中と笹川は対決場面が作られたので、田中の気まずさを笹川は察することができた。そして、笹川は身の潔白を証明するため、渾身の書簡をエドワーズに書き送っている。田中との対面の翌日、五月七日付の書簡である。

「人権と正義擁護の為に公正なる態度を以て真相の探求に努力されて居らるる貴官に敬意を表します。私憤を晴らさんとする讒者《ざんしゃ》は私が腕力を振う人物の如く悪宣伝するかもしれませんが生て今日まで人を殴打したことは一度もありません。——

田中君が自分の記憶に間違ひなければ笹川君であると貴官に答へました時に直接彼に種々その矛盾を追及したかつたのでありましたが貴官より最初に紳士的にとの御注意がありましたから貴官の言に従つて直接の追及をせず日本服は私一人の専用物でない事、佐藤［賢了］の室で私を初て見たと云ふ田中君が如何にして笹川である事を知つたかとの質問を貴官から田中君にして頂く様通訳人に依頼いたしました。——次に私が佐藤に会見したのは昭和十八年二三月頃戦事［ママ］刑法の時でありますから田中君が佐藤の部屋で私を見たと云ふ時期と田中君との在職期間並に病気の為欠勤してゐた期間調査と里見君の御訊問も願ひます。私は真相が判明する迄は田中君の悪口は貴官には申しません。

親愛なる貴官のご多幸を獄中遥かに天下八百万神に千祈万禱奉ります。

敬具

エドワード［ズ］様」

（『巣鴨日記』）

だが、児玉の尋問は闇に葬られたまま、笹川が知ることはなかった。

その結果、田中への憤怒は笹川の腹の中で煮えたぎったであろうが、児玉の関与は知らずに過ごしたと推察される。

児玉はなぜ笹川を裏切ったのか。

仮に笹川が金を受け取っていたとしても、児玉が何のためにすすんでGHQに喋る必要があるのか理解を超える。たとえ田中が言い出しても、「そんな馬鹿なことはあり得ない」と証言すべき立場ではなかったか。

狂気ともいわれた田中でさえ一連の軍部暴露発言には、まがりなりにも「天皇救済のため、東条一派にすべてを負ってもらうのだ」との言い分があった。それに引き換えて、児玉の背信の真意は測りかねる。

結局、児玉の出自と成長期の過酷な運命ゆえに、笹川に対して何がしかの嫉妬に似たものがあったのではないかと考えざるを得ない。

男の嫉妬ほど怖いものはない、とは笹川自身がよく述懐した言葉である。

情報量を誇った笹川が何も感じないで済んだのかどうかは不明だが、少なくとも表面上は「知らぬ顔」で児玉を相変わらずかばい続けた。男の義侠心《ぎきょうしん》もあったであろう。

後年の話になるが、児玉がロッキード裁判進行中に倒れ死去した翌年出版された自著においても笹川は次のように児玉を擁護している。

「この（ロッキード）事件で一方の主役として懲役三年六ヵ月を求刑され、判決文が用意されていたが、言い渡されぬうちに他界してしまったのである。

戦前から彼と交わりのある私は各方面からコメントを求められたが、『可哀相な男だった。正義感が強く、人のために働く男だったのに、本当に悪人のようにいわれ、ついに弁明の機会もなく死んでいった。同情に耐えない』としかいいようがなかった。——

児玉君は金にはきれいな男で、物資の調達に対して謝礼を受け取っていなかった。私が『海軍に物資を調達する商社に対して、ちゃんと規定のマージンを払っているのだから、謝礼の額を決めるべきだ』といったのに対して、彼は、『いま日本は戦争をやっているのに、私はカネで動く商人のような真似はしません』と方針を変えなかった。——

児玉君が鷹揚《おうよう》すぎたと思うのは、外為法の知識がまるっきりなかったことだ。税金を払っていなければ脱税になる。私は、児玉君に容疑がかかり始めたとき、本人に電話をして、今なら間に合うから、修正申告を出しておけといったのだが、税理士まかせでよく分からないという。

アメリカの小切手を日本国内でもらえば、それが外為法にひっかかるということさえ、引っ張られてはじめて知ったのである」

（『人類みな兄弟』）

また、当時の雑誌の対談（相手は経営評論家・塩沢茂）でも次のように児玉をかばった発言をしている。

「――でも、児玉の脱税は逃げられない。
笹川　児玉君は民間人やから、労力の伴う報酬は当然。税金を払っとったら、何もいわれる筋はない。僕なら、それで通しますよ。それだから修正申告をせいと教えといてやったんだ。それをやっときゃ、これ無罪や。秘書にちゃんと電話で教えといたのになあ」

（『現代』昭和五十三年十一月号）


児玉が死んだ日（昭和五十九年一月十七日）は大雪だった。真っ先に駆けつけて棺桶を覗いた笹川は、

「向こうへ行って楽せいよ」

と語りかけたと、三男・陽平はその日を語った。

笹川はすべてを知っていて、児玉を許していたのではないだろうか。

そして、次のように陽平は言葉を継いだ。

「そういうところが親父が誤解されやすい点だったのかもしれない。なにしろ、田中清玄がピストルで撃たれたのも児玉さんの指示ですからね。その田中清玄が撃たれたとき、聖路加病院に真っ先に見舞いに行ったのが笹川良一です。誤解されやすい。

児玉誉士夫という人は、要するに表と裏の世界のドアマンだったんです。表の世界で何か問題が起きると『分かりました、引き受けます』と言ってドアを開け裏世界へ行って、裏の人々をまとめる。『裏ではこう言ってるよ』と表に戻ってくる。まあ、彼一人で蝶番《ちょうつがい》の役割を果たしていたんでしょう。依頼主には見えないから、児玉先生のお蔭です、となる。親父は常に、『田中角栄君と児玉君と小佐野賢治君は必ず塀の中に落ちる』と言ってました」

比類なき獄中闘争

満三年を巣鴨の獄中で過ごした笹川だが、ここでも無意味な日々を送ることはなかった。一介の代議士だった彼は、東条英機以下かつての軍部・政界の高位高官たちを励まし、ときに叱り、他の容疑者に代わって獄内の待遇改善を要求するなど奮闘した。自らにも田中隆吉と児玉誉士夫によって捏造《ねつぞう》された陸軍機密費の「裏金疑惑」がかけられ、降って湧いた嵐に対処しなければならなかった。

獄中で目の当たりにしたものは昨日までの国家指導者たちの尾羽打ち枯らした姿であり、命乞いのために他人を貶める姿だった。

その最たる者の一人が木戸幸一であったことは多くの証言が残る。

木戸は実に三十回に及ぶ尋問に答えて、検察側に魅力的な発言を繰り返していた。表面的にみれば、天皇にいかなる迷惑をも掛けないためということになるが、内実は責任をすべて陸軍に押し付け、自分は有利になりたいという本音が見え透いた証言だった。

Ａ級の獄内で、関心は自然と木戸発言に向かう。

ある日、笹川が市ヶ谷法廷に呼ばれた帰りのバスの中でのことである。木戸以下十数人と笹川は乗り合わせていた。

先ほどまでの木戸の法廷発言に怒り心頭に発した武藤章、佐藤賢了の二人の元軍務局長がやおら口を開いた。

「なあ笹川君、こんな嘘つき野郎はないよ。われわれ軍人が悪くいわれることは、別に腹は立たんが『戦時中、国民の戦意を破砕することに努力してきました』とは何たることをいう奴だ。この大馬鹿野郎が」

と面罵《めんば》したのだ。

さらに並んで座っていた橋本欣五郎も後に続いた。

「本来ならこんな奴は締め上げてくれるのだが、今はそれもできんね」

聞こえよとばかりの音声《おんじょう》である。強心臓をもって鳴る内大臣木戸幸一も、さすがに赤くなった顔を新聞で隠していたという（『巣鴨の表情』『芝草はふまれても』『東京裁判資料・木戸幸一尋問調書』など)。

一方で、BC級を含めた大多数の戦犯容疑者たちが示した、日本人として恥ずかしくない立派な態度は、笹川にいっそうの勇気を与え、また学ぶことも多かったという。

釈放後の彼の活動のもっとも大きなもののひとつに戦犯刑死者やその家族ならびにまだ残る受刑者の救援活動への熱心な取り組みを挙げねばならない。

のちに紹介するが、部下の容疑を負って責任をすべて被った岡田資《たすく》中将から、名も知れていない兵士の家族に至るまで、笹川の援助は安易な言葉では言い表せないものがある。

そして、ここでの人間関係が決して無駄ではなく、後半の彼の人生にも大きな財産となったことは否めない。

ふと知り合った人物と濃密な関係を生み出すのは彼の特技でもある。

もうひとつ獄中での活動で刮目《かつもく》すべき点は、GHQ各部やトルーマン大統領、マッカーサー元帥、ディーン・アチソン国務長官などに宛てて果敢に意見書を提出したことだろう。

それらは将来の日本の共産主義化を恐れ、ソ連を糾弾し、日米の親善を祈る内容で埋められている。

何かと目立っていた笹川は、かなりひどい報復リンチを若い看守から受け怪我までしているが、ひるむことがなかった。

確固たる信念に基づいた獄中生活は、かくして終わりを告げるのだが、いかにも笹川らしい書簡が大量に保存されている。

先に挙げたアメリカ指導者へのものや、留守をあずかる元の党幹部（国粋大衆同盟は終戦に際し解散した）へのものに交じって、結婚間もなく下獄したため離別したままの妻・一江と東京の「奥さん」といっていい静江（終戦後、鎮江と改名）に送った書簡が興味をひく。

笹川が生涯に書いた文字の量は計り知れない。ラブレターもせっせと書く。

以下、笹川の人生に彩《いろどり》を添えた二人への情愛溢れる書簡の一部を紹介したい。

いかにも笹川らしいこまめな気遣いに満ちた内容で、ほほえましくもなる。だが、同時に双方に同じような愛を分け与える能力には思わず感嘆せずにはいられない。

保存されていた書簡類や関係文書、記録類は、丁寧な校訂作業でまとめあげられた『巣鴨日記』（伊藤隆、渡邊明校訂）、『続・巣鴨日記』（伊藤隆編）、『「戦犯者」を救え』（伊藤隆編）、『容疑・逮捕・訊問』（伊藤隆編）、『国防と航空』（伊藤隆編）にその全容が収められている。詳しくはそれらの文献を参照されることをお勧めしたい。

愛の分割

巣鴨から発信された大阪在住の妻・一江と東京の「伴侶」鎮江宛の書簡はかなりの数に上

る。全体からみればその一部の紹介に過ぎないが、時系列で追ってみたい。（判読困難な箇所については［ ］内に補足し、明らかな誤字は訂正し、適宜ルビ、句読点を付した）

［笹川一江宛］（昭和二十年十二月入獄直後か）
裁判に掛る共断［じ］て心配するなかれ。全て天の命ずる処なれば、天は米軍をして僕に鉤《かぎ》を付けさせるのであろう。又万ヶ一にも出所する事があつても、死刑になつた人或は何十年の懲役を云渡された人の伝言を沢山聞いてゐるから、出所第［一］の用件はその家族の慰問をせねばならぬ故、大阪には大事な母や愛する君が在り寸時も早く帰へりたいのは山山なれど、先づ約束から履行せねばならぬから二週間は旅行せねばならぬから、左様承知されたい。衣服は官給故心配無用。好物の浅漬も食へない。誠に以て不自由なるも満足の心。

妻　笹川嘉寿重殿

［笹川一江宛］（昭和二十一年一月十八日直後か）
——世界を自由、共産いづれの一色に塗りつぶしても軍備有り衣食住の差大なれば必ず戦争起る。戦争を根絶するには願文（引用者注・『天地間最大の惨毒にしてその尤［最］も大なる

ものは戦争なり――故に我今犠牲者の口となり使者としてこの大目的を達成せんが為に世界軍備の全廃と衣食住の再分配の断行を不惜身命発願す』という、別途関係者に配った願文を指す。本手紙の前半にも同じ文書あり）の如く世界軍備の全廃と衣食住の公平妥当なる配分以外断［じ］て無し。此の願文は下手でも戦争犠牲者の立場となり魂を打ち込んで作りしものなれば、迷へる犠牲の霊満足加護する結果なる乎《か》――僕は毎食前と就寝前の四度奉誦冥福を祈る。論より証拠僕の健康と若々しきを見よ。義、甚の両君は無事帰国せしや。原、坂本両家は皆健在なりや。

豊中　笹川嘉寿重殿

（「発願文」の日付が父の命日一月十八日となっている関係からここに置いた）

「発願文」は長文なので一部分のみの引用としたが、全文に笹川の理想主義ともいえる平和への強い願望が溢れている。反共産主義であることに変化はないのだが、犠牲者や家族への思いはイデオロギーを超越して彼を祈りの世界へ誘《いざな》っているようである。

文末に「原、坂本両家」とあるのは、一江が生家坂本家から結婚一年前に原家へ養女として入った関係からその両親への気遣い。末尾から、一江は豊中の笹川の生家へ疎開したまま過ごしているようだ。

［笹川鎮江宛］（昭和二十一年三月二十五日）

拝復　度々御手紙有難う。達者で何より嬉しい。肉体は巣鴨の獄舎に起臥《きが》なすも魂魄《こんぱく》常に最愛の鎮江を加護し共に在り。故に絶対安心せよ。この事断［じ］て疑ふべからず。改名は大賛成。今般家屋の強制立退きを命じられ渋谷に移転したる由、了平より聞く。君が為にはその方が気楽で宜敷かるべし。百合子と仲良く楽しく明け暮れすべし。百合子は親切な女との事。永遠に実妹の如く可愛がつてやれ。二階は二人で使用して他人に一切如何なる場合でも使用せしむるべからず。如何なる艱難辛苦が大波の如く襲来なすとも、断［じ］て微動だもなす勿《なか》れ。——

手紙見るのが何よりの楽しみ故月十本位くれ。発願文は事務所は勿論一人にでも多く複製して犠牲者の冥福を祈つて頂く様努力せよ。

三月二十五日　　　　良一

最愛の鎮江どの

「改名大賛成」と述べているが、おそらく静江からのこの間の書簡で「静江」から「鎮江」に変えようと思うがどうか、という連絡があったのだろう。「鎮」にはずっしりと魂を沈めるという意味や、軍政の長という重みも感じられる。漢籍に通じていた笹川が入獄以前から提案していたとも考えられる。いずれにせよ、「東京夫人」としては以降、鎮江を使うようになった。また、鎮江に宛てて「笹川」姓を付しているが、正式に笹川となるのは後年で、笹川の妹・ヨシコの籍に入籍してからのこと。

鎮江への次の便りは二十一年五月になるが、それまでには何通もの書簡が笹川事務所宛に届いている。その中で折に触れ、鎮江への細やかな気配りを注いでいる文面が登場する。

[笹川事務所宛]（昭和二十一年二月十八日ごろ。事務所の主要メンバーは藤吉男、板倉弥三郎、岡田勝男、吉松正勝、藤原常吉などである）

——元気過ぎる位ひ元気で、国家国民の為は勿論、全人類の為に大宣伝をやつて居る。楠公さんとキリスト、日蓮の一人三役の決心である。

此の前の入獄の時には百万円の現金を石油缶に入れ、それを箱に入れて近藤（?）に来[空白]参考書類として何人にも極秘で預けておいたから金の不自由は知らない。——

静江は予の万年後迄のよき伴侶である。予の知る数百婦人中第一である。短い期間であつたが只の一度も予に悪感を持たせた事はなかつた。併《しか》し純情にして絶対服従であつた。静江には金がなくなれば出してやつて呉れ。もし出す金がなくなれば了平から取つてやれ、永遠に。

［笹川事務所宛］（昭和二十一年四月八日ごろ）

宮川［鎮江］は遠慮勝の女なれば、金、食糧、薪炭等先方から頼まれない内に心配してやって貰ひ度い。シブヤの大島、おかねさん等には一切客を出入りせしめない事と、二階は宮川と女中に使用せしめ、断じて使用せしめない事を通達して呉れ給へ。

［笹川事務所宛？］（昭和二十一年四月二十九日ごろ）

歌は大いに流行させよ。宮川を痩せさ［せ］ない様に物の面倒を頼む。金も税金その他の小遣も多い位に板倉君から渡して呉れ。

恐れ入るばかりの気の配りようが配下のもの宛にまで滲み出ている。もちろん、本人宛の手紙もほかにかなりあった上でのことだ。

一方の正妻である一江にはとんと出していなかったが、六月、八月にようやく散見される。大阪に送った三人の子供と喜代子に至っては、まだ名前すら出てきていない。

この先の二人への便りを、飛ばしながらだが追ってみよう。

［笹川一江宛］（昭和二十一年六月十七日）
拝啓　貴書正に二通拝見、御健勝何よりです。隣組の皆様御壮健でしやうか、お尋ねいたします。——
特に悲憤に堪へない事は侵略、条約違反、虐殺の本家本元であるソ連より日本が侵略国扱ひされ、併《あわせ》てもソ連の判検事が裁判に立会ふ事であります。如此《かくのごとき》は宛《あたか》も強盗に小盗《こそどろ》が裁かれるが如きものにして、裁判の神聖を冒瀆し日本の恥辱是より大なるはありません。——小生のこの態度が復讐心強きソ連の憎む処となり、ソ連に連行、罪なくして八つ磔《ざき》にせられませう共、ソ連の銃剣林立の中に於ても云ふべき事は断［じ］て遠慮いたさず発言するのであります。故に如何なる最悪の場合にも卑怯なる振舞は断乎いたしませんから何卒御安心下さい。隣組の皆様へも御挨拶申上げねばなりませんが、手紙も一週一通の制限がありますので心ならずも御無沙汰しておりますから、この手紙を山西両家、南、内山、土橋——その他皆様へも可然《しかるべく》御見せして御無沙汰の御詫びを御願ひいたします。獄中遥に親愛なる豊中市民諸賢の御多幸を天下八百万神仏に千祈万禱奉ります。
獄屋《ひとや》にて父去りませしけふの日の母想ひつつ西に合掌

人の為世のためつくる罪なれば地獄の火をも我は恐れじ

笹川良一　花押

笹川一江どの

［笹川鎮江宛］（昭和二十一年八月十九日）

拝呈　光陰は弾丸よりも早く敗戦の一周年の既に過ぐ。［竹村］百合子君が結婚する由なるも祝詞は銀婚式まで預かつておく。理由は始めよくて一年も経たぬ内に夫婦喧嘩をして毎日楽しからざる明暮をする後悪しでは目出度《めでたく》ない。夫婦は偕老同穴で有終の美を飾らねば目出度《た》いとは云へない。夫婦円満の名案は金を山程積んでも、帝王の威力を以つてしても求むる事は出来ない。製薬法は夫婦共同で至極簡単に出来る。即ちお互いに結婚初夜の感激と決意とを終生忘れず慎み励み扶《たす》けあう事である。この忠告を僕に代つて伝言してくれたまへ。

大事な指を料理中に切つたとの事なるも、鎮江の毛一本に至る迄否精神に至るまで僕のものである。然《しかる》に僕の許可を得ずして傷付けるとは不都合千万であるが、鎮江の魂僕の処に来てゐて不在中の出来事なれば今度に限つて無罪、将来十二分の注意を要す。

君の見る楽しき夢を共に見て夜半《よわ》に醒《さめ》て君想ふとき
双りねの手枕とらるる夢に醒め夜半に起て君想ふとき

鎮江どの

巣鴨の獄楽にて　笹川良一

[笹川鎮江宛]（昭和二十一年九月十九日）
冠省　八月の二十六通と九月の六通とを面白く拝見。君の手紙をまとめれば生た小説本が出来る。金網をへだてての面会は幽冥境を異にしてゐる様な気がする。
冬物に困るであろうから板倉君に頼み状を此の手紙に同封して置いたからよく相談したまへ。

草々
笹川良一

鎮江どの

大阪の一江には天下国家、とりわけソ連の横暴に悲憤慷慨する笹川の表の顔が現れる。その反面で、文面にはどこか他人行儀とも思える距離感がうかがえるのは気の回しすぎであろうか。

それに引き換え、鎮江への手紙には骨董の茶器でも扱うような柔らかな表情が浮かんでいないか。昭和二十一年十月現在で一江は二十七歳、鎮江は二十三歳とまだともに若い。鎮江の冬物がない、というのは二十年の空襲で実家が焼失したためであろうか。

［岡田勝男、笹川鎮江宛］（昭和二十二年二月十日）

ゼネストは防止せられ一安心ではあるが、恐るべきは今後である。喩《たとえ》も腹痛の如き急病のゼネストには手当も簡単で効果も顕著であるが、肺結核の様な怠業の防止はなかなか困難である。世人は共産党なるものを軽視しているが、これが予防と治療は肺結核の予防治療よりも至難である。人権無視をしてゐたに近い弾圧をしてゐた時代でさへ滅亡しなかつた共産党である。況《いわん》や天下の公党として認められ、併《しか》もそれに対抗してゐた右翼系思想が禁止された今日、生ぬるい干渉圧迫を加へれば加へる程刺戟となつて、国民生活が困難となるに従つて強大となるは火を見るよりも明である。

良一

岡田勝男殿　鎮江殿

［笹川一江宛］（昭和二十二年十二月二十二日）

貴書正に三通拝見、愈《すぐれ》［て］御壮健の由。母よりも了平によく注意する旨の手紙参り安心仕候。多の宗教は祖師死せば堂宇がらんのみ荘厳となるも祖師の魂ぬけ、商業化し堕落致候。幸いにも小生は人の為世の為喜んで犠牲となる真の宗教徒に有之、併も本山を自己の体内に置き居［り］候へば参拝も賽銭《さいせん》も必要無之、是が極楽にて候。

百五十字の制限あり。短文御免。敬具

初雪や愛なき娑婆の妻いかに

笹川良一

笹川嘉寿重殿

［二月十日］付の書簡にある岡田勝男は笹川の部下。飯倉の家がソ連によって接収されたため、鎮江は笹川の指示で渋谷駅付近の桜丘に転居した。階下には岡田が用心のために住んだものと思われる。

マッカーサーの中止命令で一応は止められた二・一ゼネストだが、その先を獄中から案じた内容である。

［十二月二十一日］付の一江宛は久しぶりの書簡。「嘉寿重」と末尾に常に記すが、「鎮」と同じように、気持の中では変えて欲しいのだろうか。めでたい字の感触をただ味わっているだけだろうか。

［笹川鎮江宛］（昭和二十二年十二月ごろ）

拝啓前略　新聞の報ずる処に依れば十一日夜半は零下二度の寒冷の由、片山貧乏内閣の下、燃料のない娑婆の人は冷たかろう。病気は若い時に得て老て発するから女は特に腰を冷さぬ様注意せねばならないから僕のパッチを使用しては如何《いかん》。社会党内閣が出来て六ヶ月十二日、小ぽけな蜜柑一個初めて食膳に附た。

良一

最愛の鎮江様

［笹川鎮江宛］（昭和二十三年六月二十八日）

──世人［と］苦痛を共にする心掛けが無くてはならない。故に君は世人より嫉妬せらるるが如き、その実質素なるも外面華美に見られる様な生活をせない様に充分の注意をすること。――衣食住の不足してゐる今日では皆鵜《う》の目鷹《たか》の目で見てゐるから贅沢でなく共贅沢してゐる様に見ゑるからうるさい。――良質の油があれば購入しおくべし。だまされない様に板倉君にでも頼んで求める事。電力も他人に迷惑を掛けぬ様に節約せらるべし。食糧は勿論、燃料の準備はよいか。後で気の付くテンカン病みではいけない。

父母姉によろしく。

親愛なる鎮江様

細かな気配りで日常生活上の心配ごとを書き送っている。獄内にいれば愛情もいや増すであろう。もはやいう言葉もないほどである。

[笹川鎮江宛](昭和二十三年九月二十一日)

――幸にも君は天与の美声を為し居れば、寸暇有れば必ず吟じ歌ひ自他の憂鬱を吹き飛ばし天下を清涼明朗にならしめ、幸福の特効薬たれ。僕作の私の主さんの鴨緑江節《おうりよつこうぶし》も大に稽古せよ。

笹川良一

鎮江どの

[笹川鎮江宛]（昭和二十三年十二月十三日）

六日迄の貴書正に拝見。——獄が不足ならば増築すると豪語してゐた芦田前総理大臣も人を呪へば穴二つ、数日前投獄さる。僕に代つて慰問状を米国は小さな面子を立てて憲法を殺すか、面子を殺して憲法を生し正義を守て世界人類より信頼を受くるか二者択一の関頭に立つた。芦田君が二月や三月で屁古垂《へこた》[れ]てはいけないから、主人も満三年を御蔭で無事に過ぎましたと激励してやれ。

毛筆の字甚だ上手なり。左手に紙を右手に筆を持ち、強く書ける様一日千字以上書け。安物の長型色紙、君が顔を書き送つて来い。

笹川鎮江様　　　　　　　　　　　　　　　　　　良一　花押

[笹川一江宛]（昭和二十三年十二月二十四日）

冠省　二十四日午後一時出所した。急ぎ帰宅したいが死刑になつた人その他刑に服した人の東北地方と当地の留守宅を慰問せねばならぬから、二週間位旅行してから帰へるから、一切東京への出迎ひも無用。

十二月二十四日午後二時

以上が獄中から二人の夫人に送られた書簡の概要である。
「私の主さん」(「わたしのラバさん」〈『酋長の娘』〉の替え歌か)を『鴨緑江節』に編曲するよう指示する件には、出獄間近という予感がそれとなく滲み出てくる。ちなみに笹川が好んだと思われる『鴨緑江節』の一節を、寄り道ながら引いておこう。

朝鮮で一番高いがアノ白頭山
峰の白雪アリャ　解けるともヨイショ
解けはせぬぞえヨッコリャ妾《わし》の胸よ
夜毎マタ　あなたの夢ばかりチョイチョイ
(大正九年、岡田三面子作詞)

芦田均は二十三年三月に首相に就任するが昭和電工事件に連座、十月に総辞職し十二月七日逮捕された。獄中で芦田の逮捕劇を知って密かに快哉を叫ぶ姿も出所近しの感触あってのことか。

大阪の一江には当初の予告どおり、しばらくは帰れないと報告。出迎えは遠慮してもらわないと再び崖っ縁に立つ懸念がある。獄から出れば出たで、東西の「仕分け」問題が待っていた。

喜代子との別れ

小川喜代子と子供たち三人が身を寄せた大阪・豊中での間借り生活は、いくら終戦直後とはいえ惨めなスタートだった。

焼け出されたのだから着る物にまず不自由した。食糧も足らない。三食さつま芋やスイトンばかり。子供のズック靴には穴が空いている。今日はＰＴＡ（昭和二十二年四月以降広まった）だといっても喜代子が着てゆく着物もなく、借り着で済ませていた。

命だけが辛うじて助かった喜代子は、二十一年春三男・陽平を小学校に入学させた。一年遅れの一年生である。次男・堯は五年生、長兄の勝正が中学二年とそれぞれ進級した。

十九年に笹川は一江と再婚するが、同時期に東京では宮川静江との交際も始まっていた。そのいきさつについては、改名も含めて先に触れた。

獄中からの書簡が一江よりも鎮江に多く送られていたことは、笹川の最大の関心が妻ではなく鎮江に向かいつつあることがうかがえる。

それにしても、喜代子へはただの一通も届いていないのはそれだけのわけあってのことだった。

新しい結婚があり、もう一人別の愛人ができれば喜代子との縁がより薄くなるのは明らかだった。

喜代子の心も、この時点で張り裂けたと思われる。我慢一筋できた喜代子の堪忍袋の緒が切れた。十九年夏のことだろう、と三章で述べた。

おそらく喜代子の方から、

「きっぱりと別れてくださいな。まだ陽平の認知が済んでいませんから、学校へ上がる前にはお願いします」

とでも言い出したに違いない。

二十年三月十日の大空襲の夜、喜代子は「二度と笹川の援助など受けるものか」と歯を食いしばって火焰の浅草を逃げた。幼い陽平の手を握り締め、

「もし一人になっても、我慢して、強く生きて——」

「一人になっても」という言葉の中には、「お父さんに頼らなくても」という意味が込められている。

結局、巣鴨に収容される前、笹川は喜代子と縁を切るにあたっておそらく何がしかの手当

てを渡して清算したようだ。陽平は父の言葉として自著で次のような発言を紹介している。

「子どもが三人までもできてしもうて、認知はしたものの、僕があまりよそに女性をつくることに嫌気がさしたらしく、『別れさせていただきます』と言うので、『そうか仕方ないな』——それっきりや。むろん、別れるにあたって、それ相応のことはしてやりました」

（『知恵ある者は知恵で躓《つまず》く』）

考えてみれば、喜代子と息子三人が同じ屋根の下で暮らせたのは、生涯の中でこのわずかなひとときだけだった。

子供たちがごく幼い時期を除けば、上の二人は学童疎開で留守だ。戦災にあってからというものは、再三の転居と別離が待っていた。四人一緒に暮らせることさえ喜代子にとっては夢でもあった。

金銭の苦労の上に気兼ねの多い笹川家の遠縁での仮住まいほど気鬱なものはなかったが、母子四人が一緒ならそれでよしとしなければならなかった。

その当時の生活を振り返りながら、陽平は次のように語る。

「小川君のお父さんは戦争犯罪人だ、なんて何回か近所から言われましてね。それがどういう意味なのか、当時の僕には分かりませんでしたがね、嫌なことを言われているぐらいは理解していました。

八畳間には便所もないので、夜になると外まで行かなきゃならない。母屋の便所は貸してもらえないんです。寒いときなどには、母が仕方ないので子供用に尿瓶《しびん》を用意するんですが、兄貴たちが先にいっぱいしちゃうから僕は使えない。そこで我慢するとつい寝小便という結果になって——。

部屋の片隅に神棚があって、そこにムッソリーニとの記念写真が飾ってあった。もちろんそのころはムッソリーニの顔は分かりませんけれど、今思うとね。巣鴨に入っているころだから、母は多分陰膳をやっていたのでしょう。だから、神棚の人が親父なんだな、とはうすうす感じていました。

別れたとかそういうことも分からない年ごろですから、これも今考えてのことですが、完全に吹っ切れていたわけでもないんでしょうな」

手を切ったとはいえ、喜代子の気持の整理は簡単にはついていなかったのだろう。

母子四人の共同生活は、勝正が吹田《すいた》市にある私立大阪中学からそのまま高校に進み、堯が兄と同じ大阪中学を終え、陽平が菅南《かんなん》中学という進学校へ越境通学をしていた時代までだった。

子供たちの学費の一部は、義弟の了平が面倒をみていた。良一より十六歳年少だった了平は当時大阪の第一信用金庫の理事長をしており、なにくれとなく甥たちの生活を気にかけてくれた。

勝正が東京へ出て日本大学に進み、最寄りの初台へ下宿することになるのは昭和二十六年である。同じ年に堯も上京し、明治大学附属中野高校へ進学する。こちらはなんと「下宿先」は笹川と鎮江の愛の巣と呼んでもいい渋谷区桜丘の家だった。

笹川堯はそのあたりの事情を次のように自著で回想している。時期は少々先のこととなるが、笹川の戦後間もないころの生活にも関わるので興味深い。

「私は豊中の八畳一間の生活に別れを告げて、東京に出て渋谷区桜ヶ《ママ》丘十五番地のおやじの家に引取られて住み込んだ。名前も『小川堯』から『笹川堯』に変わった。生涯での大きな転換点だった。

建て坪が百坪もある二階建ての古い日本家屋で、この家にはおやじのほか、私の義理の養母となった笹川鎮江さん、養母の弟の宮川芳郎さん、それに養母の姉、離れにシベリア横断で当時の人ならだれでも知っている福島安正大将の息子さん夫婦、それに女中さんが一人という大世帯だった。

養母はおやじの、
『東京の本妻さん』
と言われていた人で、非常にきれいな人。筑前琵琶の名手でわが国でも最高の吟詠家で
知られていた。
住み込んで間もなく、
『妾が妾の子を引取った』
などという陰口が近所から聞こえてきたが、うそとは言えなかった」
（『日本のドンを乗り越えろ』）

文中にあるように、堯は高校一年から笹川姓を名乗るようになったのだが、それは戸籍上変わったわけではなく、表向きの体裁だけのことだった。戸籍ではまだ小川姓のままだが、この段階では本人は気づいていない。

いずれにせよ、こうして上から二人までが同じ春上京することになった。

喜代子は再び三男・陽平との二人暮らしに戻ったのである。思い思いの夢を抱いて出てゆく二人の息子の背中を喜代子はどのような気持で見送ったのだろうか。

自分は笹川姓を名乗ることはかなわなかったものの、息子だけでも笹川になれた現実を喜

んだのか。東京の女の世話になる堯とは引き剝がされたような気にはならなかっただろうか。
長男・勝正は上京した際に、父親が鎮江を伴って現れたときほど驚いたことはないと話す。
「だって、私と八つくらいしか違わないんですからね。大学受験で東京へ出たら見たことも
ない二十七、八の女性を連れてるでしょ。こっちはまだ十九になるかならないかで。そりゃ
『ナンだ、これは』ですよ。確か父親が漆の職人さんだったかな。私は一緒になんて住めな
いから下宿したんです。
昭和三十年、大学を出てすぐに結婚しましたが、その直前に叔母のヨシコの籍に入れられ
て、笹川になったんです。ええ、それまでは小川ですよ」

歳があまりに近すぎた勝正は一緒に住むのを拒んで下宿住まいを選んだ。堯の回想記にあ
るようなわけにはいかない。何か重苦しいものを感じ取ったのは当然だろう。
このような話が喜代子の耳に入らないはずはない。複雑な思いを抑えようと、陽平の手を
握ってこらえているのが喜代子の姿であった。
手切れに際して笹川からどれほどの額が支払われたのかは不明である。だが、しばらくは
間借り生活が続いていたり、了平が気を配ったりしていたことからすればそれほどの金額と
は思えない。

笹川良一の三人の息子は俗にいう「ひと腹」である。男の子三人を生《な》しながら、喜代子と笹川の縁がなぜこうまで薄かったのかは謎というしかない。

笹川は子供に興味がなかったのか。喜代子との相性がのちに現れた女性より悪かったからなのか。いずれをとっても決め手となるようなものはない。

強いていえば、一江も鎮江もいわゆる一芸に秀でた女性だった。喜代子はその点ではいわば平凡な女だったかもしれない。

そして、ひたすら耐える喜代子に比べ、他の女性は自分の気性を強く表に現すきっぱりした面があった。だからこそ、茶道や詩吟において特出した才能を発揮していたともいえよう。

その性格のきっぱりしたところは、笹川の母・テルに共通したものをみることができる。

思えば笹川は母親と同じものを求めて、彷徨していたのだ。母への尊崇と甘えは、ときとして表裏一体となって彼の体内にあった。

第六章　王国の舟

――情に生き、利に通じ

戦争犠牲者を敬え

七人の死刑が執行された翌日、釈放された笹川の心中は複雑だった。晴れて娑婆に出られた喜びは自然と湧いて出るが、気を塞ぐ塊も胸中にある。

自分は不起訴・釈放だから「A級戦犯」ではなく、あくまでも「容疑者」で済んだが、昨日まで一緒だったA級の七人はもとより、BC級では実に千人近くが処刑されたと聞いた。しかも、まだBC級の人たちが二千五百人ほど残されている。彼等にはみな家族が待っていると思えば喜んではいられない。何をなすべきか。さらに、釈放されたとはいえ公職追放の身であった。裏方でやれることはないか。

裁判の理不尽を言い立てれば憤怒も湧くが、いつまでも腹を立てているだけでは問題が解決しない――いったん渋谷・桜丘の鎮江のところへ身を落ち着かせた笹川は、その後大阪へ向かった。テルに会えば何かいい知恵も浮かぶだろう。

豊川村の生家は変わることもなく昔のままの姿で笹川を待っていた。山川草木だけを見れば、何ごともなかったかのように時間が停止している。

七十二歳になったというテルも多少は老いを見せたもののまだかくしゃくとして息子の出所を待っていた。

「お前の好物のミカンがあるから、好きなだけ食えや」

巣鴨ではミカン、桃にはめったにお目にかかれなかったから、何よりのご馳走だった。ザルに山盛りのミカンを片端からたいらげているとテルが尋ねた。

「まだ巣鴨に残されている気の毒な人たちは、どのくらいおるのかの」

「いわれのない捕虜虐待の罪に問われている人たちが大勢います。二千五百人以上でしょう。マニラやアジア各地にまだ分散されて無謀な裁判が行われているんです」

実際、検事の理解のなさ、慣習の違い、不正確な証言などによって冤罪のまま重い刑に処せられるBC級戦犯は枚挙にいとまがなかった。

「日本軍の食糧が底をつくなか、捕虜にゴボウを煮て与えたら『木の根を食わせた』とか、フィリピンでマッカーサーが兵を置き去りにしたため大量の捕虜が出たが、トラックなど足りるわけがない。日本兵もみな歩いているのに『捕虜を長い距離歩かせた』とかね。荷物のない捕虜に比べりゃ、一緒に歩いている日本兵は重装備。こっちのほうが泣きたいくらいさ。

ひどい例になると、体調が悪いという捕虜を灸《やいと》で治してやろうとしたら、『火あぶりの刑にあった』と法廷で吊るし上げられた、なんて話まであるんですよ」

聞いていたテルは正座しなおすと、笹川の目を見ながら言った。

「むごいことやの。私は全員の人が一日も早く釈放されるように、氏神様にお百度を踏むから、お前も今日から禁酒、禁煙を実行して、皆さんの釈放のために働きなさい」

東京へ戻った笹川は、さっそく入獄者の支援、釈放のための活動を開始した。

巣鴨への救援物資、慰安演芸会用の衣装や化粧、小道具類の差し入れに始まり、留守家族の経済的支援、相談ごと、政治家への働きかけなど多種多様である。

もちろん、国内にとどまらず、マニラ郊外のモンテンルパ収容所などへも手を差し延べている。

その具体的な活動は、書簡などから明らかになる。だが、生前の笹川はこうした救援活動の仔細について自ら語ることは決してなかった。

支援を得た家族から感謝の意が込められた書簡が笹川家に届き、笹川没後に整理され、初めて世に出た事実である。

その全容は先に紹介した一連の『巣鴨日記』シリーズに収められている。ここに紹介する書簡は、伊藤隆東大名誉教授と研究チームによる編纂《へんさん》資料から引用した。

また、「戦犯」とは、一般的には連合国が敗者となった日本の指導者や戦争法規違反とみなした者を軍事法廷で裁く際、「容疑者」として逮捕拘禁され、起訴、または不起訴となった者を指す。

そもそも笹川は巣鴨拘置所に入獄した直後から戦犯容疑者への救済を叫んで、獄中日記に記していた。そのいくつかの例を『巣鴨日記』シリーズからみておこう。

「人間は勝手気儘《きまま》である。戦争中世界各国共軍人は勿論その遺家族を優遇し、戦争が終れば勝つた方も負けた方も軍人や戦傷者に対しての恩を忘る。特に日本の如き如何。八月十五日の敗戦の日を境界として公葬にも段を附す。何と云ふ英霊に対する冒瀆よ。こんな事では天地開闢《かいびゃく》以来の戦争犠牲者は冥福出来ぬ」

（昭和二十一年五月十四日）

「戦争［中］は戦死者を始め遺家族は勿論将兵を優遇し、戦ひすめば冷遇する。――これ即ち忘恩の徒である。死んだ人には特にそれは怪しからん。敗戦国日本も慰霊祭を盛大にやれ。何の気兼がゐるか」

（同年五月十五日）

「幽囚の人とその家族の人の立場となり得ざる者は如何に高位高官なるも人間に非ず獣者《けだもの》なり」

（同年九月七日）

「同室同郷の吹田君、妻君よりの泣言の手紙を読んで泣く。当然である。生活苦を訴へてくるから無実にして昨年より拘禁されてゐる人達とその家族の立場になつて早く調べて罪なき者は一寸も早く出獄せしむる心がなければ身如何に元帥大将でも三文の価値奴なり。正義人道を説くも零也」　（同年九月十九日）

さまざまな救援

笹川は故郷へいったん帰ったが、テルに背中を押されるように東京へ引き返し対策を練った。

彼がまず着手したのは、まだ収容されている人々に対して、新聞、ラジオ、蓄音機、レコードなどを大量に差し入れることだった。

さらに、日記で嘆いていた中身を実行に移すべく、服役者の留守家族が巣鴨を訪ねる際の旅費の工面から、貧窮者には生活費の面倒まで幅広い援助を展開した。

その資金調達のため、笹川は出所するや精力的に動きだす。残されていた不動産の売買や株、商品取引などでたちまちかなりの資金を獲得し、それらを原資とした。

その後は全国モーターボート競走会連合会を設立（昭和二十六年）し、収益を膨大なものとして公益事業などに充て瞠目される。後述するが、それは笹川の人生を大きく変える一大事業となる。

生活支援を受けた地方の留守家族や、モンテンルパなど海外からも多くの礼状が届き、笹川家には三千通以上も残されていた。

この手紙を読めば、笹川の活動がいかに個人的善意からのみ発していたかがよく分かる。ましてや後年一部からいわれたような売名行為とか、自己顕示欲からやったことだ、などという非難は、笹川を貶めるためだけのものだったことが読み取れるだろう。

救援活動を開始して四年ほど経ったころだが、山浦貫一（政治評論家、ジャーナリスト）は、「東京新聞」に次のような一文を寄せている。

「私の知る範囲で、戦犯の家族援護と釈放運動の火ブタを切ったのは笹川良一氏である。彼も容疑者の一人として巣鴨に収容されたが、二十三年に釈放され、その日からこの運動に突入した。当時はまだ米国の戦犯意識極めて強く、いやしくも日本人で、そのような運動をする者は反米運動とにらまれ、再び巣鴨へ送られる恐れさえあり、このごろの如く、大っぴらにやれる時代ではなかった。笹川氏は、好きな酒と煙草を断ち、七十七の老母堂と夫人、これに兄弟・子分まで総動員で、運動にうちこんだ。援護釈放の家元が旧右翼の大立者であるために、再軍備や反共と結びつけて宣伝されるのかも知れないが、それはひがみ根性というものだ。だれがやっても良いことは良いのである」

（昭和二十七年六月二十一日付）

以下、紙幅の関係からその一部に限られるが返礼書簡を紹介したい。（部分省略あり）

［東条かつ子書簡（二十四年一月）］

拝啓

先日来の御慰問、続いての英機逝去につき賜りました御厚情に対しつゝしみて御礼申上げます。

向寒の節愈々御自愛遊《あそば》され度御多幸を祈り上げます。

敬具

昭和二十四年一月

東條かつ

同家族一同

［秋山モト書簡（二十四年八月二十六日消印）］

先日は御心切《［ママ］》なる小為替送り下さいまして誠に有難う御座居ました。二十二日に着きましたが、主人の話で礼状もおくれまして誠にすみませ［ん］でした。
皆様の一生懸命に酒もタバコもきんじておられたのに誠に申訳御座居ませんと思います。酒もタバコも召上《めしあがっ》て元気で御働き下さいませ。私達も気の弱い事を云つてはだめと、元気で主人の分も働きます。先は御礼迄

（新潟県中頸城郡有田村佐［内］）

［岡田資《たすく》書簡（二十四年九月十六日付）］

笹川良一殿

前の手紙にお伺ひを出しましたが、又矢［つ］ぎ早に出すこれは絶筆となりました。今夜半を静かに待機の身です。

覚悟の事が予想通りに来た丈の事ですが、後［残］りの青年等に気持の打撃が小さくないと思ひそれを気にします。でも彼等には大乗仏教の本筋をあら方打込みましたので、後は大丈夫と思ひます。就中《なかんずく》花山師とは全然違ふ田嶋先生の御守りがありますから。

私に関してはもとより、あの多数の青年等の為に与へられた大兄の大慈悲に対し、如何に御礼申上げてよいかわかりません。

所謂《いわゆる》無所得とは云ひ定、必ず善根大兄に善果報を運ぶでせう。

国敗れ徒《いたずら》に将領の生き伸びる事のつらさはこれで解消します。人生の最後に多少の光芒を曳き次の青年を多少とも照らすよすがとなれれば幸甚です

（東京都巣鴨　国際拘置所　岡田資）

岡田資（陸軍中将、明治二十三年生まれ）は昭和二十年五月十四日の名古屋空襲の際、第十三方面軍司令官兼東海軍管区司令官を務めていた。撃墜された米空軍B29爆撃機の搭乗員二十七名を処刑した罪を問われB級戦犯として死刑判決を受けた。

岡田はこの裁判で、米軍の空襲を「一般市民を無慈悲に殺傷しようとした無差別爆撃」で「搭乗員はハーグ条約違反の戦犯であり、捕虜ではない」と主張した。

国際法違反の爆撃を非難し、処刑手続きの正当性を訴え、捕虜虐待ではないと全面的に争ったのである。

その一方で、自分一人が一切の責任を負う、として多数の部下の命を救った上で、自ら絞首台へ上った。九月十七日深夜である。

笹川は横浜法廷から巣鴨に移された岡田と若い部下たちを励まし、多くの差し入れを続けてきた。

この書簡は、岡田が処刑される数時間前のものと思われる。

岡田がいう「花山師」とは教誨師として名が残る花山信勝のことだが、岡田は必ずしも心を許せなかったような言葉を残した。同じく笹川も花山については次のような感想を述べている。人の見方というものは違う面からみれば違う顔になるものである。


「花山氏は、このとき、連合国側と日本の戦犯たちのあいだで仲介役となる唯一の人だった。だから、待遇改善などの要求をもっと相手に伝えてくれるように、たとえば一日に五本しかないタバコの割り当てをもう少しふやすよう頼んでくれと要望しても、そんなことになるとよういわんのである。仏の道は説いても、現実には冷たいのかと、私は無視していた」

（『人類みな兄弟』）


岡田資を描いた作品に大岡昇平の『ながい旅』があり、映像化もされ話題となったのは記憶に新しい。

さらに、笹川陽平は自著で岡田資と父親の関係について触れ、

「――大岡昇平の名作『ながい旅』で有名になった岡田資中将は、B‐29（爆撃機）搭乗員の処刑に関して訴追されると、裁判で、無差別爆撃の違法性や処刑手続きの正当性を訴え、

多くの部下の命を救い絞首台に上がった。――それにつけても『笹川良一』が戦後、A級戦犯、ファシスト、バクチの胴元、黒幕等、知識人と称する人々の攻撃の対象になったことは不思議なことである」（『若者よ、世界に翔け！』）と、述べている。

［重光葵書簡（二十五年四月一日付）］

御ぶさたしました。種々巣鴨の事で御尽力され、一同非常に感謝して居ります。ラシオ《〔ママ〕》も第三棟につきました。我々は第五棟に参り賑やかになりました。小生は四月中には何とかなりそうです。万事御同情の賜で厚く御礼申上ます。

笹川様

御両所へ　　　　　葵

（巣鴨　重光葵）

［徳安直三郎書簡（二十六年一月八日消印）］

謹んで新年を賀し奉ります。先年は一面識もなき吾々迄も書簡を頂き有難く御礼申上ます。

私は仏印に戦犯服役中内地巣鴨拘置所に入所中の徳安輝美の父であります。以来種々御厚情に預［与］り誠に有難く御礼の申上げ様もなく蔭ながら感涙にむせんで居ります。私の子息は終身刑であります。元来仏印関係者は最近の判決よりも刑が不公平で重い様な感じが致します。犯人を取調べ中になぐつた位の事で終身刑となりました。大体本人は青年時代より至極温厚な男で人と争い事一つした男でないので模範青年と呼ばれた男でした。それだのに軍務遂行上憲兵としてかゝる事をあへてしたのでした。何卒貴殿の厚き御同情にあまへ一日も早く家族へ解放される様御活動下さる様伏して御頼み致します。農村人の悲しさ唯々貴殿等の人にたよる外なく何卒御依頼申上げます。

早々不一

笹川良一殿

（福岡県糸島郡周船寺区内元岡村字元岡　徳安直三郎）

［中田勇尾書簡（二十六年五月十五日付）］

前略御免下さいませ。只今はいとも御深切《［ママ］》なる御芳書を賜りまして御厚意身にしみて有難く厚く〳〵御礼申上げます。貴家様の御事を昨日主人より手紙にて申して参りました。宜敷お願する様にとの事で御多忙の御処御迷惑とは存じますが、何卒御力添へ賜り度く折入つて御願ひ申上げます。

中田個人には何等の罪はなく責任を問はれての罪でまだ判決も御座ゐません。皆様の御力に依りまして内地に迄は帰らして頂きましたが、今一歩進んで家庭に帰らして頂く事が出来たならばと赦《ゆる》される日を待つてゐます。

月日は早く過ぎて行きますので年頃の娘を持つ親として戦犯の片身《［ママ］》せまい思いいたして不安なその日を過してゐます。出征して十四年間になります。何卒宜敷御尽力を賜り度く伏して御願ひ申上げます。

拙《つたな》き筆にてどうぞよろしく御判じ下さいます様御願ひ申上げます。

合掌

中田勇尾

（大阪市旭区橋寺町三六六）

笹川良一様　御前に

重光書簡はラジオなどの差し入れに対する礼を述べたものだが、二人の長い親交から、他にも簡略なものが何通も行き交っている。

重光の出所は彼の予測より半年ほど遅れ、二十五年十一月二十一日となった。

徳安書簡、中田書簡はいずれも息子や夫の安否と早い解放を願う庶民の心情を代表するものであろう。精一杯の敬語と懇願の文脈からは切実さが滲み出ている。こうした無数の事例に笹川が個別に対応できたのは、事務所と母・テル、鎮江たちによる献身的な支援があったからでもある。

［福田きくよ書簡（二十六年十月五日付）］

拝啓

毎度御世話になります。いつも〳〵御世話になりますばかりにて、何と御礼申上げてよいかわかりません。扨《さて》此の度、仙台の方へ入院致しました。お蔭さまにて子供も元気よく第一回目の診察を受けまして、只今は様子を見て居ます。これから頭の方へ空気を入れるとか云ふ療治を行ひまして、それから手術を要するものなら手術をし、若し手術をいらぬとすれば唯の治療にて治ると申します。しかし手術をするとすれば五十日間の入院にて三万四千円程かゝると云はれまして、私も苦労いたして居ります。これも診察費のみにて、後の一切の費用は自分持ちなので、相当の入費で御座います。度々のお願ひにて誠に申しわけ御座いませんが、此の度も御助け下さると思つて十二月、一月分の金を先借り出来ます様、御尽力願へませんでせうか。

御無理な事はよく〳〵わかつて居りますが、何卒わがまゝ御許し下さいます様、くれ

〲もお願ひ致します。

尚、重ね〲身勝手な御願ひで御座いますが、出来ますならなるべく早く送金方御願ひ致します。

送金先は何卒こちらの方へ御願ひ致します。

仙台市北四番町　東北大学医学部付属病院　桂外科十八番　福田きくよ

笹川様

かしこ

この婦人は夫が巣鴨に収容され笹川の厚誼を受けていた。さらに子供が病気になり月々笹川から生活費の援助を得ていたものと思われる。途方に暮れた一家の悲哀がよく伝わってくる。こうした案件に笹川は個別に応えていたが、すべて私費から捻出《ねんしゅつ》したものである。

［斎藤照吉書簡（二十六年十二月十八日付）］

前略御免ん下さい。

今日で家に着いてから十日過ぎました。こんな鉱山の中でも都会同様ずいぶんと変つた事許《ばか》りでした。

六年間の間女房が子供二人（長男五年生、次女一年生）を良く今日迄育てゝ呉れました事は感謝致しますが、約二年前から近所のほめ者であつた女房が労組事ム室へ図書係として転勤以来同職場の男と出来まして、調査の結果一年位前からは半公然と留守宅へ来て居つたのであります。労組の人達が小生の帰宅を前に二人に別れさして相手の男を他の土地へやつたのでありますが、小生が帰宅后、女房と［を］忘れられず女房も相手に同調的であります。

小生も長い年月余りに妻妙子を信じ、そして力にして来ましたので子供達の為許したのですが、一度変わつた女の心は仲々戻りません。

私にはこの胸苦しい幾日かの間誠に残念乍《なが》ら斎藤も男泣きをした事も御座居ました。戦犯の名に恥じない態度を取ります。子供を六年間育て［て］くれた事も感［考］へて小生が職場決定次第女房を相手の男にやる事にし様と思つて居ります。種々と先生にも在所中より御厚情を賜り感謝に耐へません。私事を御多忙中の先生に申上げますは誠に失礼でありましたが、他に打明ける可き人とて御座居ません。唯先生、残念でした。年の瀬も後幾日もありません。御自愛の程願ひ上げます。

末筆にて恐れ入りますが奥様に何卒よろしく申上げ願ひます。

十二月十八日　　斎藤照吉拝

笹川先生

（北海道空知郡三笠町幌内中央）

［高橋うめ書簡（二十七年六月十日付）］

梅雨とは申せうつとうしい日々が続きます。私こと只今入獄中の高橋英臣の妻でございます。主人よりの便りにより伺ひますれば笹川様御一家様には恵まれぬ主人達のために長い年月親身も及ばない御厚情のかず〳〵をおかけ下され居られます由、殊に御母堂様の御祝ひをすらおやめされて種々と御配慮下されました旨承り唯々感謝の言葉もございません。最近やうやうに私達の上にも各方面から援護の手がのばされて参りましたが、これまでの恵まれなかつた長い年月御一家様の御情は私共の生涯胸去らぬ御恩として一生明るい灯をともして参ります。

末筆でございますが、向暑の砌《みぎり》皆々様の御自愛の程遥かにお祈り申あげます。

かしこ

六月十日

笹川良一様

御一家様

（静岡県磐田市地脇町　市営住宅三号）

斎藤書簡は哀れを誘う話だ。北海道で待っているはずの妻のもとへようやく帰ったら、他の男と関係ができていて糸がほぐれない。こうなったら妻と別れて生きてゆく、と笹川に訴えた。この話には後日談の書簡（二十七年一月十日付）が届いており、斎藤は「不貞の妻を去らせまして、子供を一人（男十二歳）世話し乍ら仕事を致します」と別れた女の子の行く末を案じつつも一段落した模様を伝えてきた。

高橋書簡のような報告は、笹川にとっても家族にとってもほっとできる瞬間であったろう。苦しい中にも喜びを見出そうとする高橋うめの表情までがほのかに浮かぶ。

昭和二十六（一九五一）年九月、対日平和条約（サンフランシスコ講和条約）が調印されると、翌二十七年二月からは巣鴨拘置所の管理・運営は日本側に移管された。

収容者に対する笹川の救援活動も、これによって一段と活発になった。紹介した書簡にもあるが、自ら講演をして受刑者やその面会家族を励ました。

さらに鎮江の詩吟や筑前琵琶の演奏で慰問することもしばしばであったようだ。

礼状の中に「奥様によろしく」とか「御一家様」という表現が見られるのはそうした背景

があったからだ。

実際、鎮江の吟詠慰問に対する感謝を率直に表している書簡も多い。一例を引いておこう。

「奥様、御多忙の所、誠に恐れ入りますが、御礼状を一筆認《したた》めさせて下さい。今日は、平素御忙わしき御身分にも拘らず、態々《わざわざ》巣鴨迄御出かけ下さって、御慰問戴き、誠に有難く、御礼の申上様も御座いません。今回特に詩吟や琵琶、私、常々聞き度《た》いと望んで居た慰問演芸であったので、其の熱誠溢れた出演を、今度と云う今度は、心ゆく許り満喫致しました」

（二十七年五月二十九日付、笹川夫人宛　落合甚九郎書簡）

捨て小舟《おぶね》

以前から古典芸能には関心があった笹川である。

巣鴨の中で催される慰安演芸会には、通常の寸劇や素人歌舞伎、落語、歌謡ショーなどに加えて、鎮江が仮設舞台に上がる場面がしばしばあった。

いわば素人寄席の最後にプロが登場する設定をしたわけだ。先の落合書簡などからも鎮江を加えた催しが舞台を盛り上げていた様子がうかがえる。

演《だ》し物は毎回鎮江が笹川に相談し、観客が飽きないようあれこれ工夫していた。

二十七年初夏の一日、鎮江が笹川に演目の相談をした。

「今日の慰安演芸会には、ちょっと難しいかもしれないけれど『鳥辺山《とりべやま》』でどうかと思うんですけど。

元は『平家物語』からとったものだともいわれていますの。その後義太夫や地唄ではやったものよ、お聞きになったら分かるわ。私の琵琶で長唄を付けてやるのはどうかしらと思って。後から、同じ題材で詩吟も詠《うた》えますし。いつも『鞭声《べんせい》粛々夜河を過《わた》る』じゃ、いくらなんでもね――」

『平家物語』と聞いて、笹川はすぐに「いいじゃないか、それでいこう」とポンと膝を打った。それなら誰もが知っている。

「でもね、不安なのはちょっと悲しい唄なの、中身が。歌舞伎じゃ『鳥辺山心中』といってね、近松モノなんですけれど、ああいう場で本当にいいかしら」

「なに、心配せんでいい。お前の後で、今日は柳家金語楼《きんごろう》さんが落語をやってくれるんだ。後ろが大笑いだから、前で心中モノの古典をやってたっぷり泣かせてやれ、構わん」

今では三弦でやるのが普通だが昔は琵琶のための曲だったので、筑前琵琶なら調弦が三味線にも近くていい、と鎮江は笹川に解説めいた話を聞かせた。

巣鴨拘置所の集会所に仮設舞台がしつらえられ、笹川が寄付した緞帳《どんちょう》が下がっていた。以前、日本芸能社を立ち上げた際に抱えていた小道具から舞台衣装、化粧道具、カツラ、そして使いふるしの緞帳までが巣鴨の一室に移された。

鎮江が筑前琵琶を抱えて舞台に上がり、脇に長唄の師匠が座ったところで、幕が開いた。観客は百数十人ほどの収容者と、形ばかりだが立ち番をしている看守兵数人である。めくられて、「鳥辺山——琵琶、長唄」と書かれた題目が垂れ下がった。

即席の照明担当が放つ仄《ほの》かなスポットライトが暗い舞台に届く。同時に琵琶の弦が低く会場を震わせた。

女肌には白無垢《しろむく》や　上に紫藤の紋　中着《なかぎ》緋紗綾《ひざや》に黒繻子《くろじゆす》の帯
歳は十七初花の　雨に萎《しお》るる立ち姿　男も肌は白小袖にて　黒き綸子《りんず》に色浅黄《あさぎ》裏《うら》　二十《にじゆう》
一期《いちご》の色盛りをば　恋といふ字に身を捨て小舟《おぶね》　（近松門左衛門作）

長唄が一節を奏でると会場はしんと静まり、妙な色香のある歌詞と哀調に打たれたのか、目に涙を浮かべて聞き入る者さえ見受けられた。

長い年月、女っ気のない男だけの閉ざされたその場で、夢幻のような道行き唄に出会ったのだから無理もない。

妻を思い浮かべる者、かつての恋人を瞼に浮かべる者、さまざまであろう。

筑前琵琶の四弦が奏でた柔らかだが重い音色がまだ会場に沈んでいた。

琵琶と長唄が終わると、次は鎮江の吟詠である。

ふたつなき　道にこの身を捨て小舟《おぶね》
波立たばとて　風吹けばとて

西郷南洲（隆盛）の漢詩に、鎮江が振りをつけて舞い、唄った。

本来は剣舞なのだが、場所がらから剣の代わりに扇で済ませた。だが、詩吟でもまだ観客は目を潤ませている。

そこへ、静まりかえった会場を盛り上げるべく笹川が頼んだ人気者柳家金語楼が登場したのはいいが、金語楼の目も涙で潤んでみえる。

師匠も思い出すことがあったのか、もらい泣きしていたのだ。

そのまま出てきた金語楼は仕方なくエヘヘと例の顔で笑い、禿頭《とくとう》を突き出したものだから、観客はどっと爆笑の渦に巻き込まれた。

最後に舞台に上がった笹川は、いつもの名調子でこう締めくくった。

「皆さん、元気を出してくださいよ。いいですか。唄の中に『捨て小舟《おぶね》』というのがあったでしょ。

これはですね、あなた方が決して『捨て小舟』になってはいかん、ここから一日一刻でも早く脱出してもらいたいと、あえて私が選んだ唄なのです。

身寄りがない、世間から見捨てられた、敗残者だ、などと考えるのは卑怯者の考えです。日本は戦争には負けたかもしれませんがね、精神や心までが負けたわけじゃないんです。だから、私が皆さんをできるだけ大きな舟に全部乗せて、舟出のお手伝いを少しでもさせていただきますから。

『捨て小舟』から『拾い大舟』に乗り換えたつもりで、どうか頑張って家族のもとへ早く帰ってもらいたいのです」

BC級戦犯として巣鴨に収容されていた大西一（元陸軍大佐、第十三方面軍高級参謀）はこの会場にいた一人である。

出所後、日本戦友団体連合会編による『桜星』（昭和三十一年六月一日号）に次のような一文を寄せている。

「氏は拘禁中絶えず若い人々と親しく話を交し、世の捨小舟《すておぶね》となってたどり着いた彼等を、温い同情と力強い指導により激励し、心に一つのより所を与えられた事は、我々の忘れる事の出来ない思い出である。又当時多くの者が、米当局に対し兎角《とかく》引っ込み勝《がち》であった時、氏は堂々と言うべきは言い、要求すべきは誰はばからず要求し、知る人をして、『流石《さすが》一党の総裁たりし人よ』と感嘆せしめた次第である」

鎮江が笹川に説明したように、「鳥辺山」とは近松門左衛門の作詞によるもので『太平記』との関わりも深い。

『太平記』（巻十三）に、「わが身かく引く人もなき捨て小舟の如く――」とあるので、本歌どりといってもいいだろう。

確かに、打ち捨てられた小舟を寄る辺《べ》ない身の上になぞらえた唄である。

それを一転させ、笹川は自分が大舟になって全員を拾いあげ、一日も早くここから漕《こ》ぎ出したいのだ、と語った。

これまで笹川といえば飛行機だったが、この日からもう一つ、「舟」のイメージが彼の胸中には浮かんでいた。

白菊遺族会

笹川の戦犯関係者への支援活動は、まだ終わるわけにはいかなかった。

極東国際軍事法廷は閉じられたが、そこで刑死または獄死した人たちに対する慰霊、法要、そしてその遺族たちの生活支援といった大問題が残されていた。

国家はそこまで手が回らない。だからこそ自分がやらなければ英霊に申し訳が立たないと笹川は決意し、遺族たちを物心両面から励まし続けた。

その結果、白菊遺族会という戦犯刑死者の遺族たちの組織が設立された。

昭和二十八（一九五三）年三月、フィリピンで刑死した山下奉文（元陸軍大将）の妻・山下久子が理事長に就任し、法要は笹川の自宅で毎月十八日に執り行われることになった。

白菊遺族会が設立されるまでの四年間、遺族援護の役割を担った組織、白蓮社についても簡単に触れておかねばならない。

伊藤隆編『「戦犯者」を救え』の解説によれば、白蓮社が以下のような経緯から成立し、解散に至ったことが分かる。やや長くなるが、援護活動の初期の苦難に満ちた葛藤がうかがえるので貴重である。（部分引用）

「昭和二十四年、受刑者援護・刑死者慰霊のため、白蓮社という宗教法人が結成された。発起人には浅草寺大森亮順、護国寺佐々木教純、仏教連合会里見達雄、築地本願寺中神文雄、浅草本願寺上田憲融、そして発願同信善教寺大西一政――という宗派を超えた僧侶が名を連ねている。笹川に対して、十月一日に加入申込み、一万円の寄付金を受領した『白蓮社加入礼状（顧問依嘱）』もあり、笹川がこの会の顧問となったことが確認できる。

白蓮社は、昭和二十八年五月に解散した。『白蓮』（引用者注・機関誌）第十九号（昭和二十八年五月一日）は、トップに『解散についてのご挨拶』を掲載している。これによれば解散に至る経緯は次の通りである。

『［白蓮社は］極めて少人数の宗派を超えた各宗有志の結合でありました。然るに、大森、佐々木両大僧正は結成後間もなく相次いで遷化《せんげ》せられ、ここに設立関係者五人がみな役員の地位を離れる結果となり、しかも、白蓮社の活動が、非常に困難なものであるため、適当な後任者を得ること容易でなかつたことなどが白蓮社解散の直接の動機となつたのであります。

［白蓮社のしてきた仕事は］未だ連合軍の占領下に於ける厳しい現実のもとに、政府も国民も、宗教家さえもがこれに係わることを怖れ憚《はばか》つていた頃に――あたかも泥中の中の白

蓮の如く、闇夜の中の提灯の如くに世に認められたのでありました。然し乍ら、果せるかな講和後の世論に伴つて——白々として夜の明け来つた思いであり、それらの提灯は今や吹き消してもよいと考へられます』」

以上のいきさつをもって白蓮社は解散、途方に暮れた遺族たちの手によって、まったく別個な組織として白菊遺族会が結成された。

解散から半年ほど経った十月のことである。

そのころ、つまり昭和二十八年十月半ば、笹川は渋谷・桜丘から文京区小石川林町八十二番（現千石二丁目）へ転居した。

笹川は白蓮社に置かれていた平和身代地蔵尊や護国寺に預けられていた位牌など一切を引き取って新居の仏間に安置した。

笹川の書簡の中に、当時の状況をうかがえるものがある。笹川の差出人住所が渋谷区桜丘町から小石川林町に変わっているのはこのあたりからだ。

「去る十八日賀陽宮《かやのみや》様初め西尾［寿造《としぞう》］、高橋、豊田［副武］、陸海両大将と共に河辺氏も拙宅へ来られましたので名誉会長就任の件を話しました——」

（二十八年十月十九日付、平林理事長宛）


小石川林町に移るや否やさっそく会合が開かれた様子が日付から分かる。

賀陽宮様とは恒憲《つねのり》王のこと、西尾寿造（元陸軍大将）、高橋三吉（元海軍大将）、豊田副武（元海軍大将）、河辺正三《まさかず》（元陸軍大将）といった陸海の大将たちが、先頭に立って一緒に支えていた。

白菊遺族会による法要は笹川家で昭和四十六（一九七一）年まで続けられ、その回数は二百四十一回にも及んだ。

その後、参加者の高齢化に伴い、翌四十七年からは会場を日本船舶振興会のビル内に移し、年二回行われてきた。

同遺族会が解散する平成五（一九九三）年一月十八日まで休むことなく執り行われてきたのである。それは笹川九十四歳の年であり、死の二年前だった。

かかった全経費はたとえ原資が株や先物取引によるものとはいえ、税金を支払った後のポケットマネーである。

訪ねてくる遺族や留守家族の交通費、小遣い、就職の世話、病気の費用すべてが笹川の個人負担であった。

笹川は、「断じて行えば鬼神もこれを避く」の意気込みだった、と語っているが、その決意に私心がなかったことは今では多くの人が認めるところである。

こうした笹川の尽力は、本人が進んで話さなかったいきさつもあり、ほとんど知られていない。

笹川を誉めたりすると、自分が非難され、メディアから「黒い烙印」を捺されかねないので発言をためらう、という風潮すらあった。

佐藤誠三郎は一例を挙げて次のように述べている。

「たとえば白菊遺族会について触れた一般書のなかで、笹川の果たした大きな役割について触れたものは、私の知るかぎり全くない。また白菊遺族会が解散した時、それを取材して放映したTBSの『報道特集』も、同会の法要が当初は笹川邸でおこなわれ、最後の法要の祭主が『あの笹川さん』だったと簡単に触れるだけだった。白菊遺族会について多少でも調べれば、笹川の貢献が会の存続について決定的なものであったことは、すぐ分かるはずである。笹川についてのタブーが、マスメディアや知識人の世界で、いかに強かったかが、ここにも示されている」

（『笹川良一研究』）

喜代子ひとり

大阪豊中では喜代子と陽平だけが残って、間借りのまま二人暮らしを続けていた。

中学生の陽平が、いよいよ高校進学となって上京するのは昭和三十年三月、である。

中学に進むようになってからは、月末近くになると了平叔父が経営している信用金庫の理事長室へ、何がしかの生活費を貰いに行くのが陽平の役目だった。

「おい、今日は親父さんが来ているぞ」と叔父にいきなり言われ、陰膳でしか記憶にないような父親と再会した。

笹川の方は了平からこの日に陽平が金を受け取りに来る、という情報を得て待ち構えていたのだろう。

だが、陽平にしてみれば、五歳くらいのときに浅草で会ったのが最後だったから、怖かったという印象しかない。

「どうだ、勉強しているか。東京へ来ないか」

と、いきなり言われ返事もできなかった。すぐに返答しなかったのが気に入らないのか、父の機嫌がすこぶる悪い。間髪を容れずに怒鳴られた。

「勝手にせい、嫌なら来んでいい」

陽平の気持では、母一人を置いて自分だけが「東京へ行きます」とは言い出せなかったのだ。叔父の仲裁で結論は翌日、ということになった。

母の労苦を身に沁みて承知している陽平だった。

「戦犯の子」と言われ家に帰っても、母に告げることはしなかった。口にしてはならないと知っていたからだ。

母が永田の家の間借り生活で、どんなに辛い思いをしていたか、自分が一番そばに長くいて承知しているつもりだった。

陽平は、母の経済的な苦労をよく知っていると、二人だけの生活になってからの思い出を語った。すでに間借り生活の苦労については紹介したが、経済的な悩みはそれを上回る。

「間借りしていた家も事業がうまくいかなかったんでしょう、すこぶる付きのケチでした。僕が小学校の時代にはそこのご主人を通して生活費を貰っていたんですが、『お前の母親は最近酒の方はどうだ、まだ飲んでるのか』なんて聞くんです。つまり、面倒をみてやっているんだぞ、という顔を見せる。何回かいわれたんですが、母だって金もないのにそんなに飲むわけがない。あんまり悩みが多いので、ノーシンは飲んでいましたけどね。

結局生活費は毎朝起きてから僕がそこの小母さんに百円ずつ貰いに行くことになった。一日百円ですよ、いくら当時とはいえ。同じ家に住んでいて、母には渡さない。

母だって自分が、お金ください、なんて行けないでしょ。『がめつい奴』の〝お鹿婆さん〟みたいな人でね。

風呂だってあるのに入れない。銭湯へ行くんですが、僕が盲腸やってようやく風呂に入れるようになった日は、傷口の関係から大家の風呂を借りなけりゃならなかった。

貸してください、と母は〝お鹿婆さん〟に頼んだんですが、母は薪を買って持っていきました。大家のカマドの側に薪はいっぱいあるんですよ。

台所だって共有なんだけれど、ガス台なんかは一切使わせてもらえない。うちは七輪一個だけ。それでももう親父に頼みごと、泣き言をいうのだけは、死んでも嫌だったんでしょうね」

その晩、母に「東京へ行って勉強したい」と思い切って言い出してみた。喜代子はふたつ返事で陽平を明るく送り出してくれた。

病気がちで寝込んでいることが多かった母を置いて出るのは心配だったと、陽平は付け加えた。喜代子にとっても辛さと喜びと、あい半ばしたであろう。

その後、こういうトラブルもあった。

渋谷区桜丘の家で、大阪から堯が出てきて養母・鎮江たちと同居するようになったいきさつは先に述べた。

堯は朝早く起きて掃除、飯炊き、自分の弁当作り、父親の車の掃除など万端済ませ、ようやく明大中野高校へ向かう毎日が始まっていた。

堯は高校一年生の夏休みのとき、実母に会いたくなり、大阪へ里帰りしたいと思いたった。それには米でも持って帰らねば母が困るだろうと考え、女中にだけ断って二升か三升の米を持ち出したのがいけなかった。養母にもきちんと断っておかなかったのが揉めごとの元となった。

なんと東京から、「堯が米を盗んで持ち出した」と大家に電話が掛かってきたのだ。養母・鎮江の誤解から、父親まで「ナニ、米ドロボウだと」といって収まらない。父は電話口で「帰ってこんでいい」と怒鳴るし、大家も「そんな盗っ人はここには置けない」と大騒ぎである。

この騒動で辛い思いをしていた母の姿を今でも忘れない、と陽平は続けて語った。

「母が泣き崩れながら弁解しているんですよ。『私はね、どんなに貧しくても子供たちに人のものを盗めというような躾はした覚えがありません。それは何かの誤解です。それほどにご迷惑でしたら、堯は引き取ります』って電話口で泣いている。

夏だったから、蚊帳《かや》の中からそういう母を僕は見ていた。ですから、今度また自分が東京へ行く、とは言い出しかねたんです。でも、母は、『そりゃ、行った方がお前のためだから、行きなさい』と」

独り暮らしになった喜代子は、間もなく永田家を出て、豊中の小さなアパートへ越した。

小石川の家

昭和二十八年十月中旬、笹川は小石川林町の広い家に転居し、そこを白菊遺族会の月例会場として提供していた。

それより先、彼は「全国モーターボート競走会連合会」を二十六年に立ち上げ、そこから資金の拡大運用を図る計画を進めていた。その詳細は後述するが、慰霊や援護を持続するには資金が続かなければお題目で終わってしまう。

情に生きるには、利に聡《さと》くなければならない。

従来の株や商品取引の利に加え競艇という新たな大事業を軌道に乗せるべく、笹川は小石川の家を拠点にして毎日走り回っていた。

明治大学に入学した堯は一年で中退し、父の運転手役を始めていた。

お手伝いの女性はいるが、笹川と鎮江の世話で忙殺されている。

鎮江は家の中の雑用、掃除など一切やらない。琵琶を弾く指に万一怪我でもしたら一大事だから、だ。

そこへ登場した陽平には、明大付属中野高校へ通わせてもらう傍ら、書生兼下男の辞令が出るのは目に見えていた。それまではまがりなりにも堯が奮闘してきたのだから。

二階には、白菊遺族会や巣鴨に残されていた人たちの出所祝いができるような大広間もある。部屋掃除、廊下拭きといっても並大抵ではない。

笹川の家に対する考え方は少々変わっていた。どんなに金があっても新築の家には入らない。

生涯新しい家にもマンションにも入らなかった。常に人が空けた古い家に入るので、あれじゃ「ヤドカリ」だと、周囲から陰口を叩かれた。

小石川林町の家も敷地は三百坪ほどあったが、古家である。

総ヒノキの二階家で、部屋数は十以上あった。だが門構えが豪壮かというとむしろ傾いていた。質素で古いのをよしとするモットーにそった構えである。

「息龍庵《そくりゆうあん》」と書かれた扁額の下をくぐると、大きな中庭に水の出ない噴水があった。

「息龍庵」とは、野に下っていてもいつの日にか一朝ことあらば天に昇る意気あり、という意味を込めての命名という。

巣鴨獄中で衆議院議員を辞し、かつ公職追放処分にあった際、そう決意したとされる。

雑草だらけの庭をスピッツが走り回っている。キャンキャンうるさく吠えるが、かまわず陽平は初めての玄関を開けた。

笹川が犬を飼うのなら日本犬が似合うと思うのだが、スピッツとは時代のはやりか、鎮江の好みか。

通された座敷でかしこまっていると、父親が若い女性を連れて現れた。

「おい、今日からこれ、お前の母親だからママと呼べ」

いきなりママと呼べ、と言われても戸惑うのは当たり前だ。

「しょうがないな」と観念したと陽平はそのときの思い出を話す。

「なにしろね、お母さん、って実母のことを呼んでいたので、どうも言い出しにくくて困りましたがね、ママだなんて。それにしてもなかなか色白の美人さんで、肉感的だったなあ」

だがさらに驚いたのは、家族が多いことだった。

鎮江のほかに、まだ結婚していない彼女の姉とぶらぶらしている弟、それに両親まで一緒に引き取っている。これでは鎮江の実家に世話になったようなものだ。

翌朝、さっそく書生兼下男の辞令が出た。

そのころの陽平の一日は、次のようなものだったという。

「朝早く起きてまず廊下の拭き掃除ですね。広いからいい運動になって、泣けるくらい。次いで、運転手が来る前に車を掃除して、玄関で靴を磨く。お客さんが泊まっていればそれも磨く。

それから布団の上げ下げ、部屋掃除。飯ができると十ヵ所ぐらいある仏さんにもあげて、それでようやく学校です。

四時には帰ってこないと怒られる。帰るとすぐに洗濯、洗濯物干し、洗濯機なんてまだないですよ。泊まっているお客さんのワイシャツのアイロンがけ。だから、将来クリーニング屋をやろうかと思ったくらいうまいもんです。

夜になって、お客さんで『お酒』っていわれたら、『ハイ』っていってぱっと出るようにしなけりゃいけない。

それで最後には台所の銅でできてる調理台や流しなんかをクレンザーで掃除し終わって、ようやく寝られる。まあ早くて十一時半から十二時。そういう生活でしたね」

そうした日々はおよそ六年間、陽平が明治大学三年になるころまで続く。

昭和三十五年一月、堯が結婚することになり小石川の家を出た。中野に一軒構えた堯が、

「どうだ、お前もこの際俺の家に来たほうが楽だろう。ついでといってはナンだが、ここらで笹川を名乗ったほうがいいぞ。俺の籍に入れ」

というわけで、堯の長男として入籍し、陽平も笹川姓となった。

奇妙なことかもしれないが、父・良一の先妻・菊重の籍に入っていた堯が結婚し、独立戸籍を作ったついでにその長男として陽平を入籍したのである。

これより先、長男・勝正は叔母・ヨシコの籍に入って笹川姓となり、昭和三十年大学卒業と同時に結婚していた。三歳下の蘭子という小柄な日本的美人である。

勝正が結婚当時を振り返りながら語る。

「奈良県の大和五條（現五條市）にあった弁天宗のご本尊、十輪寺の娘ですわ。母親が大森智弁といって、あの智弁学園の創立者でした。ところが、家内がまだ二十歳前でまるで結婚の気がない。大阪から毎日のように汽車で通いつめて結婚にこぎつけた。

でもね、親父は一銭もくれなかったな、身内には舌を出すのも嫌なくらいなケチだから」

思い出せば今でも腹が立つ、といわんばかりの表情である。父親のケチぶりにはよほど腹を据えかねたのだろう。

ついでに学生時代のケチ話も付け加えた。

「昔、学生服がないから買ってくれって頼んだらね、銀座の露店へ連れて行かれて、『おい、オヤジ、一番安いのを出せ』って。それが人絹でね、一回洗ったら表が縮んで裏が全部出ちゃうの、ひどい親父でしょ。でもなあ今思えば、巣鴨の人なんかを救うのに金が必要だったんだよね」

ともかく息子三人全員が、複雑な経路をたどりつつも笹川姓となったわけである。陽平もひとまず小石川での書生生活に終止符が打たれ、解放された。

堯の結婚相手は二歳下の金子好江といい、本人が自著で「あまり美人なのでたまげた」(『日本のドンを乗り越えろ』)と正直な発言で紹介している。

喜代子は少し前から豊中を引き上げ、東京都北区滝野川のアパートに仮住まいしていた。その母も中野へ呼び寄せ、陽平を加えた四人暮らしが始まった。ひとときの平穏な日常が恢《かい》復《ふく》した時期でもあった。

やがて陽平は昭和四十五年暮れ、堯の籍から抜ける手はずを考える。

「子供もできたのに、いつまでも兄貴の戸籍汚していたんじゃ申し訳ないから、俺、外れるよ」

その後、結婚相手の女性として可寿代が決まったのを機に、父・良一と大阪の本妻・一江の籍に養子として入る。

こうして笹川姓となった後、結婚で独立した戸籍が作られた。

その可寿代夫人については、

「芦屋の医者の娘でね、別にたいしたことはない。ただもう四十年ほどになるけれど、夫婦喧嘩をしたことはないな」

と少々へりくだって照れ気味に話すが、長兄・勝正によれば、夫人は「元日航の国際線スチュワーデスで絶世の美女」ということになるし、さらに家庭内の喧嘩に関しては、ある側近の裏話がある。

「夫婦円満で有名な陽平家の夫婦喧嘩は唯一、風呂の水の量をめぐってあるらしい。陽平会長は父親ゆずりで水を半分しか入れないので、奥さんがそれだけは嫌だと、喧嘩のタネになる」

風呂の水節約令はどうやら家訓のようだ。

船舶振興会設立へ

巣鴨拘置所を出て二年が過ぎた昭和二十五年の暮れである。

笹川はまだ戦災の傷跡も消え去らない銀座裏を歩きながら思案していた。

戦犯留守家族や遺族に対する支援を続ける上で、もうひとつやらねばならない大仕事が待っていたのだ。

いくらポケットマネーを使って支援する、といっても限りがある。毎日大量に持ち込まれる深刻な悩みを個々に解決し、かつ援助を持続させるにはもっと根本的な資金源を確保しなければならなかった。

彼の頭の中に浮かんでいたのは、獄中で見たアメリカの雑誌『ライフ』に載った写真だった。巣鴨の中では夢のまた夢のような世界に思えたその写真は、大海原を疾走するモーターボートである。

波を裂き、白い航跡を曳《ひ》いてカーブを切るボートの写真が瞼の裏から離れない。そこには、おそらく戦後の闇をも切り裂いてくれそうな爽快感があった。

そうだ、このモーターボートで競技をやれないものか、と笹川が思いつくのにさして時間はかからなかった。

すでに競馬は戦前から盛んだった。

戦時中はギャンブルというより、軍用馬保護育成を目的とした鍛錬競技にとって代わられていた。

だが、終戦後いち早く再興されたのも競馬だった。

地方競馬が戦災復興の名目から再開されたのは昭和二十一年。地方競馬法の制定に基づいている。

二十三年には中央競馬法が整備されて中央競馬会が設立されていた（中央競馬が開催され

るのは昭和二十九年)。

さらに競輪も昭和二十三年には自転車競技法が成立し開催されるや、全国に競輪ブームが巻き起こっていた。

いずれも戦後復興と地方自治体の財源確保を目的とした公営ギャンブルである。戦後の混乱期において、曲折を経ながらもこうした公営ギャンブルが爆発的人気を得ていたのも現実であった。

脇目でこれを見ていた笹川が、対抗し得る競技はもはやモーターボートしかないように思ったのもうなずける。

モーターボートを競走させ、見に来る人を集めれば国民が元気になって、戦後復興にも役立つのではないか。さらに、事業化できれば大きな資金源になるかもしれない――まだ具体的な姿にはならないが、笹川は巣鴨拘置所で見た写真から夢のような企画を膨らませていた。

出所後、受刑者慰問の日に浮かんだ「捨て小舟《おぶね》」のあの抱負と夢が、モーターボートの競走によって現実のものとなるかもしれないではないか。

なにしろまだ巣鴨にもアジア各地にもシベリアにも、数え切れないほどの受刑者、抑留者が残されていたのだ。

ところが、ほぼ同じ時期同じような企画を考えていた人物が複数いた。福島世根《よね》と渡辺儀重などである。

福島世根（当時六十二歳）は自ら明治天皇のご落胤《らくいん》を名乗ったり、さる高僧の愛人説も飛んでいた派手な女性だった。渡辺儀重は宝くじの発案者ともいわれ、財界に顔の利く人物である。

彼等がにわかに動いていた背景には、昭和二十三年八月に公布・施行された「自転車競技法」により、初めての競輪が福岡県小倉市で開催され、成功していた事実が考えられる。

そこで、モーターボート競走のレース事業を考案し、立法化を図るべく政治力のある大野伴睦など政治家を動かそうとしたのだが、簡単には実現しない。社会党などの反対が強かったのだ。

窮した福島たちは笹川を訪ね、実現に動いてくれるよう依頼した。実際には、このあたりの裏事情はかなり複雑だったようで、詳細を知る者は今では少ない。

いずれにせよ、笹川も自らの希望実現もあり、かねてより懇意だった岸信介や矢次《やつぎ》一夫と接触して道を探った。その結果、さっそく矢次が政治力を発揮し、国会議員の取りまとめに奔走した。

この時期、矢次も笹川も岸もまだ公職追放が解けていなかったため、表立っての活動はなかなか困難だった。

矢次一夫とは政界の怪物ともいわれる実力者で、かつては北一輝の食客ともいわれた時期があったが、その後幾多の大争議の調停役として鳴らした。さらに国策研究会を設立し陸軍との関係を深めた人物だ。

のちに昭和の妖怪とまでいわれた岸信介の参謀格として李承晩《りしょうばん》、蔣介石らと会見し、韓国や台湾とのパイプ役を果たし名を上げている。

その矢次が各党間の裏からの調整を買って出た。これが二十六年三月、議員立法として初めてモーターボート競走法案を衆議院に提出させる原動力となった。

だが、矢次や笹川の事案が功を奏するまでには、さらに国会内での紆余曲折が残っていた。法案は衆議院で可決されたものの、参議院で否決され、国会史上初めて行使されるという憲法第五十九条第二項に基づいて衆議院に戻され、逆転可決されたのであった。

そして法案が制定、公布されるのは、二十六年六月十八日のこととなる。

ここに、「モーターボート競走法案」が難産の末ながら、衆議院を通過し制定された。

同競走法第二十条によって、施行者（地方自治体）は売上金の三パーセントを国庫に納入すると規定された。この納入金が、船舶関連産業の振興や輸出振興に充てられるわけだ。

その先を『日本船舶振興会30年のあゆみ』から拾ってみよう。

同年十一月、競技の実務を担う全国モーターボート競走会連合会（社団法人）が結成され、初代会長には足立正（のちの日本商工会議所会頭）が推された。連合会は発足と同時にレース開催の準備にかかった。

そして遂に二十七（一九五二）年四月六日、長崎県大村市において三日間ではあるが初めてレースが開催された。

大村での開催が予想を上回る効果を上げた結果、会場は津、琵琶湖、大阪狭山、尼崎と飛躍的に拡大してゆく。

昭和二十七年四月、サンフランシスコ講和条約発効による追放解除を受けて、笹川も公職追放解除となった。

足立正に代わって笹川が第二代会長に就任したのは、昭和三十年五月十一日のことだった。笹川はちょうど五十六歳になっていた。

次のステップは、モーターボート競走の売上金を管理し、交付金を分配、公益事業の増進を図る組織と技術の拡充であった。その基幹部の確立こそが笹川にとっては急務であった。

当初、モーターボート競走の振興費は、政府の計画指示に従って運用されていた。

だが、造船関係事業への振興費などが増えるに従い専門知識の必要性が高まって、財団法人日本船舶工業振興会が設立された。

船舶用機関、用品の性能や品質改善から海難防止に至るまで自らが行うだけでなく、他の団体がこうした事業に関わる場合の補助金を交付する役割だ。

ところが昭和三十七年になると、公営競技の躍進とともに、一部に起きていた騒擾《そうじよう》事件防止なども含めたいっそう抜本的な改革が求められてきた。

その結果、改正モーターボート競走法が施行（三十七年四月二十日）され、十月一日には財団法人日本船舶振興会の設立へと財団の拡充が図られる。今日の「日本財団」（平成八年より）の基礎の杭《くい》が打たれた日であった。ちなみに、競技の呼称は現在では「ＢＯＡＴ ＲＡＣＥ」に統一されている（平成二十二年）。

初代会長に就いた笹川良一は六十三歳になっていたが、ビルの階段を駆け上がる元気さに衰えは少しもなかった。

昭和四十五年十二月になると、東京湾の有明十三号埋立地に「船の科学館」建設の鍬入れ式が実施された。

四年後の四十九年七月、約六万トンの客船を模したユニークな建築物は一般公開され、注目を浴びる。

ごく近年まで、埋立地台場（東京都品川区東八潮三）にある船の科学館には、旧海軍の特務艦で南極観測船となった「宗谷」や青函連絡船「羊蹄丸」が係留、保存され、見学者を楽しませてきた。

さらに下って平成十五年には、自爆沈没し引き揚げられた北朝鮮の工作船を展示して、多くの耳目を集めたことはまだ記憶に新しい。

ゴミ捨て場を買う

東京湾の有明埋立地を最初に笹川が見に行ったとき、一帯はまだ誰の手も付いていないただのゴミ捨て場でしかなかった。

今の「船の科学館」がある場所へは橋などのアクセスなどまったくなく、はるか離れた勝《かち》鬨《どき》橋の方から下見に入った。それも、長靴を履いて、猫の死体や悪臭を放つ生ごみの山に分け入ってのことだ。

「おい、あの埋立地を買うぞ。あそこなら海が目の前だから船の科学館建設にはぴったりだ」

こんな笹川会長の提案に乗る職員は皆無だった。突拍子もない買い物だと誰もが反対した。だが、何年か前には浅間山の麓《ふもと》、北軽井沢にある鬼押出《おにおしだし》の土地、といっても溶岩の上にペンペン草がはえているだけの場所を何百万坪も買ったのが値上がりした実績があるだけに、反対の声には勢いがない。

溶岩台地はただ同然の金で笹川に引き取られ、やがて西武と東急に半分ずつ転売された。

労せずして大枚の金が転がり込んできた事実を職員は目の当たりにしていた。

そのときの事情を、現日本財団会長笹川陽平が次のように語る。

「あのときの都知事、美濃部亮吉さんが十七万坪だったかな、完成した部分の埋立地を全部売るっていうんです、坪四万五千円で。ところが、まだ運輸省（現国土交通省）の圧力が強いときだったために、全部は駄目だという。博物館の土地だけでないと許可できない、ということで泣く泣く一万五千坪買った。あのとき全部買っておけばよかったと思うんだけど、お役人っていうのはバカだから、世の中が分からない。

今、あそこで民有地を持っているのは唯一『船の科学館』だけですよ。あとは全部東京都の土地を借りているだけ。フジテレビだってどこだってそうです」

さらに側近だった神山榮一もこんなエピソードを紹介する。

「笹川記念会館の八階の会長室に中曽根康弘さんが来られたんです、総理になられる直前のことだったと思います。

その窓からバックに品川の操車場が見えまして、先代会長が『あれをキミ、どうせもう使わんのだからすぐに開発しろ』っていったら中曽根さんが『はい、分かりました』と答えた。

しばらくした夏の暑い日に軽井沢で休んでいた中曽根さんから直接会長宛に電話があって、

私がまずとって受話器を渡したところ、会長が大きな声を出し始めたんです。

『ところでこの前キミに品川の操車場を開発しろっていったの、キミまだ覚えているか。ナニ、計画立ててはいる？　早くしたまえ。この次は総理はキミだろ、そっちはあんまり騒ぐな、かえって難しくなるからな。それで今キミはどこにいる？　ナニ軽井沢だと。あのナ、八十歳も過ぎた老人がこのクソ暑いのに東京でネクタイ締めて頑張っているのに、君ら自民党の連中はそういう涼しいところでやっていると今に必ず潰れるぞ』ってね。厳しいものでしたよ。そのとおりになってしまいましたがね」


今では埋立地の値段も品川操車場跡地の値段も天文学的数字だろう。もちろん埋立地は東京都が売らない。当時は坪四万五千円だったというから、誰も振り向きもしない土地を買う笹川の勘には格別のものがあったといえる。しかも土地の売買に人手は要らない。

株や砂糖、小豆などの相場に加え、土地を扱う商才に長《た》けていた笹川が戦後早くから蓄財を重ね、それを原資として福祉事業を支えてきたのだ。いずれも笹川一人でできる話だ。

競艇事業での儲けは船舶振興会を通して透明性を確保した上で、各種の海事事業などに交付する。

それに比べて株や土地での収益は、いわば自分のポケットマネーということになろうか。

税申告した残りを福祉のために使う、というこの連立方程式が完成したのだ。

だが、いわゆる進歩的文化人やマスコミからはこうした金の運用に対して激しいバッシングの嵐が巻き起こる。


人生の目的を達成するためには、金はないよりあったほうがいい。ましてや儲けた金の大部分を福祉事業に寄付するのが目的だから、なければ不可能だ。

要は脱税を犯していなければいいのであって、スーパーを興して儲けようと、公営ギャンブルで儲けようと金銭に貴賤はない。

親の財産から巨額の小遣いを貰っても税金を払えば違法ではないし倫理違反でもない。だが、脱税行為はイリーガルである。笹川はその点を踏み外すことだけは一度もなかった。金銭で躓《つまず》いた経験は皆無なのだ。

笹川にとって、金は目的達成のためのツールでしかなかった。最終目的が蓄財の人物とはそこが大いに違った。

だから彼は、日ごろから「金銀財宝、別荘や骨董品も死と同時に身から離れる」と繰り返し言っていた。

あるとき、ダイエーを創業した中内㓛《いさお》が笹川の事務所を訪ねた。二人の間で次のような会話が交わされたと、陽平が明かす。

「中内氏は召集されて二等兵か上等兵で戦後復員してから、売春宿のある場所で女たちにチリ紙を売って、そこから『主婦の店ダイエー』を立ち上げて、あそこまでいった方。最後は人の持ち物を何でも欲しがってね、三越まで欲しいって言い出すぐらいだった。その方が親父のところへ来てこう言われた。

『先生、お蔭様で私も売春宿でチリ紙売っていたのが、今日までになれて何百億かの資産ができました』

とね。そのころはちょうどダイエーと取引したくて銀行の頭取が日参するような時代でしたが、親父はね、つまらなそうに聞いていて、

『ああ、そう。それはおめでとう、よかったね。ところでキミ、あの世にその金を持ってゆく方法は考えたのか』って言って、それでおしまい」

笹川は常々子供たち三人に対して、

「俺はお前たちには一切財産は残さん。なまじ残すとろくなことにならない。財産を残さないという教育が俺の財産だ、よく覚えておけ」

と言って憚《はばか》らなかった。

陽平が苦笑いしながらこうも言う。

「そういったって死ねばまあ多少はこっちにもくるだろう、と思っていたらとんでもなかった。そのころ親父は数百億は自分の金を持っていましたからね。死んだら、なんと本当に残っていなかった」

何かあるごとに親父が引き合いに出した台詞が西郷隆盛の、「児孫のために美田を買わず」であってみれば驚くこともない、と最後に付け加えるのだった。

モーターボート事業は順調に展開し始めたが、巣鴨に残されていた総員が出所する昭和三十三年までの十年間、笹川は酒とタバコを一切断ってきた。

それは母・テルの諭しでもあった。テル自身も自分の古希の祝いなどで各方面から砂糖や汁粉などを贈られると、巣鴨プリズンの残留者たちにすべて差し入れていた。

さらに、地元の氏神様に休むことなくお百度参りを続け、一日も早い解放を祈願してきた。

昭和三十三年一月にはまだ五百人も残されていた。

テルはその正月、さしもの丈夫だった体に変調をきたし病に倒れた。一月十七日、「まだどれほど残っておられるかの」と言いながら眠るようにみまかった。享年八十一歳であった。

目を閉じるまで、テルは笹川にこう言っていた。

「私の葬式は、全員が出所できる日まででしてはなりません」

そのためテルの葬式が行われたのは全員出所がかなった、半年後の月命日でもある六月十七日だった。

式は青山斎場で執り行われ、「白菊遺族会」の主要メンバー山下奉文大将未亡人久子、東条英機大将未亡人勝子、木村兵太郎大将未亡人可縫《かぬい》らが、裏方を手伝った。

テルの体調が本格的に悪くなる直前の三十一年秋、笹川はテルを連れて四国の金比羅《こんぴら》参りに出かけている。笹川五十七歳、テル八十歳だった。病に倒れる前とはいえ、テルが金比羅神社（金刀比羅宮《ことひらぐう》）の石段を上るのは到底不可能だったので、笹川はテルを背負って上った。なにしろ石段は七百八十五段もある。

さらにこのときの母子の姿を「孝子像」と名付けて銅像にし、のちに故郷の春日神社や東京三田の笹川記念会館前など各所に飾った。

そこには孝養を説く讃歌が石碑に刻まれ、建立されている。後世の子供たちに親孝行の一端が伝わればとの考えからだった。

生まれ故郷豊川村（現箕面市小野原西）にある春日神社の参道入り口に建つ歌碑には、次のような文字が刻まれていた。

「母背負い宮のきざはしかぞえても
　かぞえつくせぬ母の恩愛
　昭和五十八年二月吉日」

「きざはし」とは階段の意である。

多くのマスコミや進歩的文化人からは「時代錯誤だ」「自己宣伝に過ぎない」と冷笑されたが、笹川は意に介さなかった。

喜代子葬送

全国モーターボート競走会連合会の事業は順調に拡大し、全国各地に競走場が増えていった。

長崎県の大村湾（大村市主催）で第一回が開催された後、津、琵琶湖などで施行されたことは先に紹介した。

昭和二十七年にはこのほかに尼崎、丸亀、芦屋など九会場があいついでオープン、翌年には鳴門、常滑《とこなめ》、浜名湖、福岡など八会場が増え、現在では首都圏の戸田、多摩川、平和島から九州大村まで全国二十四のボートレース場でレースが開催されている。

その中で、全国モーターボート競走会連合会（全モ連）に関連する諸事業を三人の兄弟がそれぞれ分担し、運営に携わるようになった。

たとえば長男・勝正はレースのポスターから舟券までの印刷を請け負う太陽印刷の社長であり、次男・堯は舟券発売機の製造会社、日本トーターとボート用エンジンを製造するヤマト発動機などの社長となり順調な売り上げで業績を伸ばしていた。いずれも群馬県前橋市を拠点とした。

三男・陽平だけが父親の財団に入り、やがて全モ連の副会長となり内側から事業を支えるようになる。

そうした息子たちの姿を傍から眺めている喜代子には、ようやく落ち着いた日常が訪れたように思われた。

だが、それぞれが家庭をもち、幸せな生活を築き始めていたころ、喜代子の体調がにわかに悪化した。

四十八年に入ってから「横腹が痛い」としきりに訴えたので、診察を受けると、

「すい臓ガンです。あと一年はもたないでしょう」

と医師から息子たちに伝えられた。三人は喜代子には隠していたが、体力の衰えは目に見えていた。

そんな折六月三十日、良一の弟・春二が肺ガンで亡くなった。当時、春二は大阪モーターボート競走会の会長をしており、葬儀は大阪の本願寺津村別院で執り行われることになった。

かつて、良一が大阪刑務所につながれていた間、浅草の家の家賃から何から面倒をみてもらった義弟に、喜代子は恩義を感じていた。

どうしても葬儀にだけは参列したいと言い出した母を、兄弟三人が交替で抱えるようにして大阪へ連れて行くことになった。

本願寺の山門から参道にかけては、黒白の鯨幕が引き回され、微風に揺れていた。

その中央の砂利道を黒縮緬《ちりめん》の喪服を地味に着こなした喜代子が進むと、本堂正面の両側から、笹川家の五つ紋を付けた親族一同の強い視線を感じるのだった。

一番奥の遺族席には久しぶりに見る笹川良一が黒紋付羽織袴で構えており、隣には大阪の正妻・一江が着席している。

小川喜代子にとってはそれでなくても針のむしろの上を歩くような痛みに加え、緊張感から顔色が白くなってゆくのが自分でも分かるのだった。

背を伸ばして見やれば、さっきまで手を引いてくれた自分の息子たち三人は、父親と並んで親族席中央で読経に耳を傾けている。

板敷きの焼香場がしつらえられ、親族から順に焼香に立った。喜代子ははるか後方の一般席の片隅に座ったので、長い間待たされていた。

だが、自分が生した息子だけが笹川の子だと、ここにいる誰もが知っている。

そう思えば、どんな末席でも、どんなにさげすまれても今さら痛くも痒《かゆ》くもない。

焼香の順番がきて、喜代子が立ちのぼる香煙の中に立つと、それまで重たく顔を伏せていた遺族席が一瞬ざわめいたようだ。

良一は胸を張っていたが、隣に座る一江は軽い会釈で目を伏せた。

気まずい時間が流れたが、喜代子はやってきてよかった、これでもういい、と胸でつぶやいた。私の代わりに三人も親族席に座っているのだから。

「疲れたろう、お袋」

勝正以下、息子たちが葬儀終了とともに集まってきて、体を気遣った。

この後、兄弟三人とそれぞれの嫁たちが寄り合って、一緒に京都で遊ぶ計画が立てられていた。

「楽しかったわ、嵐山の舟遊び、銀閣寺や苔寺。もう思い残すこともない」

兄弟三人にとって、最初にして最後の母との旅で喜代子がそうつぶやいてから半年が過ぎた。

クリスマスをささやかに皆で楽しんでから三日目の十二月二十七日、喜代子は急に意識が朦朧とし始め、緊急入院することになった。

正月が危篤状態のまま過ぎて、四十九年一月十日朝、赤坂の山王病院で息を引き取った。

まだ六十六歳という若さでみまかった喜代子だが、晩年は幸せだったというべきだろう。

遺体は、世田谷区松原にある陽平の自宅離れに安置され、通夜、葬儀が営まれた。

笹川良一は出席しなかったが、名代という意味だろうか、「鎮江がわざわざ焼香にきてくれた」と堯は自著に残している。

喜代子の遺骨は陽平たちによって、喜代子の両親が眠っている台東区三ノ輪の菩提寺に納められた。

愛は平等

テルや喜代子が先立つ中で、体が弱い大阪の正妻・一江と、東京妻として詩吟活動など前面に出る鎮江の関係には、はなはだ微妙な問題が表立ってくるようになる。

東西の「妻」の前ではそれぞれに、「お前だけが私の愛した女だ、お前とは来世も一緒に暮らそう」などと言い繕って過ごす。

前章で紹介した獄中書簡では、読む方が恥ずかしくなるばかりの台詞が並んでいたものだ。

「静江は予の万年後迄のよき伴侶である。予の知る数百婦人中第一である」

「静江には金がなくなれば出してやつて呉れ。もし出す金がなくなれば了平から取つてやれ、永遠に」

「双りねの手枕とらるる夢に醒め夜半に起て君想ふとき」


こういう言葉を鎮江にだけ吐いていたかというと、決してそうではあるまい。男性社会、とりわけ相場や財団関係者の間では強面《こわもて》で通っていたが、女性の前では「魅力的でチャーミングな初老の男性」像を崩すことはなかった。サービス精神が旺盛なのだ。

亡くなった喜代子にも、初めのうちは同じくとろけるような言葉で口説いていたに違いない。一江と結婚する際にもそれは同じだ。

笹川には女性を冷たくあしらうということがそもそもできない。

結果、捨てられることはあっても自分から進んで捨てることはない。したがって自然に数も増える。

東西に混乱が起きた場合は、山本五十六に説明したとおり、浜松あたりの上空で頭の切り替えをすればそれで済む、という考え方を変えなかった。

すべての女性に、愛情を平等に注ぐのが彼の生きがいでもあったのだ。博愛主義といわれるゆえんである。

だが、いつも円満に済んでいるとは限らない。小石川の自宅で鎮江が笹川に詰め寄ってい
る現場に出くわしたのは、笹川の側近だった神山榮一である。

「会長（笹川良一）の家で夜の会食があるというので林町へ出かけたのですが、時間が迫っ
てもなかなか会長が帰宅しない。

最初のうちは『すいませんね、待たしちゃって』なんていっていたのですが、途中、会長
から電話が掛かってきた。鎮江さんが会長と何か激しい言葉のやり取りをしているのが聞こ
えるんですね。女の家からの帰りで、時間に遅れたらしい。電話の調子から匂いがするんで
すかね。

『あなた、今どこなのよ。東京都？　都内なの？　何区のナニ町なのか言ってごらんなさい
よ。そこにあるビルの名前を言ってごらんなさいよ。ああそう、自民党？　どの先生の事務
所なの、お化粧したセンセでしょ、名前を言いなさいよ』

これじゃ、いつまでもいるわけにもいかなくて、お忙しそうですから、ってその晩は失敬
しましたが」

翌朝、笹川はけろっとしていたが、ひと悶着あったに相違ない、と神山はいう。葭町《よしちょう》の芸
者と昵懇になっていた時期だったと、別の関係者は証言する。

そんなとき笹川は決まってこんな質問をする。

「ところでキミのところは、いま何人妻がおるんだ」

言われた方は驚いて、「もちろん一人ですが、やっと食わせています」とたいがいは返答する。

「そうか、今のヤツは可哀想だな。わしらがキミの歳にはな、毎晩食事の相手も夜の相手も替わったものだ。夜ごとに替わる枕の数なんてな」

これが一種の照れ隠しの会話で、その場を取り繕う。

神山はもう一件、修羅場との遭遇を思い出して語る。

笹川が勲一等旭日大綬章を受章するときのエピソードだから、昭和六十二年五月のある日のことだ。

これは二度目の叙勲で、五十三年に勲一等瑞宝章を受けており、このときには単身授章式に臨んだ。勲章の授章式には、戸籍上の妻を同伴しなければならないのは当然だった。一江は以前より病弱だったこともあって、出席は諦めていた。

すると鎮江が、

「私だって笹川姓なんですから、私が出席してもいいじゃないですか」

と強硬に主張した。困った笹川は、

「再叙勲があったらな、そのときにはお前を正式にナ、連れて出るから、今回は俺一人で財団全員の代表というつもりで行ってくる。我慢していろ」

前回、同伴を迫る鎮江をそうなだめ、説き伏せたいきさつがあった。

「正式に連れて出る」という意味は、鎮江からすれば入籍をして正妻として連れて行く、ととったのは当然かもしれない。

九年経ってひと回り大きな叙勲の知らせが届いた。おめでとう、と皆に祝われても笹川の心中は冷や汗ものだった。

鎮江の剣幕に気圧されて「入籍する」などとはいってみたものの、現実には大阪を説得できるとは思えない。

「どうだろうな、一江に離婚の話はできるだろうか」と周囲の者にそっと当たってみたが、「そんなことをしたら、一江さんは死ぬかもしれませんよ」のひと言。

脚が悪く、気鬱なまま耐えている一江にしてみれば、唯一の存在価値《レーゾンデートル》は正妻の座にいる誇りであるともいえるだろう。

だから、「死ぬかもしれない」とまでいわれては手も足も出ない。離婚など口にも出せなかった。

間もなく授章式というある日、台場「船の科学館」の食堂で、神山は笹川と鎮江のお相伴で昼食を摂《と》った。快晴の東京湾を見下ろしながら絶景の食事会とはいえ、とても喉を通るものではなかった、と神山は振り返る。

「鎮江さんがまず口火を切ったんです。

『ちょうど神山さんがおられるから申し上げますけれど、会長、私はいつまでこういう立場にいなけりゃいけないいんですか』

会長は、『何なんだ、後でまたナ』などと逃げに入ったんですが、そうはさせじと、『吟剣詩舞の皆さんから、奥様、このたびは皇居へはどんなお着物をお召しになられるんですか、って聞かれます。私は会の皆さんの期待にも応えられない、いつまで我慢するんですか』って詰め寄ってね」

こういうときの笹川は、いつもの堂々とした貫禄も消えて落ち着かなくなる。それでも、ナイフやフォークを動かしながら劣勢を挽回しようと試みた。

「あのな、神山君。明治維新の偉い人たち、桂小五郎、大久保利通、伊藤博文なんか、ああいう人たちはいつ殺されるか分からないけれど、天下国家のために働いた。彼等が家に帰って女房に難しい顔をされるよりも、ちょっと立ち寄って『一献どうぞ』なんて慰めてもらうことがあって、そういうことで今日の日本があるんだろ、なあ、そうだろう」

そんな例を引き合いに出されても部下には返答のしようがない。それで引っ込む鎮江でもない。

「事態は険悪になりまして、鎮江さんは切り口上です。『そういうお話をお聞きしているのじゃありません。いつ籍を入れてくださるんですか、って聞いているんです』

私はもう食べてなんかいられませんよ。すると会長はさっと立ち上がって、窓際からお台場を指差しながらこう言うんですよ。

『あの船はなんていうんだ』ってね。

知らないわけはない、ご自分で係留させたんですから。仕方ないから私も、たぶん『宗谷』じゃなかったでしょうか、と言うと、『そうか、宗谷か』なんていって、あとは『ちょっとおしっこ、おしっこ』で逃げ出すんです。

トイレから戻ってくると、がらりと変わって機嫌をとります。

『世間はな、わしのことを女好きとか何とか言いよるが、本当のところはな、色々あったかもしれんけど、こいつしか頭の中にはないんだよ』

なんて言い出すんです。すると鎮江さんが『何言ってるんですか、まったく。いつもこうなんですから』で、一巻の終わりになっちゃう」

まあ、「犬も喰わぬ」の内ではあるが。

「仲がおよろしくて」

小石川の家の仏壇には笹川の両親の位牌と並んで、過去に愛した女性の名前が短冊《たんざく》にずらりと書かれ奉られているのはよく知られた話だ。

その仏間は一階の奥、中庭に面した落ち着いた場所にある。別に大きな神棚が二階にあり、朝は一緒に拝んでから食事を摂るのが慣例だ。

仏壇の短冊は当初七人だった。

川島芳子霊位
井筒あい霊位
長尾とみ霊位
水野貞子霊位
中山能子《よしこ》霊位
永瀬ふじゑ霊位

小川喜代子霊位
ほか不明諸霊位

この慰霊短冊は鎮江公認で、不思議なことにむしろ彼女が積極的に自らの筆で墨書し、供養に手を貸していたという。

つまり、鎮江は生身の女性には嫉妬しても、鬼籍に入った相手は嫉妬の対象外であった。

川島芳子はすでに紹介したとおり、清国皇帝の末裔《まつえい》にして女スパイ。井筒あいは大阪の芸者で静松といい、家を持たせたが裏切られたといういきさつが過去にあった。

中山能子は、明治天皇ゆかりの女性、つまり自称ご落胤ということのようだが、琴や和歌に秀で、高貴な雰囲気漂う女だったという。

水野貞子も子爵の未亡人で、やんごとない血を引く不幸な女性を慰めたのだという。永瀬ふじゑも夫に先立たれ、相談に乗っているうちに深い仲になった相手だ。

その後は過去の女性が亡くなると新年の一月十七日に鎮江が短冊を新しく書き加え、仏壇に供養する習慣がついた。

短冊には登場しない芸者衆まで数えたらとても書ききれないだろう。いったい何人まで記録に残したのか。

　実際、最晩年には七十人近い名前が並んでいた、と証言するのは第三章で笹川の風呂にまつわるエピソードを紹介してくれた今村喜美子である。

　その際にも、「(お風呂には) お二人でお入りのことが多かった」と語っているように、基本的には二人の仲はかなり睦まじいものだった。

　本人は三百人切りだ、五百人切りだ、いや元気いっぱいの年ごろ刑務所に二度も入っていなければ、わしゃ千人は引き受けられた、と豪語していた。しかし、実際には鎮江がしかるべき押さえどころを承知しており、七十人近くを墨書したくらいだった。


　今村喜美子が小石川の笹川家に入ったのは昭和五十八年六月からである。

　つまり、笹川良一の八十四歳から九十六歳までの人生の最終期にすぐ側で仕え、稀有な生活体験を共にした証人といえる。

　いわゆる「お手伝いさん」には違いないが、身分は財団に籍が置かれ、出向のようなかたちで「小石川支部」に泊まり込んだ、といえば分かりやすい。その今村の記憶は漏れもなく、微に入り細を穿《うが》っている。

「奥様がお書きになるのはお正月の慣例でした。会長は正直に奥様におっしゃったのでしょう、奥様も『何でもないわ』ってね。

私にも『ボクの彼女だったんだよ、好きだったんだ』なんておっしゃって。巻紙を一センチほどの幅に切って厚紙に貼り付けて書き足し、仏壇に供えました。

最初に上がりましたとき、何も分からないので鎮江夫人を『奥さん』ってお呼びしたら、『奥さんって、誰のこと？　えっ、奥様はいるけど奥さんはいないのよ』と叱られました。それ以来、言葉遣いには注意を――」

正妻の座に迎えられないいらだちは募るものの、鎮江のために昭和四十三年には財団法人日本吟剣詩舞振興会が設立され、全国組織の頂点に彼女自身が座ることで、外への面目は立っていた。

詩吟の正式会合や賓客接待などのパーティーではいつも笹川の側に付き、そこでは「奥様」と誰もが呼んでいた。そういう晩は機嫌がいい。

もう一度、今村喜美子に話してもらおう。

「式典などに出られてお二人でお帰りになりますと、二階へお上がりになってそれはもう仲睦まじくってね。

奥様のことを会長が『アーちゃん、アーちゃん』って、お呼びになるんですよ。それが甘えられた声でね、最初は私には何だか分からなかったんです。そうしたら奥様が『なあに、坊やちゃん』って返事をなさる。

これも驚いたんですが、会長が『ワンワン』とお答えになると『ニャンニャン』なんて奥様がお返事なさって、そういうときは仲がおよろしくって」

仕事中には強面で通している笹川が、一歩家の中に入るとこうも変わるのは、それなりに癒やしが欲しかったのではないだろうか。

八十歳を過ぎた時代からの今村証言だが、こうした生活習慣はかなり以前から変わらなかったものと考えていいだろう。

「アーちゃん」の意味を今村が笹川に尋ねたところ、「ナニ、愛しているのアーだよ」と平気で答えたという。

だが、「アーちゃん」という言葉は一種の幼児語でもある。母親に甘える幼児の言語であると考えれば、笹川はやはり母の代償が欲しかったのではないだろうか。

賢く、強く、優しかった母・テルの面影を、終生追っていたと考えれば腑に落ちる。

ハンセン病救援

笹川七十五歳のときというから、昭和四十九（一九七四）年のこと、彼はハンセン病撲滅のために強い覚悟を決めた。

幅広い専門家の知識や協賛を得ながら、笹川記念保健協力財団を立ち上げたのだ。それは彼の後半の人生の大部分を占めるものとなってゆく。

この年に財団を設立したので、公には運動開始は昭和四十九年ということになる。だが、彼が実際にハンセン病根絶を思い立ったのは、陸軍を除隊して生家に戻り、酒造業の手伝いをしていたときだった。

きっかけは第一章で紹介した、障子を背中に背負って屋根から飛び降りた腕白時代にさかのぼる。

空中を飛ぶはずが、落ちて見事に腰から墜落した。そのとき、駆け寄って介抱してくれた少女がいた。

村一番の別嬪さんだったその娘にやがて結婚話が出たのだが、間もなく杳《よう》として行方知れずになってしまう事件が起きた。笹川が二十三歳、父・鶴吉を失う年でもある。

彼女の家系にハンセン病の患者がいた、とのことで、結婚話が破談になったのだと店番をしながら耳にした。悲嘆に暮れたその娘は姿を隠して自殺したのではないかと、村内では囁かれた。

この事件に衝撃を受けた笹川は、大人になったらハンセン病をやっつけなくてはならない、と決意したという。

それから五十年の月日を要して準備を整え、「天刑病」とまでいわれたこの病に立ち向かう意思を実行に移した。

ハンセン病患者慰問には世界各国へ行っているが、初期のころネパールの山奥へ行って老婆の患者に会ったとき、笹川は大粒の涙を流したという。同行していた陽平はこれまでしょうもない親父とばかり思っていたが、このときばかりは見方が少し変わったと話す。

今、父親のこの意思と事業を引き継いでいる陽平が記した一書を藉《か》りてハンセン病取り組みへの覚悟をみておきたい。

「一九六一年、WHO（世界保健機関）のTDR（熱帯病研究訓練特別計画）によってライ予防ワクチンの試薬が完成しました。ジェンナーの種痘によって天然痘が撲滅されたように、予防ワクチンがあれば、ライも撲滅可能なのです。

ただ、ワクチンの接種とは、病原菌を体に植え付けることを意味します。『安全』と言われても、万一、発病したら——と誰もが考えます。ジェンナーが、種痘をまずわが子に接種したのは有名な話ですが、父は伊藤利根太郎《いとうとねたろう》氏（阪大名誉教授）に、ライ予防ワクチンをまず自分に接種してほしいと申し出たのです。

『私は、このワクチンが安全であることを世界に示し、円滑に普及させたい』と。

同年末、WHO本部においてマーラ事務局長立会いのもと、父はライ予防ワクチンを自らの左肩に世界で初めて接種したのです」

（『知恵ある者は知恵で躓《つまず》く』）

わが国では天然痘に関しては、幕末・嘉永年間、佐久間象山《しょうざん》が種痘をいち早く取り入れ、知り合いの武家娘の腕に受けさせ啓蒙を図ったという記録が残されている。得体が知れない種痘を「打てば牛になる」といったような噂が絶えない時代だった。

今よりはるかにハンセン病に対する偏見や差別意識が強い時代、笹川は国内はもとより世界中のハンセン病施設を慰問して回った。

患者と握手をし、一緒に食事を摂り、肩を抱き合って患者を励ました。

そうした事例のひとつを笹川の妹・ヨシコの女婿、沖津嘉昭が語る。

沖津は当時側近の一人として何回か笹川のハンセン病救援活動に随行している。

「昭和五十三年か四年のことですから、先代会長がもう八十歳になられる直前のことです。パラグアイのハンセン病施設を慰問するというので行きまして、まずは大使と面会したんです。

大使は歓迎の夕食会では、面倒な人が来て困ったな、という顔でね。ハンセン病施設慰問のために来たとは理解していないようでした。とにかく明日の観光の予定はこうなっておりますから、と。

ところが笹川会長は、観光なんてまったく興味なし。宿舎へ帰るとさっそく翌日のスケジュール変更です。

『イグアスの滝なんか遠いだけで面白くもない、ただ水が落ちてるだけだ。それより孤児院を探せ。それでな、菓子をいっぱい土産に用意しろ。問屋で買えよ、同じ額でたくさん買える。包装紙は要らんぞ、段ボールでいい』

というわけで、翌日は何ヵ所か孤児院回り。その次の日はハンセン病施設へ朝早く出かけました。なにしろそういう施設ですから、ジープで山道を三時間も行くような山奥にあります。

患者が三、四十人ほど並んで出迎えていましてね。会長は一人ずつ手を差し出して握手したり抱いたりするんですが、患者さんの中には気兼ねして手を引っ込める人もいる。見るとね、手首から先がないんです。ほとんどの人が指なんかない感じだったのですが、会長は一向に構わず手を取って握るんです。みんな感激しまして、涙を流す老人とかいました。

病床の方は豆電球だけで暗く、重症患者ばかり。そのベッドを回って、

『頑張ってな、必ず治るから』

って日本語は通じなくても、相手には分かります。その翌日も孤児院慰問でした。

いよいよ帰る前日、浅葉さんとおっしゃったかな、大使がね、『先日は誤解をしておりまして、大変失礼をいたしました。笹川先生に対する考えがすっかり変わりました』と、目にいっぱい涙をためてご挨拶されたのを覚えています」

これは一例に過ぎないが、笹川によるハンセン病患者救援活動の一端が伝わる事実である。

比較的分かりやすい例を数字で挙げよう。

一九七〇年代の半ばに至っても、ネパールでは人口千人につき十人からのハンセン病患者がいたと推定されていた。

台湾では一九七七年当時、登録ハンセン病患者数が五千人に上り、未登録の患者が同じく五千人いたと推定された。そのため台湾の行政院は、ハンセン病撲滅十ヵ年計画を開始した。

また韓国でも一九八〇年において約五万人のハンセン病患者がおり、内二万八千人は登録されて規則的な治療を受けていたが、残る二万人余は治療の手が行き届いていなかった。

そうした環境を少しでも改善すべく、昭和四十九年、笹川は笹川記念保健協力財団を設立した。

その趣旨に基づき、ハンセン病研修センターの建設資金、予防教育や診療施設への資金援助が開始されたのである。（データは『日本船舶振興会30年のあゆみ』による）

全世界における制圧にはまだ日数がかかるといわれるが、こうしたハンセン病制圧の活動が笹川良一の手で始められた事実を知る日本人は少ない。

戦後の笹川は、巣鴨拘置所での死刑囚やその遺族援助をはじめ、戦争犠牲者とその留守家族への支援活動、さらにはハンセン病患者の救済と撲滅運動に取り組んだ。

笹川のそうした福祉活動への宿望は、いわば自らの手で〝福祉王国〟を構築する作業でもあった。

戦犯や家族に手を差し延べ大舟に乗せるためのツールとして、笹川は資金を集めた。

それら社会福祉への原資が、株や商品取引で儲けたポケットマネーにとどまらず、モーターボート競走開催によって得た交付金にあることは事実だ。

その資金があったからこそ、笹川が獄中慰問の際に語った「あなた方が『捨て小舟《おぶね》』であってはいかん」という言葉に重みがあり、裏づけが担保されたのだ。

舟を漕ぎ出す先は、福祉の王国である。

王国の岸辺を目指す舟の船頭が笹川良一なのだ。そして、実に多くの人々が舟の乗客となり、旅人となった。

舟の乗客と王国をつなぐ風媒としての傑出した資質が、笹川には備わっていた。

戦争犠牲者や戦犯遺族、ハンセン病患者、両親、そして笹川が愛した女性たちのすべてが呉越同舟、乗り合わせていたのである。

第七章　終生の煩悩

――九十歳、恋情

山科の里

京都から東山を越えると、微《かす》かに中世の雅《みやび》な匂いを残す山科《やましな》の盆地が広がる。昔から京都と東国を結ぶ交通の要衝でもあった。

その点では、笹川の生家があったかつての豊川村が京都と西国とをつなぐ街道筋に位置していたのと対照的である。豊川村が商業地として栄えてきたのに対し、山科は古来より禁裏御用地として栄えた。

「京都を挟んで西と東の入り口にお互いが生まれたのも何かの縁だな」

今しがた山裾の路地を分け入ってきた黒いベンツの後部座席で、笹川良一はそうつぶやいた。

着ているダーク・スーツの裏地やネクタイがともに真紅に揃えられている。

もともと笹川が派手な色あいを好んでいたわけではなかった。すべては鎮江の好みによるものだった。

今村喜美子の説明によれば、英國屋で仕立てるのも、裏地にエルメスの真紅のシルクを指定するのも鎮江の指図で、

「当時で五十万円からする支払いも奥様の財布から支払われていました。だって会長はそん

なに高いと知れば着ませんもの」

という。

「会長はただ立って寸法を測らせているだけ。奥様がそこのエルメスの馬のとか、ライオンのとかおっしゃってお決めですから。それなのに時計だけは高いのはなさらない。『時間が分かればいいんだ、重いのは嫌だ』って」

鎮江が決めたその真紅の彩が季節がら紅葉に合わせたかのようでもあり、夕陽に染まって赤々と映えていた。

よもや鎮江お気に入りの背広が山科で衣紋《えもん》掛けに掛けられるとは、鎮江自身もおそらく気がついていない。

昭和五十三（一九七八）年の十月半ばである。

伊丹空港から名神高速を通って京都東インターまでくれば、ここまでそれほど時間はかからない。昼過ぎに東京を出ても、夕刻前には山科に入れた。

途中、箕面の生家に寄ってヨシコの顔を見たり、墓参りを済ませてから高速に乗ることもある。立ち寄れば言う台詞は、

「元気にしているか。なに、ワシはな二百歳まで生きるから心配せんでいい」

と、決まっていた。

今日は伊丹から直行だ。

敷かれた砂利をわずかに軋《きし》ませながら、やがてベンツは小さな神社の駐車場に辷《すべ》り込んだ。ドアを開ける運転手を制して、自らさっと身軽に降りた。

車の後部に置いてあった帽子を被り、さらにサングラスを掛け、マスクをしてから左右を確認し終わると、ゆっくり歩きだした。

帽子はインドネシアのスカルノ元大統領が被っていたのと同じようなスタイル、サングラスは真っ黒である。

「どうだ、これならワシとは分からんだろう」

山科行きにはいつも運転手を兼ねていた側近の森本和雄（現ＭＴＰアクリュ代表取締役）は、聞かれてもハイと答えるしかなかった。

だが、実際には傍から見れば、その変装ぶりはむしろ異様で、かえって目立つかと思われたが、本人は満足げである。

運転してきた森本に向かって、

「じゃあな、いつもと同じじゃ。明日の朝六時までにな、ご苦労だが迎えにきてくれ」

そう言い残すと、一人で小径《こみち》を歩き始めた。長い塀に囲まれた大きな屋敷の前まで来ると、インターフォンを太い指先で押した。

笹川が建てた家である。昭和四十五（一九七〇）年に開催された大阪万博（日本万国博覧会）の二年ほど前のことだったから、かれこれ築十年になる。

「おい、元気でやってるか。今着いたぞ」

どこへ行っても最初は「おい、元気か」が挨拶だった。

「ようこそ先生、お待ちしておりました。お疲れでございましょ、どうぞお上がりになって」

名前を大津《おおつ》法子《のりこ》（本人の希望により仮名とする）という。

和服が似合う色白の女が玄関戸を引く。のぞいた口元にきりっと引いたルージュが印象的で、笹川の背広裏やネクタイにも重なる。

年齢はこの年、三十八歳。笹川は七十九歳になっていたが、顔の色艶や足どりからしてとてもその歳には見えない。年齢差は四十一歳あった。

自宅にいながら、ここまできちんと着付けをし、帯も半襟も気配りしたものをあしらって自分を待っている女はほかにはいないのではないかと思われた。その分、笹川はいつも法子を誉めちぎるのだった。

「お前が一番美人だ。頭もええ」

一江も鎮江も着物を着るのは仕事のうちであり、贅《ぜい》を凝らした着物や帯をいく棹《さお》もの和箪笥にあり余るほど持ってはいるが、自分が帰ったときにこれほどの支度はしていない。鎮江はテレビに出るから二度と同じ着物なんて着られないともいっていた。

着物の知識などからっきしない笹川だが、そういう気遣いが嬉しかったのだろう。それがたまらなく愛しいとも思えた。

「おお、今日も綺麗だ、何か変わったことはなかったか、うん」

「ええ、先にお風呂《ぶう》にされますか、それともどこか食べに行かはります」

外へ夕食に出るときもあった。それが突然だったりするので、法子はいつどうなっても大丈夫なように心得、風呂も沸かして待っていた。

外で食べる場合は好物のスッポン料理の老舗「大市《だいち》」へ向かうことが多い。

湯船はなぜかこの家だけ、湯の量が多めだった。ときには溢れるほどの湯量があった。

「いや今日はな、スッポンじゃなく家でお前とゆっくりしたいから、風呂が先だ」

しかも湯船には二人がゆっくり入れるほどのゆとりがある。

小石川の家の湯船は二人がくっついて入ればちょうどいっぱいという大きさ。決して大きな湯船を作らなかった。水がもったいないからである。

もしも息子たちが知ったら卒倒するのではないかと思うと笹川は微笑を浮かべ、あわてて湯で顔をすすいだ。

自らが課した「湯の量は六分まで」の戒律には、妻たちも息子たちも同じように縛られていたはずだ。正月の寒い中、水風呂に息子を押し込んだこともあるほど風呂は人生修行の場でさえあった。

ところがここ山科でだけは、どういう風の吹き回しか、たっぷりめの湯に笹川はつかっていた。

小石川の家でお手伝いに入った今村喜美子は、「キミ、ちょっと来なさい。溢れたらもったいないでしょ。半分でいいんだ」と言われ、「お二人でちょうどいいのはタイルの上から六枚めまでなんです。いつも数えて六枚めまで。うっかりして多いときには急いでバケツで洗濯機の中に移しましてね」と確かに証言していた。

笹川良一と大津法子の人知れぬ関係は昭和三十八（一九六三）年八月に始まった。

そして、二人の関係は、笹川の十七回忌を間近にする今日まで表に出たことはない。

「大阪の本妻さん」である一江と、「東京の奥様」と呼ばれる鎮江が「妻」もしくは「妻同然」の立場にあったのは周知の事実だった。

鎮江が笹川の妹・ヨシコの籍を借りて笹川姓になった経緯はすでに述べた。

小川喜代子は男児を三人生したが、戦後自ら身を引いて笹川の世話にはならなかった。だが、喜代子の存在は隠される必要はもとよりなく、さまざまな形でこれまでの資料に登場している。

すでに述べたが、笹川は自称何百人切りといって憚《はばか》らなかった男だ。そこには誇張や偽悪的な性向があったものの、多くの女性を愛したことに相違はない。

小石川の家の仏壇に並ぶ慰霊短冊の内の七人を除けば、おおかたが行きずりの縁に過ぎない女性だった。

加えて、最初の結婚相手国友菊重と鎮江は、笹川と関係が深かった女性として記憶されなければならないだろう。

その意味では、これまで笹川と縁《えにし》の深かった女性は十人までということになる。

十人の中で家を本格的に構えた相手は小川喜代子、国友菊重、一江、鎮江に井筒あいを含めたとして五人にとどまる。

ところがここにもう一人、笹川の生涯の記録にこれまで一切登場しなかった女性が現れ、いま初めてその存在が明らかになった。

昭和三十八年夏に出会ってから笹川のほぼ最期まで、実に三十年以上も続いたこの関係は、不思議なほど秘密のヴェールに堅く厚く覆われてきた。

今回、七十歳（平成二十二年十月現在）を迎えていた大津法子から初めての談話取材が、それも長時間にわたってできたことは、笹川良一という人物の側面を知る上で貴重な記録となると思われる。

取材に答えてくれた法子によれば、風呂へのこだわりは「笹川先生の優しさと気配り」からだという。どうやら山科だけは別世界なのか、と思いさらに聞いてみた。

「お風呂でも一緒に入るのですけれど、まず先生が先に入って私のために床のタイルを温めておかれるんです。私が寒くないようにって。それで、お湯が流れる床の排水口に先生がタオルを最初だけ詰めておくんですね、お湯がタイルの床に溜まって足が温かいようにと、お優しくて」

自分より四十一歳も若い大津法子であってみれば、もう風呂の湯量など論外といわんばかりの「気配り」である。

これは「お優しい」からには違いないだろうが、少々差別が過ぎはしないだろうか。そう問うと、彼女は小さく笑いながらさらにいっそう「優しい」笹川の側面を語った。

「ひとつのミカンでも必ずひと房ご自分が食べてから、『法子、こっちの方が甘いぞ』なんて、それも房の大きいところをね。桃でも私には剝かせないでご自分で剝いてから、おいしいところを選んでくださいました」

呼び方は「法子」だったり、「お前」であったり、「法子さん」だったりまちまちだった。

法子の方は、最初にそう呼んだ「先生」という慣わしが変わらず、今日まで続いている。

湯上がりの体には裏手の神社から流れ込んでくる秋の冷気が心地よかった。夕闇の仄暗《ほのぐら》さの中に、法子の白い肌が浮き立ち、笹川はゆったりとして盃を運んでいた。

法子はすっと立つと衣桁《いこう》にかかった無地の単衣《ひとえ》を取り、笹川のパジャマの背中に掛けると、奥の間に夜具を支度した。

「明日は朝早くから、飛鳥寺さんまですいません」

三十歳を過ぎたあたりから八雲琴《やくもごと》の稽古を始めていた法子のために、笹川は車で送り迎えをしてきた。奈良の古刹《こさつ》飛鳥寺には国の無形文化財の指定を受けている老師山本震琴《しんきん》（雨宝）がおり、指導を受けていた。

運転手に朝六時までに迎えにくるようにいったのはそのためである。

軽く酔いがまわったのか、笹川はずるりと床に横たわった。

法子は高い天井を見上げながら、初めて笹川と会った遠い日を思いうかべていた。

「法の舞」宗家

大津法子が生まれたのは昭和十五（一九四〇）年三月の満州だった。それもシベリアに隣接する黒竜江省《こくりゅうこうしょう》の黒河《こっか》という辺境の町である。

召集されていた父が終戦になるとシベリアに抑留され、幼い弟を引き揚げ途中で失うという過酷な体験に一家は見舞われていた。

引き揚げてきた法子が育ったのは琵琶湖に近い母親の里だった。父が強制収容所から解放されて帰国したのが三年後の夏。

法子は京都の高校を卒業すると服飾学校でデザインの勉強をしながら、インド人の舞踊家から英語を習い始めていた。

もともと幼いころから日本舞踊を習っており、若柳流名取にもなっていたので将来はその道でもいいかと考え始めていた矢先だった。

このインド人舞踊家が、どこに目をつけたのか英語よりインド舞踊を習ったほうがあなたは成功する、と言い出したのだ。法子も次第にインド舞踊の魅力に惹かれるようになってゆく。タゴール百年祭というタイミングがあり、タゴール作品の舞姫になって舞台にも上がった。

そんな中で行われたのが、昭和三十八年八月十五日終戦記念日の戦没者慰霊祭だった。

場所は京都岡崎の京都会館第一ホール。法子はその慰霊祭に捧げるインド舞踊の舞台に立つため、楽屋に入っていた。

その控え室に偶然居合わせたのが、今隣で寝息をたてている笹川である。「東京夫人」の鎮江による琵琶や詩吟の奉納があり、笹川はこの日の慰霊祭の名誉会長を務めていたのだ。

お付きの人が笹川の靴紐をぎゅっと締めたりするのを側で見ながら、どこのご大層な方なんだろうかと思っていた自分がおかしい。

衣装を着けて、前座の舞台で踊って楽屋に戻ったときだった。

「あなたの踊りには魂が入っています。普通の舞じゃない、何か過去にあったのですか」

そう笹川に問われて法子は、家族に起きたある事故の話をした。

それは、新築したばかりの山科四宮《しのみや》の家で練炭火鉢が原因で一酸化中毒のために兄二人が同時に事故死するという悲劇だった。

兄は二十一歳と十九歳、幼い弟をすでに失っていた彼女は、これで兄弟をすべてなくした。落胆は大きく、精神的にもかなりの衝撃を受けていたのだ。

それが何らかの形で舞踊に強く反映していたのだろうか。それとも、単に自分への接近のためだけにそうまでいったのか、当時は判断もつきかねていた。

兄の不幸を聞いた笹川は、その場ですぐに「あなたの舞踊は極めて独自のものです。名前からとって『法《のり》の舞』と名付けましょう」

そう言うや、扇子を取り出すと「初代　法の舞」と筆で認め、大声で「あなたは今から『法の舞宗家』です」と宣言したのだった。

「法の舞」といっても、特別に変わったものではなかった。これまで習ってきたインド舞踊に、より仏教的な生命力の要素を加えた創作舞踊である。

だが、笹川の目には本人が思うより強い祈りの力として映っていたようだ。

あれよあれよという間の出来事で、法子にも、付き添っていた母親にも細かい事情は呑み込めないまま事は運んだ。

それは大津法子が二十三歳、笹川良一が六十四歳の夏の出会いである。法子にしてみれば、「先生」と呼ぶしかなかった事情はうなずける。

その後、笹川に連れられ沖縄まで行き、「ひめゆりの塔」の前で同じく慰霊祭の奉納舞踊「法の舞」を演じた。ただし、着付けの世話もする母親が常に同道していた。

次に笹川が提案したプランは、インド旅行だった。当時はインドへ行くことなど並大抵のことではなかったが、決行された。笹川は伊丹空港への送迎だけで、インド哲学者やインド研究家などと一緒のいわば修行の旅だったが、宗家としてはやるしかない。

こうした旅費などすべての経費は笹川が負担してくれた。

両親はすでに笹川の本心を感じとっていただろう、と今になれば分かる。

その当時の自分はまだ世間知らず、男の気持など寸分も測りようがなかった。もう二十五歳も過ぎたというのに、いくつかあった見合いの話も断っていた。

その歳まで男というものをまだまったく知らない身だったことが、後から思えば信じがたかった。

手を伸ばし、枕元のスタンドの灯りを消した。並んだ床から聞こえる息づかいが、法子の生涯を刻んでいるかのようにも聞こえる。だが、寝息さえわが物かと思えば、胸は不思議と安らぐのであった。

法子への手紙

笹川は法子をそのようにして見初めた。

出会いの舞台に鎮江が一緒だったというのも奇縁ではあるが、なりゆきから仕方がない。

まだこの時点では鎮江にしても、単なる後援者になったという理解をして済んでいたようだ。あまりにも年齢差があったために、しばらくは誰も笹川の本心を見抜くことはできなかった。

それだけに笹川は熱心な後援者役、スポンサー役に徹し、両親を安心させ、なにくれとなく芸の指導や賛助に尽くしてみせた。

「法の舞」が大きく育つことが彼の願いなのだと理解されるよう、笹川は自ら我慢の時間を強いていた。

白く輝くような肌に一度も触れることなく、ひたすら両親に礼を尽くしながら、機が熟するのを待った。

その時間が昭和三十八年夏から四十一年夏まで三年ほど続く。

この時期に笹川から法子へ送られた書簡を読むことができた。宛先は山科四宮の法子宛が大部分だが、父親宛に送られたものも交じっている。

父親への気配りと同時に、投函するとき周囲に気を遣う場合があったためではないだろうか。

文面はいずれも旅の報告や、励ましの言葉で埋まっているものが大部分で、恋文めいた言葉の片鱗はどこにも見当たらない。神経を遣ったのかもしれない。

だが、笹川の旺盛な行動力と芸事を通じて法子を包み込もうとする大掛かりな情熱の一端は十分に読み取れる。

以下、その書簡の中から何通かを紹介したい。文字が不鮮明な部分を補い、省略した部分がある。

①［昭和四十年一月十九日］

拝復　貴翰正に拝見仕り候　益々御精進の事　奉大賀候　陳者《のぶれば》　近く高野山常務理事の有賀尾氏より連絡有りこし候へば御面会下されたく候　本年四月二十日前後弘法大師の千一日（回）五十年祭につき小生の女房と貴女の藝を奉納方申出置き候　為に御座候　尚関西テレビに新藝として発表する様専務に申入れ置き間連絡有こし節には面会されたく候魂を打込んでやれば木石をも動せしめ得るものと存じ候先ずは御通知　敬具

一月十九日　笹川

②［昭和四十年九月八日］

拝啓　日々練習の事と拝察いたします　さて　過日御上京戦没者慰霊法要に奉納されました際　小生友人連中には藝の批評家も拝見いたし一人残らず感歎いたしました。その後色々批評が出ましたから率直に御参考までに御知らせいたします

法の舞と云ふ特殊な舞と日本舞踊とを併せ練習されてゐるのではないか　日本舞踊の手が入ってはいけない　価値が半減するから断固止めるべきであるとの意見です

この際日本舞踊を一切止めて法の舞一筋に生きられます様強く多数意見を率直に申入れいたします。その理由は簡単です　貴女の法の舞には御兄弟の追善といふ魂が入って居り

ます　其の上希少価値がありますが日本舞踊なら失礼ですが貴女より上手な人が山程居られますからです　今後も相変わらず日本舞踊をやって行かれる様ならば　私も残念乍ら皆さん同様一切後援しかねます　この点を有力後援者に一刻も早くお知らせすることが貴女の利益であると存じます　テレビでも同様の意見を申しておりました　このことは肝に銘じておられないと大変な事になります故に　今は貴女に取っては興亡の岐路です　貴女の成功を神がけ皆さんと共にお祈りいたします

敬具

昭和四十年九月八日

笹川良一　印

①の書簡にある高野山（和歌山県伊都郡）における弘法大師の法要は、真言宗総本山である金剛峯寺《こんごうぶじ》で執り行われた荘厳なものだった。「時の総理大臣など偉い方がたくさんいる前で、『法の舞』を奉納して、それは緊張しました」と本人は語っている。さりげなく鎮江の奉納詩吟を立てて主役とさせ、法子はその前座のようにして舞台をしつらえるあたりに気配りの細かさものぞく。

笹川の指示であろう、関西テレビにも手配をしてあるから専務から連絡があれば会いなさい、としている。いかにして法子の新芸術のお披露目をするか、躍起になっている笹川の心境が紙背に浮かぶ。

②はその年の九月になるが、察するに八月の終戦記念に東京で慰霊祭が行われ、そこで法子の奉納舞踊があったのではないか。

法の舞に日本舞踊の要素が入っては絶対にいけない、価値が半減すると、かなり強い口調でたしなめる内容だ。

批評家やテレビでもそう言っている、といい、このままならば「残念乍ら一切後援いたしかねます」とまで断じている真意は少々測りかねるが、ここまでの強硬意見を告げる何らかの事情が、このとき二人の間には起きていたのかもしれない。

③［昭和四十年十二月七日（消印サイゴン）］

一、冠省　十九日の午後五時頃から招待することにしませう　小生は二十日朝早く出発して上京せなければなりませんので　十八日は弁天さんで夜はお話をせねばなりませんので十九日しか手がぬけません

二、五日サイゴンに到着しました処　出迎への人が昨朝ベトコンがホテルを襲撃して多数の死傷者を出したのでホテルはお世話できません　江商と日綿の両商社の宿舎に分宿し

てくれとの事で世話になりました　六日朝未明なのに爆音を立てて飛行機が出撃しますし砲撃の音がズドン〴〵ときこえ　その為に窓がガタ〴〵揺れ町には米軍と政府軍で一ぱいです。この腰の入れ方では何と日本の文化人と称する者や社共等中共の手先が騒いでも馬耳東風で引揚げない事を感知しました　やられたホテルを視察して死者に対して冥福を祈っておきました

四、明朝九時半　泰国《タイ》に向け出発する予定の処インドネシアが戒厳令を敷いてゐます関係上十一時に延期する旨只今航空会社より連絡がありました　出発以来今日迄暑からず寒からず楽しい旅を続けております　只一つ連日連夜の宴会には閉口してゐます

敬具

良一

四〇、十二、七日夕五時

六、十八日午後四時頃まで大阪の〇〇（判読不能）会迄御出かけ下さい

④［昭和四十年十二月四日（消印香港）］

御見送り有難う　伯陸軍大将を始め多数の出迎えを受け同夜は中将数名を始め海軍ほか

大立者等の合同の歓迎を受けました　昨夜八時から蔣介石さんの息子さんと会食を友［ママ］にして会談しました　日本人が台湾を心配してゐる以上に相手は日本の前途を心痛してゐました　私の目の黒い間はご安心をと云っておきました　十七日は夜おそくなるといけませんから御出迎えは御遠慮いたします

香港にて　笹川良一

40、12、4日

⑤［昭和四十一年九月十三日（消印台北）］

一筆啓上　十一時から総統府にて正式引見の為表玄関より入って外国人多数の引見者があったにも拘わらず二十五分間小生の意見を熱心に聞いて下さいました　握手と同時に平服の欠礼を詫びて心にはいつも常時礼服を着用しておりますから悪しからずと挨拶しましたので一寸驚かれた様子でした　お別れの時総統は　先般御来台の時は旅行不在で失礼しましたと云われました　ナカナカ記憶力の強い人です　こんなうれしい事はないと云われかたい長い握手を交されました　総統府の正式引見には二十五分と云う長い時間は異例だと現役陸軍少将が云っておられました　一目瞭然蔣介石さんは病気で長くないと日本ではウワサしてゐますが大変元気で六十才位にしか見えません　祈御健康

四一、九、十三日三時　明日香港へ出発します

良一

③の書簡は戦時下のサイゴンのあわただしい状況が直に伝わってくる内容だ。四十年二月には米軍が北爆を開始しており、ベトコンによる反撃がサイゴン市内で活発化していた最中、旅先から法子にこと細かな事情説明を書き送っているところがよくうかがえる。

④は当時はイギリス管理下にあった香港で台湾の軍幹部や蔣介石の息子と会食した報せである。蔣介石には長男・蔣経国（最初の妻・毛福梅との間の子、宋美齢とは再婚）と養子で次男の蔣緯国（母は日本人）がいるが、笹川が会食したのがどちらかは不明。

⑤は台北の総統府に蔣介石を表敬訪問した際の感激を法子に伝えたくて書いたものである。ここまでこと細かな報告を海外から手紙で書くのは仕事相手でもなければ通常はあり得ないだろう。二人の関係に大きな進展があって親しみが深くなったためではないか。

この年（昭和四十一年九月）、蔣介石は七十八歳になっていた。笹川は六十七歳である。

こうした書簡からも分かるように、笹川は知り合ってから三年以上法子の体に指一本触れず、芸事の厳しさを諭す優しいスポンサーのおじさん役に徹していた。法子のために後援会

を立ち上げる準備にもかかっていたはずだ。

そしていよいよ、笹川が法子に本心を打ち明ける日がやってきた。それは、昭和四十一年夏のことである。

阿波踊りの夜

「笹川先生は女の人は何百人と知っておられます。芸子でも舞子でも何十人と襟替えしたっておっしゃっていますし、素人の方も芸能界の美人もいたと。作家の有吉佐和子さんや向田邦子さんからだって言い寄られたんだ、なんてね。

ですから女性はもう飽きるほど見たって。その中で私だけが毛色が変わっていたんでしょうね。

初めから男の人のことなんて何も知らない女でしたのに、突然二人だけでの旅のお誘いを受けて途方に暮れたのです——」

襟替えとは、舞子や半玉が一人前の芸妓となって赤い襟から白い襟に替えることからそういわれるようになった。いわば水揚げである。

法子の話に出てきた有吉佐和子との件はまんざら嘘でもないようだ。

ほぼ同じ内容を陽平が「親父は実にマメな男でね」と半分諦めたような顔つきで証言する。

「実はね、有吉さんのお母さんという方が親父のファンでしてね、よく有吉家に呼ばれたらしい。そのお母さんが席を外したときに、『先生、オッパイを吸ってください』って娘の有吉佐和子から言い寄られて困った、という話は聞いています」

笹川は若い時分から「芸者の水揚げを何人したぞ」とか「石和《いさわ》温泉で百人の芸者を集めていっせいにご開帳させてな」というような話を自慢のタネにしていた。

多分に露悪趣味的な部分があったことはよく知られているが、実際にもなかなかの戦績であったことは間違いない。


大津法子が四十年以上も昔を振り返りながら話を続けた。

「泊まりの旅行のお誘いがあったときも、私の若い時代などは女は純潔を大事にするものだと強く教えられておりましたから、本当に困りました」

反面では、自分がここ何年かの間に次第に囲い込まれ、身動きがとれなくなっていたのだともいう。

「後援会の設立もな、偉い先生方に揃うてもろてうまくいきそうや。発表まではまだ時間があるが、その前に法子と二人で旅でもして計画を一緒に考えんとな。これまで奉納旅行ばかりだったが、今度はゆっくりできる。八月中旬、徳島の阿波踊りを見物しながらな、どうや」

一緒に旅を、といきなりいわれて法子も動揺を隠せなかった。

困惑の表情をあらわにした両親も、父親が「俺は反対だが、法子が判断したらいい」というしかなかった。結局旅は実行に移された。

頑固者だった父親にしても、笹川に娘ともども生活の面倒をみてもらっているからには、それより強くは出られなかっただろう。

その代わり、必ず笹川に生涯面倒をみてもらう、というのが口には出さないながら条件のようなものだった。

兄二人が死んだショックも、この旅で救われるようになるのかしら、と法子は一人思いつつ徳島についていった。

初めての夜になるはずだった四国徳島の一夜を、噛み締めるように思い出しながら法子は話し始めた。

八月盂蘭盆《うらぼん》の市内は、全国から集まった大勢の見物客の熱気でむせ返っていた。

そこへ「連」と呼ばれる踊りのグループが流れてくる。二拍子の速いテンポの舞踊をこんな間近で見るのは初めてのことで、法子は自分の舞とのあまりの相違に呆然と見やっていた。

「あっこの連がええなあ」とか「やっぱりこっちの連やろ」といった見物人の声に鉦《かね》、太鼓などの鳴り物がかぶさる。音の波が、大きな潮のうねりのように押し寄せてくる。

阿波踊りを見物した後、二人は由緒ありそうな宿にようやく落ち着いた。部屋での食事が終わると、法子は宿の浴衣のまま窓際で団扇《うちわ》を使って涼んでいたが、胸が高鳴ってくるのが分かる。

遠くから鳴り物に混じって「えらいやっちゃ、えらいやっちゃ、ヨイヨイ、ヨイヨイ」と流れてくる掛け声すら、自分が急き立てられているように聞こえる。

笹川が声を掛けるのにしたがい、延べられて二つ並んでいる床に横たわると、いわれるままに身をまかせた。

だが、笹川が汗を垂らしていくら試みても法子の体は硬くなったままどうにもならない。遂にその晩、笹川の思いは果たせなかった。

その晩笹川はこういって、慰めのような言葉を吐いた。

「いいんだ、無理なことをしてはいけないから、この次にしよう」

押し寄せていた笹川の激情は、やがて汐が引くように去っていった。それは夜の祭りの遠いうねりのようでもあった。

徳島市内に入る前に笹川は、鳴門の競艇場へ足を向け視察を済ませている。鳴門海峡に面した海面コースで潮の流れが速く、天候の影響も受けやすい難コースだといわれているところだった。

彼は競艇の現場に足を運ぶのが何よりも好きなことのように思えた。観客に向かって挨拶をし、現場の末端職員を激励するときの目の輝き方は一段と違う。

どこを視察してもそうだったが、裏方や会場の管理をする職員、女子アナウンサーなどを見つけるとさっと行って「ご苦労さん」と声を掛けてさっと帰るのが行動パターンである。

徳島から戻った笹川は、台北を訪れて蔣介石総統に会っている。先に紹介した⑤の書簡である。

台湾から帰国すると、今度は十一月末に福井へ行こう、と法子を誘った。

そういえば福井にも三国《みくに》競艇場がある。日本海側では唯一の競艇場であり、九頭竜《くずりゅう》川の河口付近に当時は作られていた(四十三年に移設)ため、三角波が起きる全国でも屈指の難コースとして選手に恐れられていた。

笹川が法子との重要な旅でさえ、競艇場がある特定の場所に絞るほどの現実主義者であったことが分かる。

福井の旅館ではかつて昭和天皇・皇后両陛下がお泊まりになったことがあるという部屋に

入った。

三年後の四十四年に現在法子が住んでいる屋敷が完成するのだが、それまでの間二人の旅にはほとんどの場合そうした由緒ある旅館が選ばれたという。

笹川にとっては仕切り直しの夜であった。今度こそとの思いはお互いにあったであろう、その夜は首尾よく運んだ。笹川は六十七歳だったが、〝男盛り〟である。

一件落着した床の上で笹川はこう言ったという。

「先生はね、『鳴かぬなら鳴かしてみしようホトトギス』と昔からよくいうではないか、とおっしゃったんです。もうこの人を女にしたい、自分が女に育ててみたい、ってね。私は処女だったものでどうしたらいいのかさえ分からなかったんですけど、徳島のときほどには体も緊張せずにね――」

なにしろ純潔という言葉の重みがまだあった時代のことである。笹川の感動の数値はいや増して高くなったはずだ。

それからの笹川は以前にも増して、山科へ頻繁に通い、また来られない日には必ず電話で安否を気遣っては安心していた。これも忙しい身の上に、歳の差が大きいための心配なのかもしれない。

会えば幾度となく同じように「お前だけがわしを騙さない女だ」と繰り返した。

処女だったことによほど驚いたのだろうか、

「先生はそれからかなりお年をとる最後まで、ちょっとおかしいのですが、私に拍手《かしわで》を打って頭を下げて拝んでいらっしゃった」

とも語る。

どういう状態のときに何を拝むのかは不明だが、笹川の感動は本物であったようだ。

山科へ着くと必ず、

「お前に会ってからはな、鎮江の手さえ握っておらん」

とも繰り返していた。

さらに、笹川は口癖のように法子に対して、

「ワシが天下国家のために働くには、お前が必要なんだ」

と、言ったものだ。

要するに、笹川の「愛の分岐点」の使い分けは最後まで衰えを知らなかったというわけである。浜松を境にして、愛を切り替えるのが彼の生涯哲学であった。

法子の後援会設立

昭和四十四年には、山科に大きな屋敷を法子一家のために新築した。近くの四宮から法子

の両親ともどもその豪邸に入り、笹川がなにくれとなく面倒をみることとなった。

先に、風呂の湯をなぜか山科だけでは豊富に使うという逸話を述べたが、異例なのは湯量だけではない。

そもそも笹川はこれまでどんな家に入るにせよ新築の家を建てたことはなかったはずである。

生家に至っては手も入れさせない。

小石川の家は大きいとはいえ、雨漏りさえし始めているような古い代物を買ったのだ。雨が降れば金だらいやバケツが数個並ぶのは当たり前の光景だった。それでも本人は平気なのだ。

「雨漏りで死んだ奴はいないから心配するな」

が口癖だった。

こんな逸話が残っている。

昭和五十八年七月と五十九年五月の二回にわたって、親交があったアメリカのジミー・カーター元大統領（カーターの在任期間は昭和五十二年一月から五十六年一月まで）が来日し、「ササカワの自宅を是非訪ねたい」ということになった。

本当は「あなたの家に宿泊させていただきたい」と要請されたのだが、「私の家は客を泊めるような大邸宅ではない」として昼食とジョギングだけにしてもらった、と本人も回想している（『人類みな兄弟』）。

そのときも雨が降らないことを神に祈ったと息子たちはいう。だが、倒れかかった門柱と粗末な家を前に、元大統領もさすがに驚いたらしい。この後、カーターは箕面市を訪れ一泊して笹川家先祖の墓参をしている。

墓地の脇には、「アメリカ合衆国　ジミー・カーター前大統領　参拝記念之碑」と彫られた石柱がひっそりと立っていた。


してみると山科だけが雨漏りどころか、ピカピカの新築だったことになる。古家の大きい物件を購入して住まわせた、というのとはわけが違う。

笹川のかつての側近によれば、

「佐川急便の社長さんがみえましてね、こんな家に、いつか俺も住みたいものだな」

と言った、というほどの見端《みば》である。笹川の気の入れようが違っていたと理解すべきなのだろうが、分からない点も多い。

その豪邸の上棟式が挙行されていたころである。

創作宗教舞踊「法の舞」を大々的に売り出そうとする笹川の戦略も新段階を迎えていた。

法子のために有力後援者を募り、組織するのがまず第一段階で、組織化が成ったら「法の舞」お披露目の鑑賞会を開催する。

この二段階作戦をもって、大津法子を創作宗教舞踊の第一人者に押し上げる、というものだった。

新豪邸へ転居する一年ほど前のこと。昭和四十三年春、後援会立ち上げを告知する小冊子が関係者の間に広く届けられた。

その「大津法子後援会」設立の案内パンフレットが手元にあるので、一部を紹介したい。「主旨」と題して、概略次のような挨拶文が冒頭にある。（部分引用）

「——大津嬢の志向する宗教舞踊は現代人の感覚にアピールし　現代人の精神に宗教的情感をかきたてる最も芸術的な　しかも日本的な宗教舞踊の創作であらねばなりません　物質偏重の息苦しい現代生活に精神的な清らかな息吹を与えることが出来るなら大きな意義があり文化的貢献となりましょう
茲《ここ》に大津嬢有縁の有志によって左記の通り後援会を起し　広く大方の御指導御賛助を仰ぐ次第でございます
一九六八年春

大津法子後援会発起人　敬白」

その後に並ぶ発起人名簿は錚々たる顔ぶれといっていい。笹川良一（日本船舶振興会々長）を除く一部氏名を引いただけでも以下のとおり豪華なものだ。（五十音順）

西本願寺門主　大谷光照
西本願寺門主裏方　大谷嬉子《よしこ》
東本願寺法主　大谷光暢《こうちょう》
東本願寺法主裏方　大谷智子《さとこ》
清水寺管長　大西良慶
知恩院門主　岸　信宏
大阪外国語大学名誉教授　沢　英三
鞍馬寺管長　信楽《しがらき》香雲
仏光寺門主　渋谷有教
京都大学前学長　平沢　興
神戸外国語大学々長　山本　守

同志社大学前学長　湯浅八郎
世界連邦婦人会々長　湯川スミ
京都大学教授　湯川秀樹

「宗教舞踊などおこがましいことでございますが　諸先生並びに皆さまの恩情ふかきお導きとおはぐくみによりこの道一筋に歩ませていただいて来た私でございます——ここにこの後援会を組織していただけたのを契機として新しい明日への門出と精進をお約束いたします

昭和四十三年春」

末尾の「ごあいさつ」で法子本人はこのように固い決意を述べている。

「法の舞」お披露目

こうして後援会が組織され、新居の完成も近い昭和四十三年の十月、いよいよ「法の舞」が一般に公開される日がやってきた。いわば宗家襲名披露といっていい。

会場は法子にとっても笹川にとっても思い出深い京都会館で、招待人数から第二ホールとした。

京都岡崎の紅葉も盛りの十月二十六日夕刻、「法の舞　鑑賞会」の幕が開いた。会場最前列には各界著名人や発起人一同が晴れやかな服装で居並んでいる。

開会の辞に続き京都市長富井清がまず挨拶をした。

「文化の町京都にふさわしい催しとして、心からお祝い申し上げたい。うけたまわりますと、法の舞は古い歴史を持つ宗教舞踊を日本風にアレンジされたものとのことであります。いっそうのご精進と、ご発展をお祈りします」

当日のプログラムによればこの後後援会からの挨拶があり、いよいよ法子の舞踊が開始される。

二部構成となっており、第一部が「法の舞」、第二部が「インド舞踊（祈りの舞）」となっている。いずれも法子が一人で踊り、尺八などの邦楽演奏がバックを彩るものだ。インド舞踊独特の衣装をさらに独創的にアレンジした衣をまといながら舞う姿は、確かに斬新で異次元を感じさせるものだっただろう。

そのプログラムに法子自身のエッセイが掲載されており、インド舞踊の真髄を次のように

説明している。（部分引用）

「――無限の宇宙は、しょせん時間的無限と空間的無限を同じに示す『卍《まんじ》』の形に要約されます。これは心臓を中心に手足が四方へ伸びた形であり、ここまで深遠な哲理を秘めた舞踊が他にありましょうか。

つまりインド舞踊は、宗教はもとより、社会文化、芸術等ありとあらゆる精神文化を三寸の指、五尺の体に抱合し、充満させ、そして爆発させる舞踊にほかなりません。

これは単なるテクニックだけでは絶対的に達成できない命題です。従って踊り手に精神的な表現力と同時に教義の研究が要求されるゆえんでしょう。

いや、その前に踊ること以外一切の煩悩《ぼんのう》から解脱させねばなりません」

立派な教義に基づいた舞踊であるが、「一切の煩悩から解脱させねば」ならない命題があるというくだりはなかなか言い得て妙である。

生涯をかけて煩悩からの解脱に悩んでいたであろう笹川にとって、彼女の舞踊がまたとないやすらぎとなった理由が分かったような気がする。

このプログラムの注目点はなんといっても石原慎太郎がお祝いの言葉を寄せていることで

ある。

昭和四十三年の石原慎太郎は、衝撃的な芥川賞デビューから十年余、作家としても確実な実績を積み上げた時期だったが、その夏に行われた参議院議員選挙に突如立候補し全国区で三百万票を上回る票を獲得して当選、まさに時の人であった。

その石原慎太郎が参議院議員の肩書きで寄せた祝辞である。

「『法の舞』は、日本舞踊とインド舞踊それぞれの素養のもとに出来上っているが、そうした様式を超えて、自らの肉親の痛ましい死を葬う祈りに発し、すべての人間の霊への鎮魂供養を願う大いなる祈りの姿勢に他ならない。（中略）それはまた、彼女の数奇な今までの人生、遠い先祖の因縁、そして彼女の真摯な努［力］心によって結晶された、極めて個性独自であるが、独自であるが故に、一つの芸としての存在を人々に感じさせる」

この時点で笹川と石原に直接的な接点があったとは考えにくいのだが、ヨットに始まりすでに海洋問題全般に関心が強かった石原とは、船舶振興会を通じて何らかのつながりがあったのかもしれない。

衆議院議員に転身した石原はおよそ二十年後、竹下内閣で運輸（現国土交通）大臣に就任した。こうして船舶振興会と正面からの付合いが生じたのも奇縁であろう。

八雲琴

二十代で笹川の指示にしたがって「法の舞」宗家となった法子は、三十代になると今度は自分から新しい芸に打ち込みたいと思うようになった。

それは八雲琴といって、二弦で奏でる古典的な弦楽器だった。めったに習う者もいない貴重な伝統芸能だったので、いい指導者を探すのもなかなか難しい世界といえた。

だが笹川に相談するや、さっそく彼は耳よりの話を聞き込み、勢い込んで山科の新居に知らせにやって来た。

こういう場合母親は玄関に出て愛想よく迎え入れるのだが、父親は心のどこかで笹川を許せないのか奥の部屋に引っ込んだまま顔を合わせようとしない。

かたくなな父親に対して、笹川は精一杯の努力をしてみせる。奥の襖戸《ふすまど》を開け、両手を畳について丁寧な挨拶をするのだ。

「お父さんこんにちは。お元気ですか。法子さんをどうか僕に預けてください」

ほとんど土下座といっていい頭の下げ方だった。それでも父親の心は開かない。

大きな家まで建ててもらい娘が世話になっていても、男親からすれば自分より九歳も年上の男に一家揃って面倒をみてもらうこと自体に得心がいかなかったのだろう。といって、すべてを拒否する選択はできなかった。

父の背中を見れば、三年のシベリア抑留生活でほとんどの力を使い切ってしまったかのようだった。たった一人だけ残された娘を守ること以外に生きがいを見出せないのも理解できた。だが、「それにしても頑固なお父さん」と法子は胸の中で幾度も叫んでいた。

笹川は機嫌を悪くすることもなく、「おい、いい話を聞き込んできたぞ」と八雲琴の稽古に最適の先生が見つかったといって上の部屋に駆け上がった。

「あのな、奈良の明日香村に飛鳥寺さんという名刹《めいさつ》があってな、そこの管長の山本震琴さんいうお方が八雲琴の名人なんだそうだ」

手先で鼻をちょいとこすりながらそう一気に喋った。鼻を触るのは癖である。

もうすでに奈良県知事、奈良市長、地元の新聞社などにも手配済みで、稽古をよろしく頼んであるともいう。

「なにしろ飛鳥寺だからな、聖徳太子ゆかりのお寺さんだし、手配はきちんとやっておかにゃいかんからな。明日の朝、お前と一緒に車で行って会《お》うてこようと思ってる、どうや」

また周りから囲い込まれてしまった、と法子は思ったがもう否《いや》も応もない。

スサノオノミコトが奏でたと『古事記』にも記されているといわれ、神器とされる八雲琴をそんな環境で学べるのなら不服はなかった。山本震琴師は国から無形文化財の指定まで受けているのだとも聞いた。

さっそく次の朝、奈良の飛鳥寺を訪ね挨拶をする段取りとなったのである。

この当時、奈良の明日香村までの道は遠かった。朝六時に山科を出発しても三時間半ほどの道のりである。

稽古が始まると笹川はその間、飛鳥寺周辺の散策をしたり、じっと仏像を観察したりして時間をつぶして待つ。

昼食だけ一緒に摂るとまた稽古。笹川は我慢強く散歩して過ごす。ようやく法子の稽古が終わるとまた車で三時間半かけて山科まで送るという按配だった。

めったに真似のできることではない。しかも初めのうちは、これを月に二、三回は繰り返していたのだから、いくら笹川でも考えた。

「いい考えが浮かんだ。あのな、飛鳥寺さんに頼んで法子が泊まれる小屋を建てることに決めてきたんだ。小屋を建てるといっても重要文化財の仏さんがいっぱいある寺だからな、いろいろ大変な手続きが要ったぞ」

その建物に布団を敷いて寝られるようにし、一度稽古に行ったら四、五日は泊まれるスケジュールになってからは、送り迎えだけで済むようになったのだという。いずれにしても大仕事には違いない。

女変われば食も変わる

法子を心地よい眠りから覚ましたのは枕元の目覚まし時計だった。昨夜は早く床に就き、笹川と出会ったころの遠い日をなぜか思い出していた。そして、いつの間にか深い眠りに落ちてしまった。

今朝は笹川が明日香村まで送ってくれる日だった。目覚ましを五時に掛けておかないと支度が調わない。笹川の支度は簡単だが、自分の着付け時間と朝食を考えれば一時間はみなければならなかった。

着物の着付けについて法子は昔から気を配ってきたと話す。

「芸者さんと間違えられるといけないと思いましてね、無地で地味めのものを着ます。襟も抜かずに、それから半襟の出し方が難しいの。刺繡《ししゅう》なんかみな母がしてくれたものばかり。髪も美容院で結って上げたりせずに自分で洗い髪のまま一寸ひっつめただけ。帯は少し下げ加減に締めて帯留めをちょとだけ斜めにするんですが、すべてが自己流です」

法子の母がいつもどおり気を遣って、すでに簡単ではあるが朝食の支度が揃っていた。欠かさないのがナスの漬物とイワシの炊いたもので、あとは味噌汁とご飯だけだ。元来が粗食好みなので、面倒は少ないのだが晩御飯となるとかえって選択肢が限られて困ることも多かった。

たとえば、刺身や肉は苦手である。すき焼きもやることはやるが肉はほんの少しで、あとはなぜか玉ねぎをいっぱい入れて煮込んだのを食べるだけ。

山科ではイワシの炊いたものがいつも食卓に上っていた。そのほかには鯉の洗い、大根おろしにちりめんジャコ、川エビと白マメを煮たエビ豆など。ほかにはうな重と町へ出かけてスッポンの土鍋くらいだという。

側近で運転手役もよく回ってきた森本和雄は、お客との会食などでスッポン料理に付き合わされた一人だった。

「京都でスッポン料理が多かったのは確かですけど、先代会長はスッポン自体はよう召し上がりません。最後の雑炊だけでね。玉子と肝と雑炊だけ食べて、あとは手を付けません。

競艇関係の会議の昼食は鍋焼きうどんと決まっていましたけど、汁を吸い尽くしてドロドロに伸びきったうどんを食べはるんです。すごい猫舌なもんで冷ましているうちに汁を吸っちゃう。しかも、残ると『うまいぞ、お前食え』と鍋が回ってくるんです。伸びきってぐじゆぐじゅになった鍋焼きうどんなんて、涙が出ますよ」

　大阪の一江とはどんな食卓を囲んでいたのだろうか。関西担当だった側近の話である。

「昔からお母さんのテルさんの思い出が深いせいか、大根飯が好物でしたから茨木の奥さんの家でも質素でした。ただ、一江さんは茶道の先生だった関係もあって、若い時分に京都の『辻留』で茶懐石を本格的に習いはったと聞いてます。大阪でまず食べたのを見たことないのは中華料理です。

　それからメザシ、干しガレイ、シシャモといった干物類、それに切干大根などは大好きでしたから、どの女性のところへ行っても揃えられていたんじゃないでしょうか」

　大阪の家では絶対食べない中華だが、東京では中華料理も多かったようだ。ただし、中華といってもチャーハンだけだった、と東京で側にいることが多かった神山榮一が明かす。

「笹川記念会館の二階に国際ホールがありますが、そこへ各界の社長さん方をお招きしたときです。ある社長をご招待して夕食を差し上げると先代会長がいうのでね、こっちは何種類かのメニューを一応考えますよね。そうしたら笹川会長がこう言うんです。『キミな、今日は中華料理でいこ。チャーハンを用意してくれ』ってね。相手は大事なお客様ですよ。会長にしてみれば、チャーハンは手を加えた料理でご馳走だと思っていたんでしょうね。

　ケチというのかどうか、分からないときがありました。サントリーの佐治敬三さんが来ても平気です、チャーハン。『船の科学館』に貴重な物を寄付される方がいるんです。たとえばよくできた戦艦大和の模型とかね。そうすると笹川良一の名前で招待状を出すんです。先方はもしかすると金一封くらい出るのかな、くらいは思って来られるんですがとんでもない、『船の科学館』にあるレストランでチャーハンです。そりゃ眺めはいいですよ、『どうです、見晴らしがいいでしょう。おい神山クン、チャーハンを差し上げて』ですからね、側にいる私の立場もないですよ。歴代の運輸大臣なんか皆さんチャーハンだけでした」

そういう次第で、笹川の東京での接客はおおむねチャーハンで済ませていたようだ。

小石川の自宅ではどうだったのか。

今村喜美子は朝食メニューをしっかり記憶している。

パン（バターロール）、手作りの豆乳（百五十cc）、目玉焼き一個、それにサラダを付けるか、または温泉玉子に温野菜、ヨーグルト、季節の果物、青汁（百ccにバーモント酢アポロを加えたもの）、といったものがかなり若いときから定番の朝食で変化はほとんどない。同じものを鎮江と二人で食べていたという。

笹川の食事は相手によって変わるのだが、全体としてみればかつて子供時代に食べたものの心象が影響しているように思われる。

小野原で母・テルが揃えた食卓をそのまま各所に分散し、追想しているかのようでもある。海外へ一緒に出たのは鎮江だけだが、このときばかりは鎮江に合わせてフレンチも食べた。

最晩年のパリ旅行では二人とものすごい量を朝から食べていたと、随行した側近は語る。前後のスケジュールから推して、おそらく平成五(一九九三)年、五月四日の誕生日を過ぎてからその夏までの間と思われる。

「九十四歳になられた後だと思います。パリのプラザ・ホテルにお泊まりになったのですが、朝からよく召し上がったのを覚えています。

パン、オムレツから牛乳、サラダ、トマトジュース、ウィンナーまでね。ミルクなんか二百ccくらいは飲まれて、その後コーヒー飲んで、さらにサプリメントをいろいろ摂るための水を大きなコップにいっぱい飲むんですから。私なんかそれだけでお腹いっぱいですよ」

そのほかに夜のパーティーもこなしながらである。鎮江が期待するライフスタイルに合わせていたものと思われる。

平成五年のこの旅を最後に間もなく体の不調を訴えるようになる笹川だが、かなりの高齢までエネルギッシュだったのは確かだ。

海外とはうって変わって、国内では軽い粗食の習慣を終生崩さなかった。

ナヒモフ号の秘宝

あたかもドン・キホーテとサンチョ・パンサの物語を彷彿させるようなメタファに富んだ冒険譚である。

昭和五十五（一九八〇）年秋、笹川は巨額の私財を投入して沈没船の財宝を引き揚げると宣言した。

船の名はバルチック艦隊所属のアドミラル・ナヒモフ号といい、明治三十八（一九〇五）年五月二十七日、日本海海戦初日に対馬《つしま》沖で沈没したものだ。

帝政ロシアの一等巡洋艦（八五二四トン）ナヒモフ号は、かつてはクリミア戦争で活躍した実績を持ち、さまざまな過去の記録から金の延べ棒やプラチナなど財宝を山のように積み込んだまま海底に沈んだものとされていた。時価にしてそれは七兆円とも八兆円ともいわれた。

この沈没船は調査の結果、長崎県対馬沖水深九十七メートルに眠っているとされ、笹川は最新のサルベージ船を投入して引き揚げに挑んだのだった。

当初、ジノビエフ駐日ソヴィエト大使は、ナヒモフ号はソ連の所有に帰すると外務省に申し入れたが、外務省は所有権は日本側にあると通知していた。

笹川は計画どおりに財宝が手に入ったら、食糧難などにあえいでいるソ連国民にそっくり寄付し、見返りに北方領土を返還させようという秘策を練っていた。

この財宝引き揚げをきっかけにして、ソ連を北方領土返還交渉の土俵に上げ、一方では国内での返還運動を盛り上げたいというのが彼の狙いでもあった。

そして三十億円、また三十億円とサルベージに巨費がつぎ込まれた。すべて私財をはたいての作業である以上、誰からも文句をいわれる筋合いはなかったが、周囲の者はあまりの大バクチに冷や汗をかき続けていた。

心配を尻目に、笹川の意欲は逆に燃え上がる。作業開始半年後には自らも深海に潜水したと言い、意気込みを語った。


「引き揚げ作業は、かなり困難だが、私はこれを続行するつもりでいる。五十六年の四月には、八十二歳を物ともせず、作業の点検に水中探査用の自航式潜水艇『はくよう』で海底九十七メートルに潜水し、目の前の『ナヒーモフ』の一部を自分でシャッターを切って撮影してきた」

(『人類みな兄弟』)


その渦中笹川は藤原弘達《ひろたつ》(政治評論家)との週刊誌の対談の場でも怪気炎を上げている。

やや長くなるが凄まじいばかりの意気込みを聞いてみよう。（部分省略）

藤原　例のナヒモフ騒ぎは、どこまで本気かね。どだい交換というのもおかしいじゃないか。

笹川　いや、交換はせんよ。向こうは本来、日本のものの北方領土を略奪したんですから返すのは当たりまえや。ただし、ワシからみれば、ソ連の皆さんも兄弟ですから、不作で生活も困っていらっしゃるなら、ソ連の国民に対してプレゼントをする、そういうことをいっとるんです。

藤原　それを全部、食糧にして送ってもいいし、まあ、方法はいろいろあるね。

笹川　それから、ナヒモフではどでかい計画をもっているんや。三十億円ばかり損するつもりやったけど、世界中から海底からひきあげてくれといってきとるから一隻ではいかん、もうひとつ大きな船を二十億円で買うた。五十億円損しても、三十五年間、北方領土返還の国論が統一しなかったのが、ナヒモフ号をひきあげることによって統一できたとなれば、安い、安い。もし、あがらん場合でも、やあ、失敗しよった、面白いなあ、といって腹を抱えて笑ってくれればいい。

藤原　これは愉快だ（爆笑）。

笹川　いまは天然痘のあとというんで、ライだってなおらんわけはない。この間も四億円出したよ、ワシのほうから。ライの撲滅には、一兆円と二十年かかるとみているんだ。その次が風土病だ。それを撲滅するのに二兆円で二十年はかかるやろね。それからねえ、平和教育。ワシは核兵器の制限なんていう枝葉末節のことはキライや。戦争というやつの根っこを、バッサリと切ってしまわなければならん。平和教育が終るまで、やっぱり二兆円と二十年ぐらいかかるね。

藤原　病気と貧困との闘いが平和教育である、というわけだ。

笹川　そうすると五兆円が必要です。うちは、年に二千億しかもうからんのやから、そこで考えたのがナヒモフ号の財宝ってわけだ。

うまくいけば何兆円ももうけて世界を救うことになる。だから、あんた、今度はワシも体を張ってる。

藤原　ほう、笹川良一、一世一代の大バクチか。

笹川　いまのワシには恐れるものは一人もおらん。誰が来よったって負けやせん。なまっちょろい連中には絶対負けやせん。こっちは命がけでやってるんだから——。

（『週刊現代』一九八一年五月十四日号）

笹川のこの無限に拡大したロマンは結局、実を結ばなかった。途中でわずかな金貨やひとにぎりのプラチナが揚がったともいわれるが、真偽のほどは不明のままだ。

最後に海底から引き揚げられたものは、錆付いた主砲だけである。数十億円から、一説には百億円をかけたともいわれるこの主砲は、いま「船の科学館」に展示されている。

このように私財に関して無頓着だった笹川は、しばしば財産目当てに近づいてくる者によって騙されることがあった。

実は間に入って笹川に資金を投入させていた組織があったのだと、陽平が語る。

「彼らは実に巧妙に親父から金を引き出させようと工作をしていた。なにしろわざわざ一八八五年製帝政ロシアの金貨をロンドンあたりで買ってきて見せ金にしたのですから」

巨額の債務がこの引き揚げ作業のために未払いで残されたといわれる。

私財なのだから、迷惑がかかるのは相続した子孫だけである。〝児孫のために美田を買わず〟、をモットーとした笹川良一だが、それどころか、莫大な債務を残したことが分かっている。

三、四十基の風車を巨人と思い込んだドン・キホーテが風車に突撃して跳ね返されたように、笹川も海底から跳ね返された。

思えば黄金への夢は、彼の生涯にかかる虹のようなものだったのかもしれない。

ただ、摑むことのできない虹を追う一方で、冷静な現実主義を貫く認識も持っていた。清濁併せ呑む、といわれるゆえんでもある。

女性を追い求めるのも、金塊を追うのも「男の夢物語」と考えれば、笹川の場合同じ夢の王国を目指していたように見える。

しかも、その二つが彼の中で均等に棲み分けられている。

安定した美感を備えた分け方を黄金分割という。

男と女の究極の黄金分割というものがもしあるならば、笹川はそのまれなケースを極めたといえるだろう。

「よーい、ドン」

ナヒモフ号騒動が一件落着したころ、昭和六十（一九八五）年三月、明日香村では春を告げる「ひな祭りマラソン大会」が催されていた。

この日も法子は飛鳥寺で八雲琴の稽古にいそしんでいる。その間の時間つぶしに笹川がそろそろ困りかけていたとき、都合のいい企画が飛び込んできた。

村が主催するマラソン大会のスターターになってはくれまいか、という依頼なのだ。笹川としては奈良市長や奈良県知事にまで手を回して訪ねあてた飛鳥寺である。先方でも、マラソン大会を盛り上げるには恰好の人物がいた、と思い当たったのだろう。

お互いに渡りに舟、とはこのこと。さっそく笹川がスタート・ラインに立って、ピストルを鳴らす手はずになった。

ところで『日本書紀』によれば、聖徳太子と蘇我氏連合軍は、藤原一族につながる物部《もののべ》氏と河内国で干戈《かんか》を交え、これを没落させたとされる。春日大社は藤原氏一族の氏神である。考えてみれば、笹川家の信仰深かった春日神社と聖徳太子は敵《かたき》同士という因縁になるのだが、この際そんなことは問題ではなかった。「人類みな兄弟」である。

三月三日、日曜日の朝十時、飛鳥歴史公園にある特別史跡石舞台古墳の前に笹川が颯爽と現れた。古墳がスタートの舞台であった。背広が春風になびいて真紅の裏地がひるがえる。明日香村の青年団や役場から係員が出て、出場選手をスタート・ラインに誘導していた。明日香村の村興しとして計画されたマラソン大会には、全国各地から参加希望者が殺到し抽選会まですする騒ぎとなった。

関係者も出場者も気合いが入り、今は号砲を待つばかりだ。

白い帽子に白い手袋をしたスターターの笹川は、時計を確認すると右手を高く掲げた。

飛鳥歴史公園に集まった大勢の観客が一瞬静まり、選手一同が緊張に包まれた瞬間、笹川が大きな声で、

「カチッ」という小さな音が漏れただけだった。

誰もが号砲一発、続いて歓声が沸き起こるものと思った刹那、ピストルからは「カチッ」という小さな音が漏れただけだった。

すぐ脇にいた主催者たちは思わず心臓が止まる思いだったに違いない。空砲だったのだ。

だが、笹川本人は少しもあわてず騒がず泰然自若、一秒の間も置かず、

「ドン！」

と大きな声を上げるや、両手を「バチッ」とばかりに打ち合わせた。

選手全員がその瞬間にスタートを切って、会場からは大喝采が起こったのだった。

笹川の機転の利かせ方には格別のものがあった。

マラソン大会を最後まで見届けると、笹川は飛鳥寺の本堂へ戻った。

稽古が終わった法子が本尊の飛鳥大仏の前に佇んで待っていた。

千三百年超の時空を超えて鈍色《にびいろ》に沈む銅製の坐像に二人は揃って手を合わせた。笹川の大きな声が本堂に響いた。

「どうや、稽古はうまくいったか」

空砲だったアクシデントを、かえって自らの演出で盛り上げたあの爽快感がまだ両の掌《て》に

残っていた。

仏法では俗に百八の煩悩があるとされる。その理は心身を乱し悩ませる心の動きを指すものという。

重要文化財指定の飛鳥大仏に手を合わせながら笹川は何を考えていたのだろう。

口癖でもある「二百歳まで長生きするぞ」を祈ったか。

もっともっと儲けて、この世を福祉の王国にしたいと祈ったか。

これから山科に帰ったら今晩は泊まれるので、今度こそ号砲一発うまくいくようにと祈ったか。

現実主義の笹川である。飛鳥寺の仏に祈った中身も極めて現実的なすぐ役立つご利益《りやく》だったに相違ない。

このとき笹川、八十五歳である。

笹川良一は果たしていくつまで男として「現役」を保っていたのか。真実を証明するのはなかなか困難だが、ごく側近の話によれば、

「陽平会長が以前ご本人に尋ねたことがあるそうで、それによると七十三歳が最後だった、というのですが、どうも信じられません。

我々の感じ方では八十代まで可能だったと思われます。まあ八十代半ばまででしょう。そ

の後は〝戦意あれども戦力なし〟というところで――」

という見解がある。煩悩を重ねるのも、笹川の生きがいでもあった。

山科への帰り道を急ぎながら、笹川は「まだまだ人生半分だ」と法子につぶやいた。

笹川の恋情は、果たして九十歳を超えても衰えることはなかったのだ。

第八章

棺の蓋

——絢爛たる逆光の下で

戸締り用心、火の用心

笹川良一の名が、いや顔が一斉に知れ渡るようになったのは昭和五十一（一九七六）年に始まったテレビCMからだろう。CMは「火の用心編」（日本防火協会）と「一日一善編」（日本船舶振興会）の二種類が制作され、放映開始以来その露出度も次第に増えていった。悪名の世評を負ったままのテレビCM登場だった。

五十一年二月はロッキード事件が発覚し、田中角栄、小佐野賢治とともに児玉誉士夫の名が大きく浮上したときでもある。

マスコミにはあたかも事件の背後で笹川が関与しているかのような報道も現れた。「黒幕」だといいたいのだろうが、一片の証拠すら出てくるわけではない。そんな時代のエピソードである。

このCMは子供向け番組（「一休さん」「少年徳川家康」「われは海の子」ほか、「テレビ将棋対局」など）の前後などに放映されたこともあり、七〇年代半ばに幼少期を過ごした世代には強いインパクトを与えたといわれている。

いくつかのパターンが作られたが、いずれも「世界は一家　人類みな兄弟」と「一日一善」「お父さん、お母さんを大切にしよう」といったフレーズを唱和し、「火の用心のうた」

が流された。

この歌詞と笹川自身が登場するＣＭが、間もなく思わぬ大騒ぎに発展する。まずは基本的パターンの映像を思い出してみよう。

子供たちを引き連れた笹川が、拍子木を手に消防団員の衣装を着て町内を練り歩く。その先頭では作曲した山本直純が火消しのまといを掲げ、太鼓を叩く高見山ともども歌詞にある徳目を合唱する、という内容である。

歌のさわり部分を引いておこう。

［日］
戸締り用心　火の用心
戸締り用心　火の用心
一日一回　よいことを
ニコニコ　ニッコリ　日曜日

［月］
（冒頭は繰り返し）

月に一度は　大掃除
げんげん　元気な　月曜日

［火］
火には用心　火の用心
かんじん　かなめの　火曜日だ

（作詞・武本宏一）

以下、水曜日は「水はいのちのお母さん」、木曜日は「木や草花は友だちだ」、金曜日は「お金は世のため人のため」、土曜日は「どろんこ風の子元気な子」という具合に続く。いずれも普通の日本人なら誰もが疑うことのない日常の徳目である。明治時代に確立された道徳教育を思い出す人もあったかもしれない。だが、それとてここでうたわれている内容は普遍の摂理だと思えるのだが、それが許せないという声が上がったのだ。

朝日新聞と総評がこのCMにさっそく嚙み付いた。ときの総評議長は日教組委員長を兼ねる槙枝元文《まきえだ》。昭和五十一年から五十七年まで兼任しており、総評イコール日教組の黄金期だったといって差し支えない。

朝日新聞はコラム「天声人語」で扱う力の入れようだった。その内容は次のとおりである。(部分引用)

「(日本船舶振興会のCMでは)笹川良一会長が出ずっぱりでその説くところは〝修身〟に似る。笹川氏は戦前、国粋大衆党党首であり、右翼の大物といわれる人。マスコミ懇(引用者注・「子どもとマスコミに関する懇談会」)はこのCMは『売名広告の疑いがあり、また民法では認められぬ意見広告だ』といっている。まずよく分からないのは、このCMはいったいなにを意図してつくられたのかだ。CMの最後では、競艇の収益金が公益事業に使われていると述べられている。だからどうなのか。これはごく当然の話で、公営ギャンブルはもともとそういう前提の上で許可されているものだ」

(昭和五十一年三月十二日付)

朝日新聞による笹川批判はなにもこれに始まったことではない。かねてより補助金の支出などをめぐって再三大きく紙面を割いていた。四十三年に張ったキャンペーン記事の中の一例は実に八段抜きというものだ。短く引いておこう。

「甘い？　補助金の支出
詩吟や空手に一億円事業計画のなかで、善光寺日本忠霊殿寺院部造営補助金一千万円、伊勢神宮関係の文化殿建設補助金一億円など、宗教団体とまぎらわしいものに支出されており、また全日本空手道連盟と日本吟剣詩舞振興会（いずれも笹川氏が会長）にも各一億円が助成金としてだされていることがわかった。

監督官庁の運輸省では『法的に問題はない』として、すでに計画を認可しているが、大衆からすいあげたギャンブル益金の使途の決め方があま過ぎるという批判も一部に出ている。――船舶振興会は『会長が兼務しているので誤解を受けやすいが、伝統の武道と芸術を振興する有意義な団体と認めて、助成金をだした』と説明している。（以下略）」

とした上で、長い記事はギャンブル反対運動家の評論家平野《ひらの》威馬雄《いまお》のコメントで締めくくられる。平野の発言は以下のとおりだ。

「ギャンブルに狂奔するような低所得者層は、伊勢神宮とか善光寺といったものに、とかく弱い。ギャンブルの害毒を美化して見せる麻薬剤的な役割をねらったのではないか」

（昭和四十四年四月九日付）

この発言のほうがよほど問題発言に聞こえはしないだろうか。

さて、一方の総評も機関紙「總評新聞」紙上で再三にわたりこのCM批判に紙面を割いていた。以下はその概要である。（部分引用）

「笹川良一が意図するもの
TBS放送で四月の番組改定期にそなえて準備していた音楽番組が今年になって急に上からの指示で中止され、かわりに広告代理店の『電通』が作った一時間ドラマが始まることになり、そのスポンサーが船舶振興会だ、ということになっていよいよこれは問題だと民放連の労働者が立ち上がった。
この連続ドラマ、『われは海の子』というもの。主人公は商船大学出身で趣味は剣道という人物を俳優の森田健作がやり、――民放局ではほぼ抗議を認めるところもあったが、一般にはいっていることは『いいこと』であり、ギャンブルの『胴元』がささやかな罪ほろぼしをしているとみる向きがあるようだ。しかし知る人ぞ知る笹川氏は戦前、右翼団体国粋大衆党を結成して総裁となり、ムッソリーニと会見してファッショ運動の指導者となったA級戦犯であり――」
（昭和五十一年三月二十六日付）

「ギャンブルの胴元」「ムッソリーニと会見したA級戦犯」といった定番のレッテル貼りしかできないCM批判というのも寂しいが、ある意味ではこれが労働運動家の認識を代表していた。

日教組

「総評新聞」による笹川攻撃はCMにとどまらず、彼の叙勲や映画製作にまで及び、延々と発信され続けた。

その叙勲に関して後年、槙枝元文はインターネット新聞「日刊べリタ」(「労働・教育運動に生きて80年」)において次のような記述を残している。(部分引用)

「私はそのころ、文化勲章の受章者に『ギャンブル王』といわれた日本船舶振興会会長の笹川良一氏が候補に挙がっていることを批判し、『たとえば映画俳優の長谷川一夫氏のような日本映画・演劇を通して大衆文化の発展に貢献した人の方が文化勲章にふさわしいではないか』と提案した。砂田文相は即座に『いや、私もそれを考えていたところだ。あなたはそんなことも考えていたのですか』と驚いた様子。とたんに酒が美味くなった、と大笑いしたものだ」

（平成十九年二月十日付）

槙枝委員長が砂田（重民）文部（当時）大臣と肝胆相照らした当時のエピソードだから、昭和五十二年暮れか五十三年春先までのことと思われる。砂田の文相就任は五十二年十一月末であり、その年の文化勲章の授章はすでに終わっている。したがって、五十三年の文化勲章やその他叙勲者候補を肴《さかな》に盛り上がった、という意味であろう。

五十三年はもちろんのこと、その死まで笹川に文化勲章は回ってはこなかったが、勲一等瑞宝章を五十三年の五月に受章している。

その授章式にあたっては東京夫人の鎮江が出席したいというのをなだめ、単身授章式に向かった。さらに六十二年には勲一等旭日大綬章が授与されるが、そのときにも鎮江を連れて行くわけにはいかず、「いつまで我慢するんですか」と詰め寄られたいきさつは第六章で紹介した。笹川も国内での受章はもうこりごりだと思ったに違いない。

槙枝は総評傘下の民放連等各単組への働きかけはもちろんのこと、お膝元の日教組大会でも「ギャンブルの金で自分の宣伝をしている」などとしてネガティブ・キャンペーンの先頭に立っていた。

笹川のCM攻撃からおよそ十年後、その槙枝が「功成り名を遂げて」現役を退き、「日中勤労者交流センター」という財団法人を旧労働省を動かして創設し、理事長に就任した。同センターの設立許可は昭和六十一（一九八六）年九月となっている。

日中を股にかけたその活動が始まった矢先、槙枝は資金難に遭遇する。

中国側は当時とても日本と対等に交流するような資金のあてはない。すべてが日本側の負担という事態が訪れるのは自明の時代だった。

技術者や日本語教師の渡航費にすら不自由する段となるや、幹部職員の頭に浮かんだのが「笹川平和財団」に援助を求める、という最終案だった。

まだ創設二年足らずのセンターの運営が、いかに杜撰なものであったかもうかがえようというものだ。

昭和六十三（一九八八）年秋、遂に笹川に頭を下げて金を貰う日が来た事情を、槙枝元文自身が書いている。

「翌一九八八年になって、中国側から『中国経済の悪化による外貨不足で、日本語教師の渡航費などの負担が困難になり、教師の帰国費用を中国翡翠《ひすい》やパンダ金貨などの現物支給にしたい』と申し入れてきた。このため、日本側で渡航費などの負担をすることにし、文部省、労働省などへ働きかけたが、いい返事がもらえなかった。

私は中国で好評を得ているこの派遣事業を中止したくなかったので、職員の勧めもあり、かねてから日中の人的・文化的交流のために日中友好基金を設けている笹川平和財団に協力を求めることにし、八八年一〇月、笹川陽平理事長を訪問した。笹川氏は私たちの事業に理解を示し、翌八九年度から五年間、助成を引き受けてくれることになった。

初年度の交付金は一二五〇万円だった。これにより日本語教師の渡航費や事前研修費などに充てることができて、本格的に日本語教師派遣事業ができるようになった。助成はその後、日本船舶振興会に引き継がれた」


（『槙枝元文回想録』）


槙枝に対応したのは八十九歳になっていた会長良一ではなく、当時理事長を務めていた三男・陽平だった。陽平理事長はCM攻撃のことなどおくびにも出さず、助成金だけを出した。その槙枝は前出の砂田文相との笹川批判の回想談に見るとおり、その後にわたっても公然と「ギャンブル王」呼ばわりしていた。

笹川攻撃の的は以上から分かるように「ギャンブル」で得たカネだから胡散臭い、という一点に集約される。

そこに、そもそも「右翼」で「A級戦犯」だった男というレッテル貼りがまとわりつくのである。

ギャンブルのカネが汚れたものなら、元金である庶民のささやかな金銭も汚れているということになる。

では、競馬も競輪も同じなのか。公営ではないがパチンコの売上金の行方を、当時の朝日新聞をはじめマスコミが問題にしたという話は聞いたことがない。

槙枝のいうような、中国に使う分担金は「いいカネ」で、その他は「ギャンブル王の汚いカネ」という二元論がまかり通るのだから実に面妖である。

フェイク――男と宝石

活字の上で表立って日教組と戦う論陣を張った一人に作家の今東光がいた。

今東光は日教組が機動隊に守られながら開く大会の情景を異常だとして次のように述べている。(部分引用)

「最も奇妙なことは堂々と反体制をつらぬき、従って反文部省教育方針を唱える日教組大会が、体制側の機動隊に守られて開かれる光景ほど馬鹿らしいのはない。僕等の若い時、労働組合はその集会に当っては毎《つね》に自衛隊を組織し、自分達の手で警察や右翼団体の妨害や攻撃に体当りで闘っていたのを思い出した。これ等の若い警備員達はまったく決死の覚悟で組合の集会を守ったものだ。然るに日教組の大会は機動隊の保護のもとに、悠々閑々と勝手なオダを挙げていられるのだからまことに甘ったれた集会と言わなければならない」

（『週刊小説』昭和四十九年九月二十日号）

東光和尚は河内に住んだ経験もあり、笹川とは親しい行き交いをした一人である。間に互いにとっての畏友川端康成を介しながら、三人の関係は川端が死ぬまで続いた。

その今東光は笹川が日教組から激しい攻撃を受ける姿をみて、自身も反攻に参加したのだ。今東光のような男気ひと筋の友人知己もいたが、反対に笹川の側にいながら利用するだけの人間も現れた。

それだけではなく、裏切り行為に及ぶ者すら身の回りに寄ってきた。

カネと欲望の世界に自ら身をおく笹川良一にとって、それはコインの表と裏のようなものであったのかもしれない。

謀反や裏切り行為にはさまざまな名前が浮上した。とりわけ児玉誉士夫がＧＨＱの訊問で笹川に対する虚偽の証言をした真相についてはすでに詳しく述べたとおりだ。

その裏切り行為を笹川は知らぬふりをし続けて終えた。

だが笹川を裏切る重要人物がもう一人いたのだ。側近中の側近といわれた藤吉男である。彼の出自から、果たした役割についてはすでに紹介した。忠誠を誓っていたとみられた藤が、実はあるときから密かに謀反を企てていたといわれていたのだから穏やかではない。

藤吉男は笹川が日本船舶振興会会長、全国モーターボート競走会連合会（全モ連）会長を務める傍らで、東京都モーターボート競走会会長や全モ連副会長の座に就いていた。ナンバー2である。

かねてより笹川の機嫌がいいときには、「ワシの後は藤、お前だ」といわれることがあった。ナンバー2が長かっただけに、そう信じ込んだのも分からないでもない。根が感激屋の藤はすっかり「その気」になったのだろう。

だが、いつまで待っても後継指名が実行されない。そこで業を煮やした藤は五十三年ごろから、極秘のうちに謀反劇のシナリオを書き始めたとされる。

ロッキード事件が世間を騒がせ、児玉の記事が新聞に載らない日がないような時期に符合する。

藤にも側近はいる。全モ連の支部には新体制を期待する者も現れたのだろう。その支持者を集めて決起し、全モ連会長の座に座ろうと画策した矢先である。

スペイン旅行からの帰途、藤は成田空港税関カウンターを通過して数歩したあたりで突如吐血し、そのまま意識が戻らず死亡が確認された。昭和五十五年十二月四日の夕刻である。

本葬が十二月十九日に港区芝の増上寺で執り行われ、笹川は葬儀委員長を務めた。

笹川のこのときの談話を『週刊新潮』から拾ってみよう。

「とにかく故人は大酒飲みだった。カネさえあれば飲んでしまった。藤クンは私の一番の友人だった。児玉クンと（藤クン）は兄弟のような人でもあった。友情に厚い男で、児玉クンが（ロッキード事件で）倒れたとき、〝よし、これからは、代わりを私がやりましょう〟といきまいておったほどだ」

（昭和五十五年十二月十八日号）

笹川はまたもや世間に向かっては何ごとも起こらなかったかのように振舞って、故人を送った。「池に落ちた犬を棒で叩くことはしない」のが笹川の流儀でもあったから。

ところで、藤の突然の死によって空席となった東京都モーターボート競走会会長の座が、三男・陽平に回ってきた。そのいきさつを本人は次のように語っている。

「当時、全国十九ヵ所（現在は二十四ヵ所）あったボートレース場の中で、東京都モーターボート競走会というのは一番重要なところなんですね、平和島、多摩川、江戸川と三ヵ所あって。会長は会員の選挙です。藤さんが倒れて、それじゃ副会長で息子のボクを推薦しようということになって、四十歳で当選したんです。

ところが、ファミリー内から反発が出ましてね。いきなりの抜擢に『おかしいじゃないか、三男が出てくるなんて』とか、『堯の方が上だし、あれの方ができがいい』と、詰め寄ったのが次男の嫁や東京の奥さんなんかでした。週刊誌に『笹川良一の跡継ぎは三男』って書かれたためにね。まあ、傍からみれば怒るのも無理はないけど、でも嫁の出る幕じゃないと思ったのですが。ほかの兄弟はそれぞれ事業を大きくやっていたし、ボクは決して押しのけたわけじゃない」

ところが、良一会長が「よく来てくれた」と喜んだわけでもない。かえって監視役がきた、というので迷惑顔だったというのだから親子兄弟とは面倒なものだ。

笹川はファミリー内部の男には絶対権力を振るっていたが、ファミリー以外の側近にはなぜか脇が甘いところがあった、ということも囁かれていた。

たとえば救ハンセン病事業の一環として、昭和五十五年の夏、三ヵ月にわたり開催したサーカスは見事な失敗に終わった。

世界中から後援を受けながら十億円以上という赤字を出し、自分で穴埋めをしなければならなかったが、それも甘い言葉に騙された部分があったからだ。

九十九パーセントまで人を見抜く眼力がありながら、残りの一パーセントのところで大きく騙される。この眼力にして不可解な盲点といえよう。

ナヒモフ号の金塊騒動もそうだった。

金銭で騙された場合は埋め合わせる財力があったから何ごともなかったかのように済まされるが、人間関係から陥穽《かんせい》にはまったのを埋め合わせるのは容易ではない。しかも、決して口には出さずに腹の底で抑え、表情に出さない術は規格を超えていた。

笹川はよく「悪口をいわれても、利用されても〝有名税〟だと思って済ませれば笑えるもんだ」と言っていた。破格の胆力が備わっていたとみるべきか。

しかし、こうも言っている。

「女の嫉妬は可愛いもんだが、男の嫉妬は恐ろしい」。

笹川が騙された事例は、いずれも実生活に密着した問題からは遠い問題に限られていた。ごく日常的な金銭感覚や生業の事業で騙されるなどということは間違っても起きない。

騙されるのはとんでもない財宝や高価な宝石といった非日常的といっていい問題だった。

その最たるものが人に騙されて握った宝石である。金を払って買った物もあるし、プレゼントされた場合もある。

お世話になったほんのお礼のしるしに、などといわれて貰っておいた宝石が、ただの石ころに過ぎなかったという話だ。

その実態は鎮江の遺言書作成の際、一挙に表面に現れた。鎮江は平成十五年三月に亡くなっている。笹川の没後七年半経っていた。

相続のための基本作業は、鎮江がまだ元気なうちに行われた。

まず遺言書を作成しなければならない。弁護士と公証人立ち会いの下で相続の品々の確認が進んだ。宝石類の一つ一つが確認され、着物も同じようにすべて確認された上で相続先の名前を記し、鎮江が書類にサインをして終了したという。

作成の責任者だった陽平が実相を語る。

「東京の奥さんの遺言書は全部ボクが作ったんです。しかしね、わざとボク自身は何も相続しなかった。だから、よく世間にあるような修羅場にならないで済んだ」

側にいて書類作成の実務を担った側近が実情を補足する。

「そのとおりです。陽平さんには何も譲りませんでしたが、宝石類だけは陽平さんの奥様にすべて差し上げると東京夫人がおっしゃいましたもので。

小石川の家はそっくり次男の堯さんに相続、たくさんあった着物類は一部を吟剣詩舞の関係者などへお贈りし、残りの品はすべて堯さん、という具合に」

ところが、陽平夫人に残された宝石類のうち最も大きい十四カラットと十六カラットのダイヤが贋物《フェイク》だったことが後から判明した。

百円玉ほどの大きさのダイヤが二個とも贋物だったというのだ。

どうやら海外で笹川が騙されて購入したダイヤのようである。

「おそらくご本人だけは怪しいとは気づいていて『買ってきたよ』ってお渡しになったのかもしれません。だから鎮江さんは本物と信じて亡くなったと思います」

賓客を招待するパーティーや海外での晩餐会などで、鎮江はそのダイヤを好んではめていた。それはそれで幸せなことではないだろうか。

「残った豆粒みたいなダイヤは本物だったようですが」

さらに続いて贋物が発見された。

児玉誉士夫がまだ元気なとき、お世話になりました、ということで笹川に持ってきた宝石があったのだという。笹川はそのとき近親者にこう言っている。

「俺は人からモノは貰わんけどな、あんまりしつこいので貰っておいたよ」

同じく内情に詳しい側近の話である。

「それが大きな猫目石《キャッツアイ》でしてね。ペアになっていて女性用は帯留めに、男性用はネクタイピンになっていました。相続の際、当然陽平ご夫妻にお渡ししたわけですが、これが真っ赤な贋物だったんです。

相続のときに記載した金額はそれぞれ一千万円単位ですからね。鑑定に出したら十万円足らずだと分かりまして驚いた次第です。だから、税金だけずいぶん支払ったと思います」

払ったのは税金だけではない、とまだ続く。

「猫目石って高いんですね。公証人に報告するのに、宝石全部でざっと一億五千万円くらいはあるだろうから、まあ半分で七千五百万円で出そう、ということになった。そうしたら公証人に払うのもパーセンテージで取られまして、ごっそり持っていかれた。ずいぶん〝寄付〟しちゃった覚えがあります」

児玉は最後まで笹川を騙し続けて生涯を閉じたといっていいだろう。

藤吉男も児玉誉士夫も艱難辛苦といっていい出自から這い上がった男だった。

笹川にはそういう相手に対して、なぜかつい信用してしまう甘さがつきまとった。

ダニ掃除

贋物が宝石だけなら笑い話でも済むが、贋の人間関係は事業の危機に直結する。

藤吉男が死んだ後もまだ組織の周辺からダニのような存在が消えることはなかった。「自分は笹川先生のところで秘書をやっていた」というようなことをいって、海外の開発事業などで甘い汁を吸おうとする者、老人ホームや介護施設建設の話を持ちかけ手数料を取るような連中。

「俺が笹川に口を利いてやったんだから、礼を寄こせ」といって利権をむさぼる輩《やから》が後を絶たなかった。

また、そうした情報を故意にメディアに流すマッチポンプ屋も現れた。

公益事業に関わっていると、どうしてもそうした点でのガードが下がってしまうという指摘もある。

陽平は、かつて思いあまって父親に対し一回だけ諫《いさ》めるような忠告をした経験があるという。昭和六十年ごろの話である。この現状を看過するわけにはいかなかった、と〝諫言〟にまつわる事情を語った。

「実は私は自分の父親ながら、あれだけ愚直に筋を曲げないで生きてきた日本人というのは戦前・戦後を通じて稀有な例だとみているんです。

歴史や民族の伝統・文化といった継続性が敗戦によってみんな断絶しますが、親父はあまりにも愚直すぎたのか変化していないんです。彼の立ち位置は素晴らしいと思うと同時に、難しいものでした。

それだけに周りにダニのような者がつきまとうのをどうにかしなければならないと決心してのことでした。

昭和六十年六月だから、親父も八十六歳になっていたころです。

前からひと言いうならちょっと金を持って行った上で実行しようと考えていたので、小切手で二十三億円ばかり持参したんです。たまたまちょっとした拍子に都合がついた金です。

『お蔭様で多少はお役に立てるまでに成長させていただきました』ってね。

その上で、誇りに思っている会長がチンピラのような奴に振り回されているのを見ているのは情けない、といって何人かの実名を挙げ、会長の信用のために是非とも注意してもらえないか、ってね。二十三億貰っても、親父は礼の一つも言いませんでしたがね」

ダニに食われるガードの甘さをもつ笹川だが、一般的には強面《こわもて》で通ってきた。

テレビCMで垣間見せた好々爺像と事業で見せる精悍な顔と二つの側面があったところまではよく知られている。

ところが、外からは見えにくかったが、本人にはもうひとつ知られざる顔があったという。

「親父はいたってシャイな男だった」と陽平が二つばかり笑えるエピソードを語った。一つめは金銭にまつわるもの。

「あるとき、私がまだ三十五歳くらいのときだから親父が七十五歳ぐらいですか。以前親父から『お前な、社会人になったら親にミカン箱で金持ってこれるような人間になれ』などといわれていたんです。

で、ある日こっちも考えて『会長、お届けに上がりました』ってミカン箱いっぱい担いで持参したら、玄関に立って見下ろしながら『金にしては重いじゃねえか』っていうんで、『コインです』といって蓋を開けた。『ミカン箱いっぱいといわれましたが、札で持ってこいとは聞いておりません』っていったら、プイッと横向いてそれから黙っちゃった。以来、金寄こせとはいわなくなりました。しまった、と思ったはずです」

笑えるエピソード二つめは女。

「親父がいい女を世話しろ、世話しろっていうもんだから、それじゃっていうんで宝塚の女性を四、五人連れて行ったんです。『会長、あんまりうるさくいわれたからお連れしました。お話しなさってくださいよ』ってね。

そしたら親父が硬くなってね、なかなか話しださない。ようやく口を利いたと思ったらなんと『巣鴨拘置所ではね、東条が――』なんて言い出して。もっと現代の話を、といっても顔がぽーっと赤くなっちゃって駄目。かわいいなと思ったもんです」

そんな具合だから鎮江の目を盗んで単独行動をするにも、相当神経をすり減らしていたであろう。女性には基本的に頭が上がらない男だった。

モーターボート収益金

山科の法子を知り、テレビCMを制作し、メディアとも闘い、ハンセン病撲滅にエネルギーを費やし始めた時代、すなわち昭和五十年ごろから二十年間は事業の売り上げの方も右肩上がりが続き、最盛期を迎える。

新しい女性と事業への意欲が正比例するのが笹川の特質でもあった。戦後、巣鴨慰問からモーターボート事業立ち上げまでは、間違いなく鎮江の存在がエネルギー源になっていた。

その一大事業である競艇の収益金に関して、ひと通りの確認をしておきたい。

まず競艇売上金の配分である。

全国で開催される競艇の売上金（勝舟投票券売上金）の配分は、「モーターボート競走法」（昭和二十六年制定）により次のように定められている。

売上金の七十五パーセントが当たり舟券の払い戻し金として購入者に還元される。

残りの二十五パーセントが、主催者である地方自治体の管理下に置かれ、競走場施設管理費や選手への賞金といった開催経費に十五・四パーセント、全国モーターボート競走会連合会への交付金として一・二パーセント、主催者である地方自治体の財源として約四パーセント、公営企業金融公庫へ一・一パーセントがそれぞれ配分される。

さらに日本船舶振興会（現日本財団）には、売上金の約三・三パーセントが交付される仕組みになっている。

ただし、平成十九（二〇〇七）年三月のモーターボート競走法改正により、日本財団への交付金は二・六パーセントに削減された。

以上の配分比率を念頭において、年度別売上金額の推移をみれば以下のとおりである。

昭和二十七年度から平成二十一年度まで、特徴的な年度に絞ってみたい。

年度	売上金額
昭和27年度	24億2103万3800円
昭和29年度	138億1740万1000円
昭和30年度	170億7654万8900円
昭和35年度	295億2447万2800円
昭和38年度	547億9146万5400円

昭和40年度	983億9497万5000円
昭和41年度	1385億9694万9800円
昭和43年度	2576億6718万4500円
昭和47年度	6543億775万6300円
昭和50年度	1兆1745億3376万4600円
昭和54年度	1兆5552億9638万4200円
昭和60年度	1兆4292億8666万2600円
平成元年度	1兆9588億6782万3900円
平成3年度	2兆2137億4629万9000円
平成5年度	1兆9585億2265万9000円
平成10年度	1兆5961億2818万1900円
平成15年度	1兆7513億2777万4900円
平成17年度	9743億3809万4600円
平成19年度	1兆75億1389万7800円
平成20年度	9772億6087万2300円
平成21年度	9245億2300万5200円

昭和三十年代から四十年代にかけて急成長を遂げた売上金は、五十年代以降一挙に一兆円を突破した。

さらに平成三年は遂に二兆円規模に達した。それはわが国の防衛費（人件費を除く）にも匹敵する金額であった。

昭和五十年代には入場者数とともに二桁の伸び率という飛躍を示したが、平成三年をピークにして、その後はやや鈍化の傾向にある。

近年は一兆円を境に毎年激しいもみ合い状態となっている。モーターボート競走関係者の間では、一兆二千億円確保が当面の目標だとされている。

売り上げが二兆円もあった時期の日本財団への交付金は、ざっと六百六十億円（三・三パーセント）ということになる。

この中から船舶関係や社会福祉の公益事業振興のために助成金が支払われる、という仕組みなのだ。その助成金は一号交付金と二号交付金に分かれている。

一号交付金は、造船関係技術の研究開発、航行の安全確保などいわゆる船舶関係事業に充てられる。

二号交付金は、海事思想の啓蒙や体育、文化事業をはじめ、老人福祉、身体障害者更生援護、公衆衛生といった社会福祉関連事業に充てられる。

だが、二兆円がいまや一兆円を割り始めた。昨今の景気低迷や不況の波が、庶民の財布のヒモを締めさせたのだろう。

元来公営ギャンブルは不況にはかえって強いといわれた時代もあったのだが、遊興施設の拡散などが影響しているのかもしれない。

いずれにしても二兆円からあった財源が近年では半減していることは確かだ。

ところが先に述べたように、交付金の原資の分配率三・三パーセントが突如として法改正されて二・六パーセントに引き下げられるという事態が出来《しゅったい》した。

平成十九年三月二十九日に国会で決議された「改定モーターボート競走法」によるものだ。

この変更によって日本財団そのものへの交付が大幅に削減され、当然、一号、二号の交付金もかなりの削減となっている。

仮に一兆円で〇・一パーセント違えば十億円分配が減る。単純計算でも財団の入り口で七十億円の減収となり、交付にはかなりの影響が出ると当初から予測された。

以下は採決当日（平成十九年三月二十九日）の参議院国土交通委員会における質疑の一部である。極めて形ばかりの質疑で終わった委員会で、縮小案が採決されたことがわずかな引用からさえうかがえる。

谷合正明君　それで、今回交付金の見直しがございまして、交付金が減るわけで業務に支障を来たすのではないかと。船舶関係がこの平成十七年度ベースで計算すると約三十五億円減る、また体育、社会福祉、そのほかの公益事業の振興についても約二十八億円減る、こういった減収の影響をどうカバーしていくのかについてお伺いします。

政府参考人（冨士原康一君）　これはやはり非常に頭の痛い問題であります。かつて平成三年当時二兆円を超える売り上げがあったわけでして、このときの交付金は七百億円を超える規模でした。したがって、日本船舶振興会の助成の規模もそれに応じて縮小してきているところです。

いろんな苦労があろうかとは思いますが、お金は間違いなく二百数十億入ってまいるわけですから、有効に使われるよう努力をしていただかなければならないということです。

国務大臣（冬柴鐵三君）　モーターボート競走会等におきましても、より公正で魅力ある競走の運営ということに努力をしていただかなければなりませんし、振興会におきましては、交付金の額が少なくなるわけですが、その原点に戻って透明性を確保しながら、そういうものが役立っているんだということの国民の理解を得られるように努力していただきたい。

（国会議事録より、部分引用）

（引用者注・谷合正明は公明党参議院議員、政府参考人は国交省海事局長、国務大臣冬柴鐵三は当時公明党常任顧問、前幹事長）

笹川に対するネガティブ・キャンペーンでは必ずといっていいほどこの分配に問題あり、とされてきた。

要するに、「右手で汚れたテラ銭を集め、左手で浄財として配る」（「最後のドン・笹川良一の暗闇」『文藝春秋』平成五年八月号ほか）というのが代表的な例である。

競艇場で庶民が遊ぶ金を「汚れた」金と断定する不可解さは日教組と同じだが理解しにくい。

公営ギャンブルで使う金を単純に「汚れた」金だとするなら、どんな金が「汚れていない」金なのかを明示しなければならない。

政治の手が届きにくい、「民民」での福祉事業の成功例であるにもかかわらず、前進を阻む者も現れる。

国土交通委員会の質疑にしても、原点に戻って努力し透明性を確保せよ、というだけだ。なぜ交付金を減らすのかの理由は不透明なままに審議は終わった。なぜこの改正法案が提出されたのか、謎も残る。

昭和という時代が終わりを告げた平成元年の収益は一兆九千億円を超えるものだった。だがこの年、笹川は昭和天皇の崩御に際してかつてみないほどの憔悴ぶりを目撃されている。崩御は昭和六十四年一月七日朝であった。

殯宮《ひんきゅう》の儀の朝、笹川良一に同行した陽平は父親のただならぬ様子に驚きを隠せなかったという。

「一緒にいた四十五分間くらいかな、薄暗い中で一般席にいたんですが、終わってパッと廊下に出たら親父がね、目を腫らして真っ赤にしていたんです。ほかの人は誰も涙を流していなかった。うちの親父だけが目を真っ赤にしてね、手で涙を拭っていました。私が親父の涙を見たのは正確にいえば、ハンセン病のネパールのお婆さんのときとこの二回です。万感せまるものがあったのでしょう」

昭和五十八年十一月、自治体消防三十五周年記念大会の式典で昭和天皇と並んで座っている写真が手元にある。昭和天皇と二人だけで並んでいる写真というのは、非常に稀有な例だろう。

日本武道館の壇上で、消防の制服を着た笹川が昭和天皇の横に座っている。天皇の口もとは、笹川に何ごとか尋ねているようにも見受けられる。

くつろいだひとときがうかがえるが、笹川の感激も一入《ひとしお》であっただろう。二歳年若い天皇と、畏れながらほとんど同じ時代を歩んできたのだと、殯宮の儀で過ぎ去った時間を反芻していたに違いない。二月酷寒の朝、笹川は全身を震わせて泣いた。

五月がくれば九十歳になる。笹川の芯にある気力が衰え始めたのは、この朝からではなかったか。


モーターボート競走の売り上げがうなぎ上りに増え、一兆円を超えた昭和五十年度、笹川は七十六歳、山科の法子のところへ足繁く通っていた時代だ。

八十代になった昭和五十年代後半でも奈良の飛鳥寺へ法子の送迎を繰り返すなど、その精力には目を見張るものがあった。

売り上げが二兆円を超えた平成三年に笹川は実に九十二歳になっていた。だが、まだ海外出張の回数は減らず、国内の競艇場視察、朝早い会議、外国要人の接遇などを連日のようにこなしていた。

だが、さしもの笹川の体力に翳りが訪れたと周囲の者が心配し始めたのは、同じ話を二度するようになったからだという。

それは、九十四歳を過ぎてからのことだ。

正月連泊

山科で大津法子はこうも語った。

「先生はいつも『お前に会ってからは、鎮江とは手も握っていないんだ』っておっしゃっていました」

法子が二十六歳のとき処女だったことに、よほど笹川は感動したのだろう。その後も繰返しそのことを誉め、そして「鎮江とは手も握っていない」といったのだという。

だが、東京では爪を切るのも耳の掃除も鎮江がすべて面倒をみている。ときには雑誌の撮影に、そうしたシーンをサービスすることもあったほどだ。

浜松から東へ行けば、西のことは忘れるのが笹川の特技であった。

山科の屋敷の三階の和室に仄《ほの》かな冬の陽が差し込んでいた。胡坐《あぐら》をかいている笹川の背にその微光が届いている。

「七つ、八つからイロハを覚え　ドッコイショ　ドッコイショ」

笹川は唯一の愉しみのトランプ占いに夢中になると、いつもの鼻唄が出るのだった。

始まったら一段落するまで、法子はそっと見守っているだけである。どうやるのか、やり方も分からないまま順序よく並べ替えられるカードさばきをいつも見つめてきた。

だが、その手さばきがときに乱れ、以前と比べればカードを切る仕種がおぼつかないのを法子は知っていた。その背中がこころなしか小さくなったようだ。

平成六（一九九四）年正月二日の午後である。

「おい、元気か。やって来たぞ」

いつもと同じ挨拶で玄関をくぐると、階下の両親に明るい声で新年の挨拶を述べたが、往年の気力は見えない。

暮れも押し迫ったころ、「正月二日には山科へ行くからな、待っていてくれ」と電話があった。以前は十日と空けずに寄ったものだが、近年は体力が衰え間が空くことが多くなっていた。

実は笹川は十年ほど前に軽い脳溢血に一度見舞われていた。だが、軽度だったため、後遺症も残らず、あまり世間に知られないまま終わった。山科行きにしばらく間が空いた程度だった。

だが、今は違う。なにしろ九十四歳になっている。あと四ヵ月で九十五歳である。

さしもの笹川も、体力の衰えは隠しようもない。

「先生、いつものお正月どおりにおせち料理を母と用意してありますから、ちょっとトランプを休んで、お屠蘇《とそ》でもいかがですか」

トランプ占いの背中に法子が声を掛けたが、食欲があまりないのか、後でいいという。かつてはすぐに魚の煮物や芋を裏ごしして作ったキントンに箸を付けたものだった。

去年笹川は鎮江とパリまで最後の海外出張をこなしていた。

そのときの旺盛な健啖ぶりは、今はない。

そんな体力になった笹川が、正月に羽田から伊丹まで飛んで、運転手にここまで送らせて訪ねてくれたのだ。法子の胸はそれだけでいっぱいになりそうだった。

正月二日の晩を泊まった笹川は、三日の晩も泊まった。これまではほとんどが一泊だった。連泊はない。

週末、「大阪の競艇の会議が忙しくて日帰りは無理や」というのが鎮江へのせいぜいの言い訳であってみれば止むを得ない。海外出張のようにスケジュール表が明確で、秘書が同行する場合でなければ、連泊は考えられなかった。若いときから、連泊はしない質《たち》だった。

その正月が、笹川と法子二人の最後の正月となった。

九十四歳の連泊は、しかし、並大抵ではなかった。今回の取材で初めて法子が語ってくれた知られざる逸話である。

「そうです、最後のお正月になりました。背中が痒い痒いといいまして、あんまり掻くものですから真っ赤になって。私の化粧水やら塗り薬を塗りましてね。

それから、転んだせいで背中が痛い、というもんですから、どこで？　って聞きますと、東京でベッドから落ちたといっていました。ここでも座卓に躓いて転んで、痛い、痛い、と可哀想でした。

それがちょっと一段落すると、お得意の『七つ、八つからイロハを覚え』って唄いながらしばらくはトランプ占いです。

私との間に子供ができなかったことを残念だっていって、『今度生まれ変わったら結婚して、二人でいっぱい子供を作ろうね』っておっしゃいました。

私と処女のままで知り合えたことを最後まで喜んでくれて。それが今の私にとっても一番の思い出になりました」

若いときの法子の写真が応接間の壁に掛かっている。二十歳を少し超えた時期のものだという。

白い日傘をさし、純白のワンピースに白いパンプスという飾り気のない立ち姿だ。

ふっくらとした清楚な面差しは、たちまち初対面の笹川の心をとりこにした。

「先生に初めてお目にかかった時分のものです」

五十年近い時間が過ぎ去っている。

写真の中の処女だった法子が、笹川に初めて出会ったのは昭和三十八（一九六三）年八月だった。

それから連泊の正月までが三十年あり、一年半後には永遠の別れが訪れ、そして今ではさらに十五年の歳月が経っていた。

法子は初めて笹川との関係を語れるようになっていた。

正月はいつまで山科にいたのだろうか。そして、その間の体調は心配なかったのか。連泊の続き話である。

「トイレが大変でしたね。まず方角を勘違いし反対方向へ行こうとするんです。多分、東京のお宅の方角がそうなんでしょう。一緒に連れて行って手伝うんですが、便秘との調整が難しくて困りました。

うんこサンも固くて出ないもんで、下剤をかけてゆるくするんですが、飲みすぎると今度は間に合わないで下着を汚すんです。

『うんこサンして汚れたら着替えないといけないでしょ』っていうんですが、なかなか取り替えなくってね。

結局、お正月は八日朝まで泊まっていましたから、六泊したわけです。先生が泊まられたのは、これが最後でした。その後は三月のお彼岸でしょうか、お墓参りに大阪へ来られたときにね、ちょっと顔だけ」


三月はわずかな時間だったが、それが最後の別れとなった。

それにしても、下《しも》の始末にも不自由な身で東京から山科まで行った執念には驚かされる。そして、六泊七日の流連である。

恋情というより、恋着というべきか。

帰ってきた笹川に、鎮江はもはや何もいわなかったのではないか。

三月の墓参りと、その後に回った山科行きが最後の外出となった。平成六年五月、九十五歳の誕生日を笹川は病院で迎えることになったのである。

リンパ腫

山科で「転んだせいで背中が痛い」といった笹川の体内には、すでに進行中の病巣が潜んでいて危険な状態だったことがのちに判明する。真相は当初、なかなか周囲にも分からなかかった。

「落ちた」のは、鎮江と連れ立って最後のパリ旅行を愉しんだ後のことだ。

正確な日時は不明だが、恐らく平成五年の誕生日が過ぎ、パリ出張から帰った八月末ごろのことではないか。

「ベッドから落ちてな、腰を痛めたようだ」

というのが本人の最初の説明だった。

再び家の事情に詳しい今村喜美子の話を聞こう。

「奥様から『夜中にトイレに行くとき落ちたのよ』ってうかがいました。整体師や中国から呼んだ気功の先生やらが見えましたが何をやっても治らず、『痛い、痛い』とおっしゃって。寝室にカーペットを敷いて洋間に替えてセミダブルのベッドを二つ並べてお使いでした。でも、そんなに高いわけでもないし、どうしていつまでも治らないのか不思議だったんです」

やがて周囲では、ベッドから落ちただけで何ヵ月も治らないのはおかしいという話になった。そこでMRIを撮って調べたところ、脊髄にリンパ腫が生じていた事実が判明したのだ。

それが秋も終わりごろである。この年の十一月八日には笹川が楽しみにしている自治体消防四十五周年記念大会が予定されていた。

会場の東京ドームには天皇陛下のご臨幸があり、本人としては是が非でも出席しなければ気が済まない催しであった。

今は平成の御代だ。十年前、三十五周年記念大会では昭和天皇のお側に座ってご説明役を仰せつかった思い出があった。

「ワシは這ってでも行くぞ」

本人にMRIの結果を隠したりはしなかった。鎮痛剤が効いていれば元気で、書類の判子も捺し、指令も出していた。

だが、かなり歩行が不自由になったので、陛下の御前でもあるから万一に備え車椅子にすることになった。出席の結論が身内からはなかなか出なかったという。

親族とすればそういう姿を晒したくはないだろう。

笹川良一の側近として信頼されていた神山榮一が振り返る。

「陽平現会長は『出さないほうがいい』とおっしゃったと思いますが、本人がどうしても、ということで出席しました。まあ、オフィシャルに一回出して公開したほうが今後マスコミに追っかけられなくていいか、という判断です。鎮痛剤だけ、聖路加国際病院で打って三十分か一時間はもつというので。

満員の会場の消防関係の人たちは驚いたでしょう。毎回制服で、そりゃきちんと大声で挨拶して敬礼してきたんですから。車椅子で出てすぐ引っ込んじゃったから。

後で陛下から『笹川は大丈夫か、お大事に』とのお言葉を賜ったと徳田正明日本消防協会理事長から聞きました」

この状態を本人はひた隠しにして、正月二日、単身山科へと向かうのである。そこで八日まで、最後の時間を法子と過ごした。

箕面で墓参を済ませると、一江が住む屋敷のすぐ下にある「万国戦争受難者慰霊塔」にも立ち寄り、手を合わせている。日本船舶振興会を設立した二年後、昭和三十九年に私費を投じて建設したジュラルミン製の巨大な塔である。

背中が痛く、皮膚に痒みが出ていたのにはそういう背景があってのことだった。

そして、四月に入ると築地の聖路加国際病院へ入院することになった。十階の特別室である。

ドンペリの誕生日

入院初日から鎮江は毎日病院に顔を出し付き添っていた。持参したフカヒレ・スープなどを飲ませながら、語りかける。例の母と子の関係で。

「ボクちゃん、頑張ってね」

鎮江と行動をともにして付き添った今村喜美子はそう証言する。

かつて船の科学館を建てた台場の埋立地が眼下に望める部屋で、笹川は九十五歳の誕生日を迎えた。

側近が思い出して語る五月四日の模様はこんな具合だった。

「私と神山（榮一）さんと看護婦さんが先代会長のベッドを囲んで誕生祝いをやりました。少しでもにぎやかにやろうと思ってドンペリのロゼとケーキを買ってきてね。

まだまだなかなか元気で、看護婦さんが見回りに来るとスカートなんか触ったりしてニコニコしまして、こちらが困るくらいでした。

『ワシがもう少し若かったら、あんたとな、いろいろ付き合ってやったんだけど』なんていうんですから。ひどいときには『あんたの脚は太くて健康そうだな』って、そういうことをいってました。まあ、次の年の誕生日はもう意識が切れるような状態でしたから、元気に振舞った最後だったでしょうか」

陽平の記憶では、「親父流の女性へのサービス精神は最後まで衰えなかった」という。その実例を次のように話す。

「入院してしばらくは余裕があってね。看護婦さんがお風呂に入れてくれるんですが、それを楽しみにしていました。『ああ、キミにこれだけ体を洗ってもらって、何のお返しもできなくて残念だ。ボクがもうちょっと若かったら、キミをちゃんと抱いてあげたのに』なんて軽口を叩くんですから。そう、主治医は日野原重明先生でした」

意識がときに飛ぶようにみえ始めたのは翌平成七年の正月からだった。

それまでの長い歳月、日ごとに会う人数は半端な数ではなかった。決裁書に捺す判子の数、細かく刻まれたスケジュール、その合間を縫うように週末になれば伊丹空港へ飛ぶ。

それらが一斉に消え、わずかな家族や側近のみとの病院生活は、急速に笹川の表情を変えていった。刺激が一挙に消え、眼《まなこ》から力が確実に失せていくのが見て取れたという。

阪神・淡路大震災に見舞われた一月十七日朝、本来であればもっとも衝撃を感じなければならない場面である。生まれ育ち、そして相場で人生を立ち上げた現場がテレビに映っても、半分は理解できなかった。

「女なんか、やめとけ」

見舞いに来た息子たちにいう台詞は決まっていた。

「しっかり仕事せぃよ。あの世へ行けばサンデー毎日だからな、生きているうちは一生懸命働け」

口が減らない患者である。しかも、自分だけは二百歳まで生きるといってきた手前、たとえベッドにいても威厳を保たなければ恰好がつかない。

だが春先から、容態は一進一退が続いていた。

ごく近しい親族は、危篤だからすぐ来い、といわれるたびに駆けつけるが何のことはない、すぐに恢復して減らず口を叩く。陽平は何度も同じことを聞かされた。

「あのな、お前の葬式はオレが出してやるから心配するな。それからな、女になんか金を使うのは馬鹿だぞ、止めとけ。金がかかるし面倒は多いし、って。よく言いますよ、まったく」

今わの際、今生《こんじょう》の別れと思えばこそ黙ってうんうんと笑って聞いていると、危篤だという患者の口からまだ説教が飛び出す。

「それから、後でな、あそこにも女がいた、ここにもいたっていうことになると大変だからな、オレにだけはちゃんと教えておけ、とも。ナニを言いますか、自分があっちこっちに残しておいて」

南向きの病室の窓からカーテンの隙間を通して初夏の陽光がベッドに注いでいた。眩《まぶ》しいばかりの逆光の中に、笹川の横顔が影のように揺らいでいる。

そのころ、意識がはっきりしているうちに、本妻・一江を呼んで面会させようという話が浮上した。

鎮江が、「もう最後だから、会わせてあげて欲しい」と次男の堯に伝えたので、ことはスムーズに運んだ。

「私はその日は家にいて、病院へは行きませんから」

と、鎮江が堯に話していたのを今村喜美子は記憶している。

そこで堯の出番となった。自民党代議士の中でも羽振りのいいことで有名だった彼は、当時自前のヘリコプターを持っていた。

一江は長いこと歩行困難な病に冒され、外出がままならない身だった。自宅前でヘリに乗せてもらい、東京の新木場のヘリポートまで運ばれたのだ。

茨木にある一江の家は、弁天宗冥応寺の広大な敷地が眼前に展開している。ヘリの発着に不自由はない。弁天宗と笹川の関わりは深く、長かった。

「堯代議士がご自分でヘリでお迎えに行って、連れて来られました。病院では二時間ほどご面会で、よく喋っておられたのを覚えています。確か、お誕生日前だったと思います」

五月に満九十六歳の誕生日を形ばかりに祝った後は、衰弱が激しくなった。その前の暖かな日だった、と今村はいう。

昔からなんとなく「本妻は大井川から東へは行かない。内妻は箱根から西には行かない」

というような不文律があった、とされる。

だが、それは表向きのことだけだ。実際、これまでにも鎮江が関西へ行くことはたびたびあった。本妻・一江が重篤の笹川を見舞うのに、本来何の不都合もない。

七月十八日、午後から病室の様子があわただしくなっていた。今村の記憶によれば、夕刻、病室で付き添っている側近から、「万一に備えて、電話をしたらすぐに例の死装束を奥様に持たせて欲しい」との連絡が入ったので、切迫していることを悟ったという。

装束は、葬儀屋のお仕着せではなく、綸子《りんず》の特別製をあつらえていた。

午後八時三十分、集中治療室にいた側近から全員呼集が掛けられた。その場の模様を語る神山榮一である。

「もうリストはできていますから、全員に電話を掛けました。最初に入ったのが確か陽平現会長のご長男・貴生《たかお》さん、すぐに陽平さんが来られた。手を握って、頑張ってくださいと、みんなが言ったけれどももうお応えはなかったですね。日野原先生はずっとお側におられて、九時ちょうどでしたか、ご臨終の時間は」

巨万の富と闘い続けた笹川は、苦しむこともなく静かに眠るようにして九十六年の生涯を閉じた。

そのころ、千石の自宅では、電話を受けて急を聞いた鎮江があわてて身支度をしていた。着物を着る時間はないので、地味な洋服を選ぶと、いわれたとおりに綸子の装束を抱え築地に向かった。鎮江の聖路加国際病院到着が午後九時三十分。

覚悟ができていた死であったから、鎮江はじめ、涙を見せる者はなかったという。

遺族と幹部職員たちは、陽平を残していったん千石の自宅へ向かった。陽平だけは父親の解剖に立ち会った。

「解剖所見」を述べる陽平は冷静に言葉を選んだ。

「みんな逃げちゃうもんで、ボク一人が立ち会った。叔父の了平が亡くなったときにも解剖に立ち会いましたが、ボクは平気なんです。

脳は重たかったね、きれいなもんでした。マンゴスチンを半分に切ったような感じで、真っ白な豆腐の上にピンクの血管がずっと走っていた。お医者の話では、長生きした人は満遍なく退化していると。動脈硬化もあったけど、満遍なくね。早く死んだ人のは一ヵ所集中型です。年相応に退化はしていますが、心臓は非常に強かった。取り出されたのはきれいな筋肉の塊でした」

解剖が終わった遺体が文京区千石の自宅に帰ったのは、深夜二時を回ったころである。鎮江が奥から白い布に包まれた小さな守り刀を持ってきた。刀は静かに棺の上に置かれた。

棺の中には笹川が日ごろ愛用していたランセルの布製バッグと総金の入れ歯を除いては値の張る物など何ひとつ入れなかった。

中曽根康弘、渡辺美智雄、遠藤実などが明け方近く駆けつけたほかは、親族だけで焼香の煙を絶やさぬよう棺を囲んで朝を迎えた。

棺の蓋

人の価値は「棺を蓋《おお》いて事定《ことさだ》まる」とよくいわれる。

生きている間は毀誉《きよ》褒貶《ほうへん》あってその人物評価が定まらない、死して初めて真価が分かる、という意味だ。

だがさらに付け加えるならば、棺を蓋いてのち何十年、あるいは百年もの時を経なければ定まらない、というべきか。

生前笹川に貼られた悪名のレッテルは、「ファシスト」「日本の黒幕」「ギャンブルの胴元」「日本のドン」「戦後のフィクサー」「競艇屋の怪物」などなど枚挙にいとまがない。

「右手で儲けた汚れた金を、左手で慈善事業に使う」といった書かれ方をした回数などは数え切れない。

メディア注目の「ドン」が死亡した、というので一斉に死亡記事が出た。大きさはほぼ五段前後の扱いで、運輸省（当時）などの観測記事を添えた社もある。

七月十九日朝刊各紙から代表的な例を拾っておこう。良くも悪くも大方の笹川観とは以下のようなものだったことが分かる。（部分引用）

［朝日新聞］

「笹川良一氏死去　敗戦で一時A級戦犯容疑　競艇資金で影響力

財団法人日本船舶振興会会長で、全国モーターボート競走会連合会名誉会長の笹川良一（ささかわ・りょういち）氏が十八日午後九時、急性心不全のため、東京都中央区の病院で死去した。九十六歳だった。喪主は妻鎮江さん。

一九三一年には『国粋大衆党』を結党。軍部幹部と親交を結び、イタリアのムッソリーニ首相と会見するなど右翼活動を展開。敗戦後は、岸信介元首相や児玉誉士夫氏（いずれも故人）らとともに、A級戦犯容疑者として東京・巣鴨収容所で三年間過ごした。

競艇事業の経営を次男や三男らとともに独占し、多くの関連財団の会長も兼務。海外では『笹川財団』を名乗るなど、公的資金であるはずの補助金を個人的に運用しているとの批判を浴びた。後継をめぐって元側近と三男の陽平・振興会理事長との内紛もとりざたされ――問題が噴出した」

［毎日新聞］

「昭和史裏面知る競艇のドン　笹川良一氏死去

――七三年設立の財団法人ブルーシー・アンド・グリーンランド財団（B&G財団）が全国の市町村に建設した体育施設『海洋センター』の一部に、笹川氏が母親を背負った姿のブロンズ像を建てたり、同氏の肖像写真が掲示された。このため『公共施設を装った特定の思想宣伝』などの批判も出た」

とした上で、東京裁判研究家の粟屋憲太郎立教大学教授のコメントを添えている。

「カネがすべて――

戦犯に問われながら、終戦後に米軍の慰安所を作ったりして『変わり身が早い人』という印象がある。各国に多額の寄付をしたが批判も多く、結局『リッチなファシスト』という評価を変えることができなかった。カネもうけがうまく、何でもカネで解決しようとしたところがあった。『カネがすべて』という戦後日本人の考え方を作った人ではないか」

死者に対しても使い古されたレッテルが再びいくつも貼られた。死亡記事によって、笹川良一は二度殺されたようなものだ。

こうしたレッテル貼りの記事や「進歩的文化人」のコメントがいかに的外れで、笹川の実相を捻《ね》じ曲げたものであるかは、これまでに挙げた事実が証明してくれる。

国のために戦った者を戦勝国の作った基準にしたがって、A級だのBC級だのと日本人が区別する愚かさは、いつになったら消えるのだろうか。

笹川はその中で、特にBC級の戦犯とその留守家族の支援をポケット・マネーで続けたのだ。しかも彼は自らそれを公言するような行為すらしなかった。

そういう人物を「何でもカネで解決しようとした」「リッチなファシスト」だと断じるのが、戦後の「進歩的文化人」だった。彼らによって、笹川の棺の蓋は歪められて閉じられたといえる。

カネ儲けがうまいことは悪なのか。彼ほど自身のカネ遣いに関して「ケチ」だった男も珍しい、とまでいわれてきた。

「オレは将棋の歩みたいなもんだ。左からも右からも挟まれて。オレは正翼《ライトウイング》を行っているんだがな」

たか。

と、本人は嘆くことがあった。時代に左右されず愚直に生きたのはむしろ笹川ではなかったか。

一度閉じられた棺の蓋は容易に開けることができないまま時間は過ぎる。

「オレはな、お前たちには一切財産を残さない。なまじあると、親父早く死んでくれないかな、ってお前たちが考えるに決まっているから、オレは絶対に財産を残さない。お前たちに財産を残さないという教育がオレの財産だ」

そういって憚《はばか》らなかった笹川は、実際に死んで何を残したか。

生前は「何百億持ってるぞ」などとは一度も明かさなかったが、間違いなく「何百億」かは持っていたはずだった。

だが、相続する段になったらめぼしいものは何ひとつ残されてはいなかった、というのが実情である。すべてハンセン病予防等の福祉関係に使い切って終わったのである。

平成七（一九九五）年七月十八日に笹川がみまかってから七年半後の平成十五年三月に、鎮江も亡くなった。享年七十九歳である。

鎮江の死に際して、その相続が取り決められたいきさつはすでに述べたとおりだ。

笹川の遺産は兄弟三人と大阪の一江で分配ということになるが、一江には茨木の家屋敷などがすでに贈与されていた。

そして、一江の晩年の面倒は養子入籍している陽平がみることですでに折り合いはついており、その陽平はきっぱりとこう話す。

「一江さんはね、全財産を処分して、私は無一文で死にますといって、ボクが保証人になって葬式もしない、遺体は献体してくれと、全部手続きをしてありますから」

そうなると、残る相続財産は帳簿上登記された山林などだけだった。その総額は、約十七億円相当あったというが、問題はその中身だと陽平が語る。

「帳簿上は十七億ほどとなっていますが、現金の十七億なら処分の方法もありますよ、確かに。ところがね、墓地の脇だとか、川の底だとか、引き潮になったらようやく土地が出てくるようなところばっかり、どうします」

事実、税務署の査定によれば遺産総額は約五十三億四千万円となっているが、自宅、山林、非上場会社の株などで換金しづらいものばかりだった。

これに対し借入金が、約三十七億五千万円。差し引きすれば約十五億九千万円となる。相続人は、換金不可能であればこの負債分の金額を用意しなければならない。

結局、相続したのは財団に入って仕事を引き継いでいた三男で、上の二人の兄弟は放棄することになった。

財団運営の多難さや負債を考えれば、それなりの判断が上の二人の兄弟にはあったのだろう。もちろん、二人とも競艇関連の事業経営は順調で、特別の不安もない。堯は平成二十一年まで自民党衆議院議員だった。

長男の勝正は桐生の自宅で次のように話す。

「ボクはね、生きているうちに何もしてくれないのに、死んだからって貰わないって言ったんです。生前親父はビタ一文出しませんでしたから、本当に。それで相続放棄の手続きをしたら、弁護士に十五万円も取られちゃった」

堯の相続放棄も、

「俺は親父に育てられたんじゃない」

といった同じような事情から決められたという。

平成七年七月十九日午前十一時過ぎ、文京区小石川千石二丁目。

笹川の遺体は自宅から親族に付き添われ、三田へ移された。二十日午後五時から通夜である。

密葬は七月二十一日午後一時から港区三田の笹川記念会館二階の国際ホールで執り行われた。喪主には協議の結果鎮江が立ち、兄弟三人が横に並ぶような形をとった。

さらに本葬儀を兼ねたお別れ会（関連団体による合同葬）が時間をおいて開かれた。港区芝の増上寺大殿で九月十四日午後一時より執り行われ、海外からの賓客多数も含めて弔問客は長蛇の列になった。

これとは別に、大阪の箕面市主催によるお別れ会が後日催された。

こちらは本妻の一江が出席し、親族代表で勝正が挨拶している。

山科の法子はいずれの式にも参列しなかった。

遺骨は、先祖代々からの墓地にかねてより建ててあった墓に埋葬された。

戒名は「翔雲院殿海徳剛仙良一大居士」である。名付けたのは、のちに浄土宗増上寺法主となった直木賞作家の寺内大吉（本名・成田有恒）だった。

平成十五年三月、七十九歳で鎮江が亡くなったときには、本人の希望にしたがって上野寛永寺に埋葬され、笹川の骨が分骨されたという。

ただし、あくまでも笹川の墓は箕面市の笹川家代々の墓地である。

一江は若い時分からやや体が不自由だったものの、茨木の屋敷で今なお健在だ。九十一歳（平成二十二年十月現在）になるが、すべてを達観した強さといえようか。

笹川良一の没後、日本船舶振興会は日本財団と名称変更する。空席になった会長職には、陽平がいったん代行として就任したが、翌平成八年には作家曾野綾子が外部から迎えられ、会長となった。平成十七年からは第三代会長として笹川陽平が就き、今日に至っている。

笹川良一は今、自らも舟に乗ってはるか西国にあるという王国へ向かって漕ぎ出している。遊びでは温泉旅行さえしたことがない笹川の初めての長旅である。

エピローグ

三十年も昔のある日、笹川の歓迎パーティーで私は遠巻きに氏を見やっていた。

プロローグの続きである。

近寄るのが憚られたのはその場の硬い雰囲気からだったのか、こちらがほんの小娘同然だったせいなのか、よく分からない。

が、とにかく前評判がどうあれ、笹川について無知同然だった私はいわば「怖いモノ見たさ」で至近距離まで寄ってみた。

そして、夫人がはめていた百円玉大のダイヤに肝を潰した。

並の指輪ではなかった、という強烈な記憶だけが笹川良一という人物につきまとって、三十年が過ぎてしまった。

そんなとき、今回希望がかなって笹川の生涯を追う機会に恵まれた。人生は奇縁である。

根があまのじゃくなのだろうか、善人だと評判がたてば、ちょっと待てよと疑い、悪人だと叩かれるのをみれば、いいや違いませんかと言いたくなるのが私の性分である。

しかし浅学菲才《ひさい》の悲しさ、三十年の歳月が経っても笹川という山の稜線すら摑めていなかった。

自分なりに、九十六年に及ぶ生涯の崖や谷をなぞり、人物像を描いてみたものの、山が大きすぎるのか、私のデッサンが下手なのか笹川岳の頂に手が届かない。

四苦八苦してようやく登り詰めたとき、つまり脱稿して笹川山塊の頂上に立ったときに初めてこの山の大きさが理解できたように思う。

あの燦然と輝いていた指輪の謎も解けた。

高価な宝飾品なんて贋物でもいいんだ、という謎掛けがこの山には隠されていた。

ごく小さなダイヤは本物でも、大きなダイヤは贋物だった、という笑えないエピソードに出会ったとき、私は心から笹川良一という人物に親近感を持った。

メザシを愛して、かつ大きな贋ダイヤを買えるのはなかなかしたたかな人物だと、正直うならされた。

本物の高価なダイヤを買うなら、その金はハンセン病予防に使ったほうが正しい。そういう実利思考に脱帽した。

しかも愛は満遍なく均等に、がモットーだった。愛も事業も、そもそもイデオロギーとは無関係である。

だから、イデオロギーで人を判断する陣営からは、贋ダイヤを見るような非難を浴びた。大きな贋ダイヤを目ざとく見つけてはやし立てるのが、世間というものだ。

案の定、悪口雑言の世評はそのまま棺に納められたままだった。

私は棺の蓋を開け、つたないながらも詰まっていた分厚い悪名の束に手を突っ込んでみた。棺の底から、「世間の方が贋ダイヤみたいなもんやないか」という声が聞こえたのは錯覚か。

棺の蓋を開けたすべての責任は筆者にある。

本書の取材にあたっては多くの関係者の方々からご協力をいただいた。本文中に登場していただいた皆様には改めて御礼を申し述べたい。

特に笹川良一の長男・笹川勝正氏、三男で日本財団会長の笹川陽平氏のお名前を挙げて感謝を申し上げねばならない。

また、BOAT RACE振興会常務理事船越眞氏、日本財団参与鳥井啓一氏にはひとかたならぬお力添えを頂戴した。深甚なる謝意を申し上げたい。

刊行までの編集作業に際しては、幻冬舎編集局大島加奈子さんに細やかなご尽力をいただいた。あわせて心より御礼を申し上げる。

平成二十二年十月

工藤美代子

参考文献 （順不同）

笹川良一『巣鴨日記』中央公論社、一九九七年

伊藤隆編『続・巣鴨日記』中央公論新社、二〇〇八年

伊藤隆編『「戦犯者」を救え』中央公論新社、二〇〇八年

伊藤隆編『容疑・逮捕・訊問』中央公論新社、二〇〇八年

伊藤隆編『国防と航空』中央公論新社、二〇一〇年

粟屋憲太郎、吉田裕編集・解説『国際検察局（ＩＰＳ）尋問調書（24、25巻）』日本図書センター、一九九三年

粟屋憲太郎『東京裁判への道』（上・下）講談社、二〇〇六年

粟屋憲太郎ほか編『東京裁判資料・木戸幸一尋問調書』大月書店、一九八七年

粟屋憲太郎ほか編『東京裁判資料・田中隆吉尋問調書』大月書店、一九九四年

『ハーバート・ノーマン全集』（第二巻増補）大窪愿二、河合伸（増補訳）訳、岩波書店、一九八九年

佐藤誠三郎『笹川良一研究』中央公論社、一九九八年

佐藤誠三郎編『正翼の男』中央公論新社、一九九九年

笹川良一『この警鐘は鳴りやまず』東京白川書院、一九八一年

笹川良一『人類みな兄弟』講談社、一九八五年

笹川陽平『知恵ある者は知恵で躓く』クレスト社、一九九六年

笹川陽平『若者よ、世界に翔け！』ＰＨＰ研究所、二〇〇九年

笹川良一述、桜洋一郎編『笹川良一の見た！巣鴨の表情』文化人書房、一九四九年
笹川良一述、桜洋一郎編『巣鴨の表情』非売品・笹川勝正発行、一九九五年
笹川堯『日本のドンを乗り越えろ』桐原書店、一九八六年
山岡荘八『破天荒　人間笹川良一』有朋社、一九七八年
神山榮一『颯爽たる人生　笹川良一』産経新聞ニュースサービス、二〇〇一年
黒瀬昇次郎『笹川良一伝　世のため人のために』致知出版社、二〇〇一年
羽鳥徹哉『作家川端の基底』教育出版センター、一九七九年
川端文学研究会編『傷魂の青春「十六歳の日記」「伊豆の踊子」』教育出版センター、一九七六年
川端康成『掌の小説』新潮文庫、一九七一年
川嶋至『川端康成の世界』講談社、一九六九年
『新潮日本文学アルバム（16）川端康成』新潮社、一九八四年
『箕面市史』箕面市史編集委員会、一九七四年
富田好久監修・執筆『目で見る北摂の１００年』郷土出版社、一九九五年
児玉誉士夫『悪政・銃声・乱世』廣済堂出版、一九七四年
児玉誉士夫『獄中獄外』廣済堂出版、一九七四年
児玉誉士夫『われかく戦えり』廣済堂出版、一九七五年
児玉誉士夫『芝草はふまれても』新夕刊新聞社、一九五六年
田中隆吉『太平洋戦争の敗因を衝く』長崎出版、一九八四年

田中隆吉『敗因を衝く』中公文庫、一九八八年
田中隆吉『日本軍閥暗闘史』中公文庫、一九八八年
『桜星』日本戦友団体連合会編、一九五六年
大西一『巣鴨の親』日本戦友団体連合会編、一九五六年
『白蓮』白蓮社編、一九五三年
竹森久朝『見えざる政府』白石書店、一九七六年
田中清玄『田中清玄自伝』文藝春秋、一九九三年
大森実『戦後秘史（1）崩壊の歯車』講談社、一九七五年
鶴蒔靖夫『誰も書かなかった日本船舶振興会の実像』ＩＮ通信社、一九八七年
鶴蒔靖夫『改革の時代』ＩＮ通信社、一九八九年
猪野健治『日本の右翼』日新報道、一九七三年
作田高太郎『天皇と木戸』平凡社、一九四八年
井口剛『黒幕研究』新国民社、一九七七年
朝日新聞東京裁判記者団『東京裁判』（上・下）朝日文庫、一九九五年
児島襄『東京裁判』（上・下）中公新書、一九七一年
清瀬一郎『秘録　東京裁判』読売新聞社、一九六七年
東條由布子編『大東亜戦争の真実』ワック、二〇〇五年
重光葵『重光葵手記』中央公論社、一九八六年

小林弘忠『巣鴨プリズン』中公新書、一九九九年
武藤章『比島から巣鴨へ』中公文庫、二〇〇八年
塩田道夫『天皇と東条英機の苦悩』三笠書房、一九八九年
春名幹男『秘密のファイル』（上・下）新潮文庫、二〇〇三年
山内徹『重臣たちの巣鴨』コルベ出版社、一九八三年
山口淑子、藤原作弥『李香蘭　私の半生』新潮社、一九八七年
上坂冬子『男装の麗人　川島芳子伝』文藝春秋、一九八四年
槇枝元文『槇枝元文回想録』アドバンテージサーバー、二〇〇八年
『仔馬』慶應義塾幼稚舎、一九八二年十一月十六日
『A級戦犯　別冊歴史読本』新人物往来社、二〇〇五年
『日本船舶振興会30年のあゆみ』（財）日本船舶振興会、一九九二年
『日本財団　継承と変革の10年』日本財団、二〇〇二年
『社会運動の状況』内務省警保局、一九四一年
『日本労働年鑑』（第二十二集）法政大学大原社会問題研究所、一九四九年
『現代史資料』（第4巻・国家主義運動㈠）みすず書房、一九六三年
『資料日本現代史6』「国家主義運動」大月書店、一九八一年
「文藝春秋」一九六五年八月号、一九八一年四月号、一九九三年八月号、九月号、十月号、十一月号、一九九四年六月号、七月号、一九九八年六月号

「週刊文春」一九七六年一月二十九日号
「週刊小説」一九七四年九月二十日号
「現代」一九七八年十一月号、一九九五年十二月号
「週刊現代」一九八一年五月十四日号、一九八一年五月二十一日号
「本」二〇〇一年二月号
「宝石」一九八二年八月号
「女性自身」一九七六年六月十日号
「週刊新潮」一九七六年四月二十九日号、一九七七年十月七日号、一九七八年四月二十日号、一九七八年五月四日号、一九八〇年十二月十八日号、一九八一年十二月二十四、三十一日号、一九九五年八月三日号
「新潮45」一九九五年九月号
「フォーカス」二〇〇一年一月三、十日号
「総評新聞」一九七六年三月二十六日、一九七六年四月二十三日、一九七七年四月一日、一九七八年五月二十六日
「文藝」一九五六年十二月号
その他、笹川資料室所蔵の書簡・文書等資料
（なお『全国モーターボート競走会連合会会報』及び一般新聞記事は省略）

解　説――笹川良一の思い出

小林照幸

私が小学二年生のとき、「この人は誰だろう？」とテレビＣＭから疑問を抱かせた人物がいた。「戸締り用心、火の用心」を歌詞にしたＢＧＭに乗り、消防団員のハッピを着て、拍子木を打ち、笑顔で子供たちと下町を練り歩く、列中央の白髪の優しそうなおじいちゃんがその人である。それまで、テレビで見たことがない顔だった。

列の先頭の山本直純、最後尾の高見山は即座にわかった。二人ともテレビでおなじみだったからだ。だからこそ、おじいちゃんが誰か気になった。ＣＭはおじいちゃんと子供たちが「一日一善」を唱えた後、競艇の映像に変わり、「モーターボートの収益金は防犯、防火のために役立っています」の言葉が流れた。

なぜ競艇か、もわからなかったが、父や母にたずねはしなかった。CMは夕方五時からの子供向けのテレビ番組の直前で、父や母はその場にいなかったからだ。CMを友達の家で見ても、何者か知っている子はいなかった。

改めて言うまでもない。このおじいちゃんこそ、本書の主人公・笹川良一である。

著者の工藤氏は本書の第八章で、このCMが昭和五十一（一九七六）年より始まったと記した。長野県に住んでいた私の体験とも合致する。工藤氏は笹川がCMに頻繁に出演していた頃は海外で生活していた、という。ならば当時、子供だった私は思い出を綴《つづ》っておきたい。

その昭和五十一年、秋にフジテレビ系列で水曜日夜七時から水島新司氏の人気野球漫画『ドカベン』が始まった。この三十分番組の終了直後、日本船舶振興会による二分前後のCMが必ず流れた。笹川良一の名前も登場し、私はおじいちゃんの名前を遂に知る。

「世界は一家　人類はみな兄弟」「お父さん、お母さんを大切にしよう」などの言葉が披露され、還暦を前にした笹川が八十歳を超えた実母を背負い、金毘羅神社の石段を登り、親孝行を唱える姿も映し出された。世間ではCMに対し、売名行為の批判もあったわけだが、私も友人も知る由はない。天然痘の根絶事業では同会がWHO（世界保健機関）への資金協力において民間団体として世界一、と謳《うた》ったものもあった。私が通う長野市立の小学校には二宮金次郎像があったし、道徳の授業も行われていたから子供心にも、「笹川良一は、世のため人のために働いている立派な人」と思い込んだ。

中学生のとき、私は日本船舶振興会が競艇の組織と知る。知った経緯は失念したが、私はCMでモーターボートが出てくる意味をやっと理解した。とはいえ、笹川が競艇のボス、元締めとはまだ知らなかった。

高校に入学した昭和五十九（一九八四）年、社会科の先生と雑談していたとき、同年一月に亡くなった児玉誉士夫《よしお》の話から笹川の話になり、右翼の超大物、第二次大戦のA級戦犯、日本のドンと称される競艇のボスと教えられた。衝撃だった。博愛に満ちた好々爺《こうこうや》と右翼、A級戦犯、競艇の元締めを私は結び付けられなかった。

本書は、膨大な資料と取材者を訪ね歩いて得た証言の精査を縦糸に、多くのノンフィクション作品を手がけ、人間の生き方を考証してきた工藤氏の眼力を横糸にして、丹念に紡ぎあげられた、笹川良一の検証本における現時点での到達点であろう。

工藤氏が巻末に参考文献を列挙されたように、笹川に関する文献は世に多い。執筆年の考慮は必要だが、多くの文献は、戦前・戦中は右翼団体の主宰者、戦後はA級戦犯容疑者から競艇を創設した〝日本の黒幕〟の来歴を検証し、福祉事業家の顔は表の顔、売名行為と捉える傾向が強いようだ。一方、福祉事業家の面を強調した文献では、笹川の莫大な資金源に対する検証不足が課題として残る面がある。

本作は、笹川の資金源がどう生み出されたか、を現代の視点から改めて解明した上で、笹川が人生の折々にどのような経験を重ね、人の懐を当てにせず、「情に厚く、利にも通じた昭和の怪物」になり得たか、を整合性が取れた構成で詳述した。笹川の棺の蓋を開ける試みは成功した、と言えよう。

平成も四半世紀、二十一世紀も十余年が経過した中、ノスタルジアも含めて昭和時代を検証する試みは尽きないが、笹川が二十世紀、とりわけ昭和を語るのに不可欠な人物であることは工藤氏の筆によって文句なく教えられるところである。

本書に描かれた笹川の軌跡から、二十世紀の日本も見えてくるし、笹川は時代と環境、折々に出会う人物と「稀代の」ともいうべき化学反応を起こしてきたことがわかる。

学童期の友人には川端康成がいた。陸軍航空隊を除隊後、父親の遺産をもとに相場で莫大な資産を作り、私財を投じて作った飛行場を陸軍に献呈して軍部とパイプを築く。山本五十六《いそろく》の知遇を得て、山本の計らいでイタリアに赴き、ムッソリーニに面会した。国粋大衆党の総裁として、並みいる組織選挙の候補者を破って衆議院議員に当選し、国会では首相・東条英機と渡り合う。

終戦後、死刑になる恐れがなかったこともあり、人生経験と喜び勇んで入獄した米軍・巣鴨拘置所では元首相の東条英機、元外相の重光葵《まもる》、読売新聞社社主の正力松太郎、右翼活動家の児玉誉士夫らをはじめ戦前、戦中の傑物と同じA級戦犯容疑者として対等な時空間を共有し、憲兵隊司令官のケンウォージ中佐との出会いに「人類みな兄弟」のルーツを見出す。

この巣鴨時代が詳述された第四章は、戦争犠牲者（戦犯の家族、遺族）の支援・救済の運動の牽引役を果たす決意をし、出所後はA級戦犯により公職追放された身ゆえに政治の表舞台に立てなくとも裏舞台で奔走し、昭和二十六（一九五一）年に国会でモーターボート競争法を制定に至らせる行動に結びついたことからも、本書にとって肝となる章だ。

本書は、海外での生活経験も豊かな工藤氏のアンテナが、海外における笹川に対する一般的な評価が日本国内と異なることを感受し、その温度差を自らの執筆動機としている。

各種の感染症対策、難民救済をはじめ笹川が取り組んだ数々の福祉事業は、日本国内では売名行為、あるいはネガティブ・イメージの下に隠れてきたが、海外では今も高く評価されている現実を工藤氏は無視できなかった。

笹川の長期にわたる戦争犠牲者の支援・救済については、本書で初めて知る人も多いだろう。第六章で公開された戦争犠牲者の遺族から笹川に寄せられた感謝の手紙が伝える重み。また、昭和二十八（一九五三）年に組織された戦犯刑死者の遺族組織「白菊遺族会」における遺族の生活や就職などを笹川個人が物心両面で支え、平成五（一九九三）年の同会解散まで継続した実行力は、思いつきや一過性の関心で果たせるものではない。

競艇の創立は、戦争犠牲者の救済活動をより積極的に行うための資金源確保の目的も内包されていたにせよ、進歩的文化人が「不浄の金」と見なしたことに工藤氏は異を唱え、財団の金であれ、笹川個人の金であれ、国に税金を納めた上で活用された金であると考察した見解には私も共感する。工藤氏は、「税申告した残りを福祉のために使う連立方程式の完成」と称された。言い得て妙だ。

本書に記された通り、笹川の資金は、戦前は父親の遺産を基に相場で増やし、戦後は自ら創設した競艇や土地、株の売却など自力で作り上げたものである。父親の遺産が最初にあればこそでも、金銭に関して笹川が一度も警察や検察の厄介にならず、汚職にも巻き込まれなかった事実は、「不浄の金」という見方を退ける説得力を持つ。

浅間山山麓の鬼押出という広大な土地を買った後、西武と東急に分割して巨利を得、東京都の有明、お台場という東京湾の埋立地において、今もって唯一の私有地は笹川が都から買った「船の科学館」の一万五千坪で、あとは都の公有地のままという話からは時代と利に通じた笹川の先見性も読み取れる。

ただ、身内以外の側近には脇が甘いというお人好しの面を工藤氏は見逃さなかった。日常的な金銭感覚や生業《なりわい》の事業で問題が起こったり、赤字を背負ったりということはなかったが、一説には私財百億円を投じざるを得なくなったナヒモフ号の引き揚げや、自ら購入した、人から贈られた、と来歴は多様だが、笹川所有の宝石の多くが贋物《にせもの》だった、といった非日常的な面での問題がそれだ。笹川の人間像を別角度から考える材料となり、工藤氏は次のような視座を導く。

《九十九パーセントまで人を見抜く眼力がありながら、残りの一パーセントのところで大きく騙《だま》される。この眼力にして不可解な盲点といえよう。》

《金銭で騙された場合は埋め合わせる財力があったから何ごともなかったかのように済まされるが、人間関係から陥穽《かんせい》にはまったのを埋め合わせるのは容易ではない。しかも、決して口には出さずに腹の底で抑え、表情に出さない術《すべ》は規格を超えていた。》

　人間関係から陥穽、には第五章の獄中対決も範疇《はんちゅう》に入ろうが、騙されても笑われても「有名税」で一笑に付し、許容する笹川の感覚に工藤氏は怪物性も見た。

　笹川の三人の実子をはじめ関係者の証言は、笹川と過ごした時間が懐かしく、工藤氏の取材依頼で「語っておきたい」という意識の喚起を感じさせた。中でも、第七章の笹川が六十代半ばから三十年余交際した、年齢差四十一歳の恋人（法子）の存在と証言の初公開は時間が経過して世に初めて出る逸話の好例である。いや、棺を開けたら出てきた、というべきか。

　天下国家を論じた笹川は母を除いた身内、側近、さらには首相も含めた政治家にも厳しかったが、法子の前ではひたすら優しく、日頃の倹約質素の看板を下ろし、自らの人脈もフル動員して日本を代表する芸術家に育てようとした。その熱意は只事ではない。

工藤氏の執筆、取材のテーマのひとつに熟年及び高齢世代の恋愛と性があり、社会的にも高く評価されているが、色恋が笹川の人生に重要な要素だったことを丹念に掘り起こせたのも、ひとつの縁である。

読了後、私はＹｏｕＴｕｂｅで、笹川のＣＭの数々に三十数年ぶりに再会した。「ＣＭでの笹川の生き生きとした表情は、深い闇の部分があるからこその輝きか」と考えつつ、ＣＭをリアルタイムで見ていた小学生時代、そして中学生時代を思い出した。

小学生のとき、仲間内での遊びでは、じゃんけんで負けた者が勝った者を背負い、校内や神社の階段を駆け登る「笹川良一ごっこ」もあった。中学校卒業直前の授業で「好きな言葉」を色紙に書く課題では、「一日一善」「人類みな兄弟」と書いた級友もいた。

これらは笹川と日本船舶振興会の思うツボであれ、「お父さん、お母さんを大切にしよう」「お年寄りや体の不自由な人をいたわりましょう」など笹川がＣＭで唱えた道徳文句は、当時の子供たちに社会性を意識させる機会の提供だったのは間違いない。

本書は単行本の刊行時、十万部を超えるベストセラーとなった。笹川のＣＭの記憶を持ち、また当時は何者かわからなかった思い出を持つ、私と同じ四十代、さらに三十代にも広く読まれたのだろう。企業、団体、個人を問わず、ボランティア、社会貢献が当たり前と感じるこれらの世代にとって、笹川はけして悪名だけで語られる人物ではあるまい。毀誉褒貶《きよほうへん》相半ばする人物ではあれ、笹川良一のような桁違いのスケールを擁する怪物的な日本人は二度と現れない――これが世代を問わず、共通の読後感のはずだ。

――ノンフィクション作家

この作品は二〇一〇年十月小社より刊行されたものです。
JASRAC 出1302457-301

悪名《あくみょう》の柩《ひつぎ》　笹川《ささかわ》良一《りょういち》伝《でん》

工藤美代子《くどうみよこ》

平成25年4月10日　初版発行

発行人――石原正康
編集人――永島賞二
発行所――株式会社幻冬舎
〒151-0051東京都渋谷区千駄ヶ谷4-9-7
電話　03(5411)6222(営業)
　　　03(5411)6211(編集)
　　振替00120-8-767643
印刷・製本―中央精版印刷株式会社
装丁者――高橋雅之

検印廃止
万一、落丁乱丁のある場合は送料小社負担で
お取替致します。小社宛にお送り下さい。
本書の一部あるいは全部を無断で複写複製することは、
法律で認められた場合を除き、著作権の侵害となります。
定価はカバーに表示してあります。
Printed in Japan © Miyoko Kudo 2013

幻冬舎文庫

ISBN978-4-344-42000-7　C0195　く-15-3

幻冬舎ホームページアドレス　http://www.gentosha.co.jp/
この本に関するご意見・ご感想をメールでお寄せいただく場合は、
comment@gentosha.co.jpまで。